Osambre

GEHÖREN SIE AUCH DAZU?

Der Weg von der Existenz
als Batteriezelle der künstlichen Matrix
zum Leben in der vollständig selbstgelenkten Realität

3.3 VERLAG

Dieses Buch ist **Lysander Prunner**, dem Macher der bedrohlichsten deutschsprachigen Internetseite – mit einer Anzahl von Seitenaufrufen im achtstelligen Bereich –, gewidmet. Nach gewaltigen Problemen hier in Deutschland, musste er vor einigen Jahren nach Südamerika auswandern, um seine Arbeit fortsetzen zu können. Er ließ sich auch dort weder durch mehrere Hackerangriffe noch durch einen Zwischenfall bei einem Besuch in Deutschland, bei dem er bei seiner Ankunft am Frankfurter Flughafen gleich für mehrere Stunden in U-Haft kam, aufhalten. Im Oktober 2009 „überredeten" ihn schließlich auf seinem südamerikanischen Wohnsitz fünf bewaffnete Männer, all seine Computer und sämtliches Sicherungsmaterial seiner Internetseite mitzunehmen, wodurch sein Newsletter, der absoluten Kultstatus erreicht hatte, endgültig zum Erliegen gebracht wurde.

Zum Vorfall im Oktober 2009 ein paar Stimmen von Lesern des legendären Newsletters:

„Mich erinnert das an ... [damals; Anm. d. Verf.]*, wo viele nur im Untergrund anonym weiterarbeiten konnten...*

Computer und deren Daten kann man wohl löschen und zerstören; Dein Geist, Deine Worte und Deine Berichte leben 1 Million x 1 Million in uns weiter...

Es sollte Sie mit Stolz erfüllen, dass man Sie wichtig nimmt! Einen Scharlatan oder Spinner hätte man unbehelligt gelassen. Demnach sind Sie für wen auch immer eine Gefahr. Für mich sind Sie ein Held... Seien Sie versichert, dass Sie zu den wenigen Menschen zählen, die Spuren hinterlassen...

Wir sind schon zu viele, um aufgehalten zu werden, und ich denke, du darfst dich jetzt ein wenig ausruhen und zuschauen. ;o) Das Wissen um manche Dinge ist bereits zu weit verbreitet, um vernichtet oder verschwiegen zu werden... Was dir geschehen ist, beweist nur die Aussichtslosigkeit derer hinter dem Vorhang...

Es ist der Lauf der Dinge, dass die jüngeren Generationen irgendwann das Werk ihrer Elterngenerationen fortsetzen. Lysander hat ein Zeichen gesetzt, und so gibt es jetzt viele von uns, die Aufklärung betreiben. Keiner von uns kann voraussehen, ob und wann es ihn ereilt, auch ich nicht. Aber wenn der Funke gezündet hat und die Flamme entfacht ist, dann sollte es viele geben, die das Feuer nähren, und auch viele, welche ihre eigene Fackel an diesem Feuer entzünden können.

Ich bin Lysander unendlich dankbar für seinen wertvollen Dienst, und die schönste Anerkennung, die jeder einzelne von uns ihm geben kann ist, seine Fackel in vielfältiger Form weiterzutragen...

Der ‚Nachrichtendienst', den Du in den letzten Jahren gemacht hast, hat viele Anstöße geliefert und neue ‚Sender' hervorgebracht. Die weltweite ‚Lage' ist ziemlich klar, jetzt gilt es, an den wirklichen Ursprüngen zu arbeiten. Ein Mehr an Informationen liefert kein Mehr an Effektivität. Alle Nachrichten sind im Grunde Ausdruck einer einzigen Richtung. Neue Nachrichten werden dadurch mehr zum ‚Unterhaltungsprogramm' und spielen damit der ‚Gegenseite' in die Hände. Es ist Zeit für Besinnung auf den Ursprung." [1]

„The whole game is not going to be about information…
The whole game is really going to be about those
who can move things with consciousness."
Ps

Wichtiger Hinweis:
Sämtliche in diesem Buch veröffentlichten Ratschläge sind vom Autor und Verlag sorgfältig erarbeitet und geprüft worden. Autor und Verlag können jedoch keine Garantie dafür übernehmen und schließen jede Haftung für Personen-, Sach- und Vermögensschäden aus.
Des weiteren sind Autor und Verlag für die in diesem Buch angegebenen Internetseiten nicht verantwortlich.

Erste Auflage: März 2010

3.3 Verlag, Gräfelfing/2010
3.3-verlag@web.de

Das Copyright liegt beim Autor

Druck:
TZ-Verlag, Roßdorf

ISBN 978-3-00-029846-2

Inhaltsverzeichnis

Kapitel			Seite
	Vorwort		10
1	Übersehen wir die wirkliche Wirklichkeit?		13
2	Selbstschutz durch Selbstbetrug		16
3	Ist wirklich alles so, wie es scheint?		26
4	Wissen macht die Macht		42
5	Die höchste Form der Kriegsführung		51
6	Denken wir oder werden wir gedacht? Das ist hier die Frage!		77
7	Von der künstlichen Matrix zur selbstgelenkten Realität		86
8	Der Ursprung Ihres Schicksals		92
9	Lass es krachen!		95
	9.1	Die allgemeine Grundformel der Realitätsgestaltung	95
	9.2	Das sinnvolle Management der Gegenwart	108
	9.3	Ziele und Wünsche klar definieren	122
	9.4	Zielerfüllungen	131
		9.4.1 Überzeugtes Denken und Fühlen	131
		9.4.2 Machen	141
	9.5	Wunscherfüllungen	153
	9.6	Fallen und deren Auswege	166
	9.7	Ein Geheimnis vom Geheimnis	186

10	Ich kann an der Situation doch eh nichts ändern...	190
11	The roof is on fire	196
12	Wir sind eigenständige Wesen	206
13	Über das Laufrad hinaus	216
14	Innen, außen und überall	224
15	Energieausgleichende Gerechtigkeit	233
16	Schmerz lass nach!	245
17	Auf den Punkt gebracht	253

Schlusswort	271
Anhang: Gesamtüberblick über Lösungen zur Ursachenheilung der Krankheit der Menschheit	275
Literaturverzeichnis	283

„Denn es ist ein Krieg im Gange. Doch dieser Krieg ist auf Deiner physischen Ebene kaum bemerkbar. Du könntest ihn vielleicht ab und zu erkennen, weil Du weiter bist, wie viele andere." [2, S. 154]
David Simon

Vorwort

Liebe Leser,

in allen möglichen Büchern werden detaillierte Enthüllungen über verborgene Machenschaften vollzogen, was auch gut und sinnvoll ist, doch man erfährt leider nur sehr selten etwas über den Kern der Problematik in der heutigen Zeit. Diese Lücke möchte ich mit diesem Buch so gut es geht schließen. Ich möchte mich nicht durch Detailwissen vom Kern der Problematik weg bewegen und mich über die Machenschaften diverser Kreise auslassen, sondern den gegensätzlichen Weg einschlagen, um zum Kernproblem zu gelangen.

Ich bin der Meinung, dass sich die Menschheit in einer schweren Krankheit befindet, die öffentlich als die Neue Weltordnung bekannt ist. Die Symptome dieser Krankheit möchte ich vorweg schon einmal als die Mechanismen der „höchsten Form der Kriegsführung" titulieren.

Fragt man Menschen, was diese unter einer höchsten Form der Kriegsführung verstehen, so bekommt man oft zu hören: „Ich weiß nicht. *Darüber habe ich mir noch keine Gedanken gemacht...*"

...doch genau das ist es! In dieser Aussage ist das Kernproblem eigentlich schon enthalten. Wenn Sie jetzt nicht verstehen, was ich meine, dann schauen Sie sich nach dem Lesen dieses Buches diese Aussage noch einmal an. Ihnen müsste dann ein Licht aufgehen.

Es geht in diesem Buch nicht generell darum, die Symptome oder den Symptomkeim der Neuen Weltordnung anzuprangern, da wir uns ja dem Kern nähern möchten: der Krankheitsursache. Ist die Krankheitsursache erst mal gefunden, dann sollte man sich, wie bei jeder anderen Erkrankung auch, Gedanken machen, wie man diese Ursache heilen kann. Genau dies werde ich in den letzten beiden Dritteln des Buches gemeinsam mit Ihnen machen. Bevor ich mich mit Ihnen aber an die Ursachenheilung der Krankheit der Menschheit ranmachen werde, werde ich zunächst mit Ihnen das Krankheitsbild durchgehen, damit Sie überhaupt wissen, worum es hier geht.

Da es in diesem Buch um Grundgerüste unseres heutigen Lebens geht, finden Sie auch das Wort „Osambre" auf der Buchvorderseite. „Osambre" kommt aus dem Spanischen und bedeutet etwa soviel wie „das Skelett". (Keine Angst, ich werde Ihnen nichts über „Schädel und Knochen" erzählen.) Das Skelett, der Kern des Körpers, trägt den Rest des Körpers, genau so wie die Hauptstahlträger des World Trade Centers die Zwillingstürme zusammenhielten, bevor diese gesprengt wurden. Nicht anders verhält es sich mit den physischen und geistigen Gesetzmäßigkeiten, die das Universum zusammenhalten, damit es nicht auseinander fällt. Ein Skelett ist immer die tragende Struktur für etwas Darüberliegendes. Es ist der Kern der etwas Großes zusammenhält, wobei dieser Kern *nicht mit bloßem Auge zu erkennen ist*.

„Beweise" für die in diesem Buch erklärten Grundgerüste werden Sie von mir nicht erhalten, denn die müssen Sie sich schon *selbst erarbeiten*. Wenn Sie mit dem hier präsentierten Grundgerüst das eine oder andere von einer hohen Warte aus mit einem vorurteilsfreien Blick beobachten, dann werden Sie Dinge, Mechanismen und Strukturen erkennen, die Sie bisher tagein tagaus womöglich übersehen haben, weil Sie vielleicht den Wald vor lauter Bäumen nicht gesehen haben. Sie werden allerlei tragende Grundstrukturen aus verschiedenen Bereichen des Lebens kennenlernen, mit denen Sie aber auch lernen müssen richtig umzugehen.

Gerade wenn es um Ihren Beitrag zur Heilung der Krankheit der Menschheit geht, dann sind Sie auf sich gestellt. Sollten Sie diesen Rat beherzigen, dann werden Sie die Beweise auch haben und zwar aus erster Hand!

Da das, was Sie im Folgenden lesen werden, durch meine eigene Sichtweise gefärbt ist, bitte ich Sie, nichts was in diesem Buch steht – genau so wie alle anderen vorder- und hintergründigen Informationen – sofort als DIE Wahrheit und DAS Ding anzunehmen, sondern die Dinge, die ich hier beschreibe als Anstoß zu nehmen, sich *selbst* Gedanken zu machen. Mehr will ich nämlich auch nicht von Ihnen. Ich will nicht, dass Sie mir ständig unüberlegt zustimmen und überall mit dem Kopf nicken, sondern dass Sie anfangen, sich vorurteilsfrei mit bekannten und neuen Dingen zu beschäftigen – sprich *selbständig zu denken*.

Sie meinen, das könnten Sie schon? Warten wir's ab...

P.S. Wenn in diesem Buch hier und da von den „Ps" (englisch ausgesprochen: „Piiis") die Rede ist, dann sind damit die von dem amerikanischen Medium Barbara Marciniak gechannelten und in der Zukunft lebenden Wesenheiten aus dem Sternbild der Plejaden gemeint. Wie keine anderen haben diese mein Denkvermögen gesprengt und meine Sicht der Realität ausgedehnt.

P.P.S. Da in diesem Buch auch diejenigen nicht leer ausgehen sollen, für die im übertragenen Sinne die Erde immer noch eine Scheibe ist (die „Flachweltler"), möchte ich die „Rundweltler" bitten, in den ersten Kapiteln ein Auge zu zu drücken.

Kapitel 1
Übersehen wir die wirkliche Wirklichkeit?

Können Sie sich vorstellen, dass wir in einer Welt leben, in der fast alles – bis in die kleinsten Details hinein – gelenkt und gesteuert wird und dass diese Lenkung auf ein großes Endziel hinausläuft?

Was wäre, wenn Ihre Umgebung, in der Sie leben, auf eine Art und Weise gesteuert wird, dass diese einem verdeckt gelenkten Plan entspricht? Wie ginge es Ihnen, wenn Ihnen bewusst werden würde, dass Sie Teil eines Plans sind, von dem Sie gar nicht wissen, dass er existiert? Wie würden Sie sich fühlen, wenn Sie gesteuert wären, ohne sich dessen in irgendeiner Art und Weise bewusst zu sein?

Was würden Sie machen, wenn das Allermeiste in der derzeitigen offiziellen Machtebene nur eine große Show in einem großen Plan wäre?

Sie meinen: „Geht doch gar nicht. Da werden bei den zähesten Debatten die größten Bemühungen erreicht. Und wenn mal ein Schurke irgendwo in der Welt durchdreht, dann muss da schon eingegriffen werden."

So.

Was würde es für Sie bedeuten, wenn die Technologie, die Sie umgibt und die Sie benutzen aus bestimmten Gründen gerade als *die* Technologie für Sie ausgewählt wurde, die Sie benutzen *sollen*?

„Unmöglich", meinen Sie. „Das, woran geforscht wird, kommt uns allen zugute. Das ist doch der Sinn und Zweck der Forschung. Geheimhaltung? Höchstens ein wenig beim Militär, wo es doch notwendig ist."

So.

Welche Auswirkungen hätte es für Ihr Leben, wenn sowohl bei Menschen, die von einem Erfolg in den nächsten rauschen, als auch bei Menschen, bei denen ein Tief nach dem anderen durch deren Leben zieht, klare und eindeutige Gesetzmäßigkeiten zugrunde liegen würden?

„Wer sagt denn so was? Du musst ein Schwein sein, wenn du was werden willst. Das weiß doch heutzutage jeder normale Mensch."

So.

Welche Konsequenzen würde es für Ihr Leben haben, wenn die Nachrichten absichtlich so gestaltet werden, dass nur über schlechtes oder neutrales berichtet wird und nur ein paar Lappalien der guten Nachrichten gezeigt werden, weil dies einem ganz bestimmten Zweck dient, den Sie nicht kennen?
„Kann doch nicht sein. Die Welt ist so wie sie ist, und so muss man auch darüber berichten."
So.

Wären Sie in der Lage, es hinzunehmen, dass das, was von der Unterhaltungsindustrie kommt, nicht dem Spaß dient, sondern mit einem ganz gezielten Zweck für Sie vorbereitet und auf Sie ausgerichtet ist?
„Zweck? Welcher Zweck? Es wird das angeboten, was die Leute haben wollen. Da gibt es keinen ‚Zweck'."
So.

Es ist die Rede davon, dass es mit dem Meisten bergab geht. Die Arbeitslosenzahlen stehen auf Wachstum, die Jugend wählt den Weg der Verrohung, neue Krankheiten scheinen aus dem Nichts aufzutauchen, immer mehr Menschen haben immer weniger auf der Welt, und unser toller Wohlstand scheint in Gefahr. Was wäre, wenn all dies bewusst so hingebogen worden ist, damit es einem großen Plan entspricht?
Und Sie wieder: „Unsinn! So etwas sind ja richtige Verschwörungstheorien, die heutzutage wieder einen dieser lächerlichen Massentrends, zu neudeutsch ‚Hype', darstellen, auf den die Menschen reinfallen. Es ist erwiesen, dass es so etwas nicht gibt – weder in der Gegenwart noch in der Vergangenheit. Das sieht man ja. Das Ganze sind zufällig auftretende Probleme, und ‚man' arbeitet an der Lösung. Das wird schon wieder!"
So.

Was wäre, wenn Sie mit zu den gelenkten Schachbrettfiguren gehören, die Teil eines großen Plans sind?
„Völlig ausgeschlossen", meinen Sie. „Ich bestimme doch, wie ich mein Leben führe, was ich für Interessen habe, was meine Ansichten sind, was ich für einen Lebensstil habe und wie ich mich verhalte."
So.

Was, wenn vieles, was Ihnen gut tun würde, vor Ihnen verheimlicht wird?

Was, wenn vieles, was Sie heute umgibt und vieles, was Sie zu sich nehmen, Ihnen insgeheim schadet?

Was, wenn die tatsächliche Wahrheit bereits derart manipuliert ist, dass sie nahezu nicht mehr zu erkennen ist?

Was wäre, wenn das Meiste, wovon Ihr Leben umgeben ist, wirklich nur die Geburten eines unsichtbaren Planes sind – also Sie in einer durch und durch künstlich gelenkten Realität eingebettet *sind*, während alles von Freiheit *redet* und Sie dazu gebracht werden, unwissend diese vielleicht von langer Hand geplante Welt aufrecht zu erhalten?

Was würde es für Sie bedeuten, wenn gerade *Sie* von einer Welt hinter der Welt programmiert und dirigiert wären?

Was wäre, „wenn"? Und „wenn", wozu überhaupt?

Und jetzt die große Frage: Nur mal angenommen, es wäre wirklich so, wie eben dargestellt, also dass alles ein gelenktes und manipuliertes Spiel ist, bei dem die Spielteilnehmer, ohne es selbst zu merken, in einem Hamsterrad laufen und keinen blassen Schimmer davon haben, dass das Spiel überhaupt existiert:

Gäbe es dann überhaupt einen Weg raus aus dem Spiel???

Kapitel 2
Selbstschutz durch Selbstbetrug

Ich möchte in diesem Buch die Gelegenheit aufgreifen, um ein paar ungewöhnliche Gedankengänge und Fragen zu stellen, die man sonst einfach nicht stellt. Diese Modellvorstellungen sind, wie sämtliche Modellvorstellungen, sicher mit einem gewissen Fehler behaftet, doch ist es im Laufe der Geschichte üblich, dass veraltete Modellvorstellungen immer wieder durch neue, mit besseren Deutungen, abgelöst werden. Wie Sie die ganzen Dinge sehen, müssen jedoch Sie entscheiden, denn wie Picasso schon sagte: *„Wenn es nur eine einzige Wahrheit gäbe, könnte man nicht hundert Bilder über dasselbe Thema malen."*

Sicher sollte man Hypothesen wie Hypothesen behandeln, doch Fakten sind und bleiben Fakten – auch wenn sie noch so unbequem sein mögen. Es wehren sich jedoch leider oft die Anhänger der veralteten Vorstellung *generell*, weil es weh tut, die alten festgefahrenen Grenzen zu sprengen. Für viele Menschen ist die Erde immer noch eine Scheibe – nicht im wörtlichen, sondern im übertragenen Sinne. Das Massenbewusstsein hat sich im Vergleich zum Mittelalter in der Betrachtungsweise von revolutionär neuen Sicht-, Denk-, und Lebensweisen leider noch um kaum einen Deut verbessert. Nur die physischen Behandlungsmethoden wie Folterkammer und Scheiterhaufen bleiben uns heute erspart.

Wenn wir die Kaste der heutigen auserlesenen, angesehenen und hochgelobten Götter der Macht und des Wissens beobachten, fällt auf, dass viele dieser Kaste oft Gefangene ihres Standes sind. Diese haben sich leider meist zu extrem in ihr Fachgebiet verbohrt und sind nicht in der Lage, ein breites und weitsichtiges Denken zu vollziehen. Da diese sich oft ausschließlich mit ihrer logisch orientierten Gehirnhälfte enorm auseinander setzen, und somit die andere Hälfte – das Intuitive und nicht greifbare – vernachlässigen, sind diese auch nur in der Lage, maximal die Hälfte um uns herum mit zu bekommen und scheinen somit manchmal hinter dem Mond zu leben. Ausnahmen gibt es natürlich auch hier.

Von der genutzten Hälfte der Wahrnehmung bleibt diesen jedoch auch einiges verborgen, denn grundsätzlich darf das Bestehende in seiner Existenz nicht gefährdet werden. Wenn aber das Bestehende in seiner Existenz nicht gefährdet werden darf, bleibt somit nichts anderes übrig als das Bestehende nur noch irgendwie ein wenig zu verfeinern. Wenn irgendetwas das Potential zu einem revolutionären Durchbruch hat, wird weg geschaut... würde das bestehende Konzept gefährden... darf einfach nicht sein... Die Möglichkeiten der Verdrängung werden in solchen Situationen plötzlich vielfältig. Es wird ja meistens nicht einmal sachlich, nüchtern, offen und vorurteilsfrei (!) untersucht.

Das bestehende Konzept hat also zu bleiben, und die Ketzer haben, wie im Mittelalter, nicht die geringste Ahnung. Das war so als die Erde einst flach war, als die Milchstraße einst das Universum war und als der Mond einst unerreichbar war. Heute schaden uns Impfungen nicht; pharmazeutische Medikamente sind die einzig richtigen Behandlungsmethoden für Kranke; von Elektrosmog ist keine schädigende Wirkung bewiesen; Chakras sind purer Blödsinn, weil das in der Talkshow klar zu erkennen ist; Geheimpolitik im großen Stil wird nicht betrieben; die Überwachung schafft weitreichende Sicherheit; ein Dritter Weltkrieg liegt in bislang unerreichter Ferne; Flugscheiben und Freie Energie Maschinen existieren nicht, weil es die nicht gibt – und Außerirdische schon gar nicht!

Und wenn mal etwas Übles in der Politik oder in der Wirtschaft geschehen sollte, dann war Freund „Zufall" am Werk. Das Fernsehprogramm, unsere Eltern und die Lehrer haben uns dies alles gesagt, und damit ist dies dann auch so. Ist doch logo, oder? „Die Oberen" haben grundsätzlich recht, weil sie es einfach besser wissen als wir.

**„Wahre Worte sind nicht angenehm,
und angenehme Worte sind nicht wahr."**
Laotse

Können Sie sich vielleicht vorstellen, dass wir heute in Bezug auf vielerlei Dinge ähnlich naiv, unwissend und blind reagieren, wie man es im Mittelalter getan hat? Glauben Sie wirklich, dass die Welt, in der wir leben, gerade bis dorthin geht, wo wir sie *heute* (!) greifen und untersuchen können? Oder anders betrachtet: Warum soll die Realität gerade bis dorthin gehen, bis wo *Sie* sie greifen können? Könnte es nicht sein, dass da noch viel, viel, viel mehr auf uns wartet als wir derzeit wissen und erfassen können? Und was könnte da noch alles auf uns warten?

Ist Ihnen schon mal was aufgefallen? Analytisch intelligent zu sein und diese Art der Intelligenz auch zu nutzen hat nichts, aber überhaupt nichts mit einer hohen persönlichen Entwicklungsstufe zu tun. Dies verhält sich wie Joghurt und Honig zueinander und sind zwei völlig unterschiedliche paar Stiefel.

Ob nun bei den Eltern, den Lehrern, den Chefs, den Medien oder in der allgemeinen Öffentlichkeit – es ist „in", immer schön mit den Trends und den vorherrschenden Meinungen mitzugehen und diejenigen, die auch nur irgendwie von der gegenwärtig festgelegten Norm abweichen als Gedankenverbrecher anzusehen und zu behandeln. Bloß nicht eigene Wege beschreiten! Der Status quo scheint beim Bürger von Welt die Vorstellung zu repräsentieren, dass man am Endpunkt der menschlichen Entwicklung angelangt sei.

Anstatt neutral zu bleiben und auch bisher sehr ungewöhnliche Dinge *vorurteilsfrei* zu begutachten, greift man mechanisch von allen möglichen Argumentationen auf diejenigen zurück, die das derzeitig im Kopf bestehende Weltbild am besten stützen und erhalten, getreu nach dem Motto: „*Wahr ist, was in mein Bildchen passt.*" Mit dem „vorurteilsfreien Begutachten" meine ich im Übrigen eine Betrachtung, bei der die bestehende Denkweise sowie die bisherigen Erfahrungen und Vorstellungen nicht als Basis für ein sofortiges Urteilen hergenommen werden.

Die Meisten urteilen aber schon bevor sie sich ausgiebig mit einem Thema auseinandergesetzt haben, geschweige denn überhaupt irgend ein Buch gelesen haben, das sich mit dem Thema befasst, denn sonst würde die Möglichkeit bestehen, dass die heile Welt der Unwissenheit zertrümmert werden könnte. Von diesem Vor-Urteil sind die Menschen oft schon so überzeugt, dass sie dafür ihre Hand ins Feuer legen würden. Sofort fallen dann Worte wie „Verschwörungstheorie" oder „völlig aus der Luft gegriffen", und ohne zu wissen, was das Wort „Esoterik" überhaupt bedeutet, wird dies sofort als Schimpfwort für Dinge benutzt, die man selbst noch nicht in der Lage ist zu verstehen. So ist man mit sich und seinem Weltbild gerettet und schnell wieder auf der sicheren Seite. Ohne die Sache richtig fertiggehört zu haben, ist das Thema dann auch sofort erledigt und abgehakt. Ganz klar, dass es sich bei so etwas einfach um Spinnereien handeln *muss*. Es *kann* ja auch nicht anders sein. Es wird abgestempelt, und der Fall verschwindet, ohne dass reingeschaut wurde, in einer Schublade.

> **„Der Mensch hält die Grenzen seiner Denkfähigkeit**
> **für die Grenzen des Universums."**
> *Artur Schopenhauer*

Des Weiteren ist es ein großer Unterschied, ob man wirklich *vorurteilsfrei* hinterfragt oder ob man vorgibt zu hinterfragen, aber dabei von vorneherein das jeweilige verneint und diese generelle Verneinung philosophisch geschickt umschreibt, so dass es sich anhört als sei man nüchtern dabei vorgegangen.

Selbst wenn die Leute fühlen, dass etwas völlig Neues, was dem Gegenwärtigen widerspricht, richtig sein könnte, darf es trotzdem nicht existieren, denn wenn man dem Neuen zustimmen würde, würde dies in vielen Fällen bedeuten, dass man selbst zugibt, komplett übers Ohr gehauen worden zu sein und dass man der Lüge voll auf den Leim gegangen ist. Da der Ottonormalverbraucher jedoch souverän und unabhängig im Leben steht, ist dieses Eingeständnis zu sich selber logischerweise als völlig ausgeschlossen zu betrachten.

> **„Es ist leichter, eine Lüge zu glauben,**
> **die man schon hundertmal gehört hat,**
> **als die Wahrheit, die man noch nie gehört hat."**
> *Robert Lynd*

Die Einsicht, systematisch betrogen worden zu sein sowie Lügen und Illusionen als Fundament für das eigene Weltbild implantiert zu haben, ist für den überwiegenden Teil der Menschen weit jenseits des Aushaltbaren, und daher wird weiter die Illusion in vollen Zügen genossen und – als Reaktion bei doch mal aufgeschnappten brisanten Fakten – sogar gefeiert. Der Schmerz, eine globale Lüge als Tatsache anzusehen, ist für viele zu gewaltig, als dass das häufig klapprige innere Gerüst dies aushalten könnte. Man will lieber eine bequeme heile Welt sehen und sieht nur das, was man sehen will, selbst wenn die heile Welt eine einzige Lüge ist.

Für diese Menschen wäre es zu viel anzuerkennen, was eine von verborgenen Machtstrukturen ausgehende Steuerung des alltäglichen Lebens in fast allen Bereichen für sie bedeuten würde. Da diese Last für die Meisten psychisch nicht zu (er)tragen wäre, wird entgegen allen Fakten bestritten und abgewehrt, was das Zeug hält.

Gerade diejenigen, die am lautesten nach Beweisen schreien, sind diejenigen, die sie am stärksten verweigern, wenn sie diese bekommen.

Zusätzlich dazu werden jene, welche die inoffiziell verbotenen Worte ausgesprochen haben, moralisch nach allen Regeln der Kunst auseinander genommen. Diese Ignoranz dient jedoch nur dazu, die Kraft, welche auf die unerwünschte Wahrheit hinweist und schier unerträgliche Schmerzen verursacht, von sich zu weisen, um sich somit mit dem Schmerz nicht mehr auseinandersetzen zu müssen. Um Wahrheit oder Unwahrheit sowie Fakten oder Hypothesen geht es dabei nicht. Der einzige Zweck der steinernen Blockadehaltung liegt darin, so bald wie möglich wieder schmerzfrei leben zu können.

„Fast alle Menschen stolpern irgendwann einmal in ihrem Leben über die Wahrheit. Die meisten springen schnell wieder auf, klopfen sich den Staub ab und eilen ihren Geschäften nach, als ob nichts geschehen sei."
Winston Churchill

Es ist übrigens nicht nur die Angst, den bisherigen Boden unter den Füßen zu verlieren, sondern auch die generelle Angst vor derzeitig verborgenen Dingen, die hier eine Rolle spielt. Ein ausschließlich materiell orientierter Mensch ist dermaßen in der Körperlichkeit gefangen, dass er nur für wahr halten *kann* was er auch „greifen" kann und unterscheidet sich damit kaum von einem Kleinkind. Derzeitig nicht greifbare Dinge werden entweder als Hirngespinst oder als Aberglaube abgestempelt, oder wenn es schon Teil des Massenbewusstseins sein sollte, hat man trotzdem oft noch Angst davor. So lässt sich auch die häufig beobachtete Angst vor dem Fliegen erklären, denn es ist eben fast unbegreiflich, dass sich das Monstrum eines Jumbo-Jets nur aufgrund der Wirkung von Über- und Unterdruck in die Luft erhebt. Trotz dieser Unbegreiflichkeit erhebt sich der Jumbo-Jet in die Lüfte – immer und immer wieder. Solch unbegreifliche Tatsachen existieren nicht nur bei Flugzeugen, sondern auch bei vielen anderen Dingen, die erst mal nicht greifbar scheinen und erst recht bei vielen Dingen, die nicht sein dürfen:

„Leider ... haben die meisten Menschen erhebliche Schwierigkeiten, von festgezurrten, bisweilen gar regelrecht zementierten Überzeugungen loszulassen.

Bei Berufsideologen - Politikern, Gewerkschaftern, Religions- und Sektenanhängern - entspricht dieses Verhalten beinahe einer Überlebensstrategie. Aber auch im 'Eltern-Kind'-Konflikt, bei unerwarteten Wechseln im Leben - Arbeitslosigkeit, politischer Systemwechsel (Wiedervereinigung), Trennung von lieben Menschen, Scheidung u. ä., - zeigt sich diese Phänomenologie in vielerlei Varianten, aber stets im gleichen Grundmuster.

Von einer einmal gewonnenen Überzeugung Abstand nehmen zu sollen, käme einer (Art von) Niederlage, einem Verrat gleich - umso mehr, je tiefer das zuvor wirkende Vertrauen in den-/diejenigen war, der/die diese Überzeugung originär verankert hat(ten). Und je älter diese - nun als falsch entlarvte, aber ehedem verfochtene - 'Wahrheit' ist, desto schmerzlicher wird der nun drohende oder geforderte ‚Abschied' empfunden.

Also verteidigt man frühere 'Überzeugungen' - mitunter gegen jede Vernunft und jedem Argument unzugänglich. Deshalb halten sich selbst unsinnigste Ideologien und unmenschliche Regime - also besonders brutal verbackene Systeme - so unverständlich lange. Man will die Wahrheit einfach nicht zur Kenntnis nehmen und blendet sie aus. Basta!

So existiert in vieler Menschen Köpfe heute noch ein geozentrisches Weltbild (bei einigen noch die Erde als Scheibe!), die Kreationisten (95% davon leben in den USA) schwören auf den 7-tägigen Schöpfungsakt (vor etwa 6200 Jahren), viele Russen verehren noch heute Stalin (Deutsche dafür Hitler), Millionen Briten singen heute noch aus vollster Überzeugung ‚Britain rules the world' und mancher ex-DDR-Bürger weint noch immer Dachdecker Honecker nach." [3]

„Der Mensch geht lieber zugrunde,
bevor er seine Gewohnheiten ändert."
Leo Tolstoi

Woher nehmen wir uns das Recht, neue Theorien und Erkenntnisse sofort auszuschlagen, nur weil wir kleinen Menschen mit unserer kosmisch gesehen winzigen bisherigen zeitlichen Existenz meinen, schon alles zu wissen? Weil die meisten Menschen meinen, dass fast schon alle Erkenntnisse da sind, schließen diese daraus, dass es eigentlich nichts beziehungsweise kaum mehr Neues geben *darf*. Auch Einstein war dieses Verhalten bekannt als er sagte: *„Zwei Dinge sind unendlich, das Universum und die menschliche Dummheit, aber bei dem Universum bin ich mir noch nicht ganz sicher."* Wissenschaft und Forschung sind meiner Meinung nach erst dann zu respektieren, wenn sie Klarheit über die Wahrheit schaffen, was ja eigentlich deren Aufgabe sein sollte – nicht jedoch, wenn nur sein kann, was sein darf. Ein richtiger Wissenschaftler bestimmt jedenfalls nicht für die Welt, wie die Natur zu sein hat, sondern akzeptiert vorurteilsfrei, was ist und was nicht ist.

„Tatsachen hören nicht auf zu bestehen,
nur weil sie ignoriert werden."
Aldous Huxley

Dass wir es leider nicht immer mit ganz „richtigen" Wissenschaftlern zu tun haben, legt Andreas von Rétyi in seinem Buch „Die Terror Flüge" offen: *„Eine anonym gehaltene Umfrage des Wissenschaftsmagazins Nature hat vor einigen Jahren ergeben, dass von über 3000 befragten Wissenschaftlern jeder Dritte in seinen Arbeiten bereits gelogen und verfälscht hat, um die Ergebnisse der vertretenen Theorie anzupassen."* [4, S. 147] Dazu möchte ich kurz anmerken: Wenn selbst viele der ach so nüchternen Wissenschaftler sich mit Lügen waschen, in welchem Lügenbad befinden wir uns dann???

Seit nicht einmal 300 Jahren wird richtig Wissenschaft betrieben. Unser räumliches Universum existiert aber schon seit einer unvorstellbaren ewigen Ewigkeit (fast zumindest). Unter diesem Gesichtspunkt sollten wir nicht annehmen, auch nur annähernd eine Ahnung zu haben. Können Sie sich das Agieren einer Zivilisation im Kosmos vorstellen, die schon seit Millionen Jahren tätig ist – sowohl innerlich als auch äußerlich? Vergleichen Sie dies mal mit uns und unserem arroganten Verhalten, dass wir uns für die „die Krone der Schöpfung" halten.

Wenn wir uns einmal eingestehen, dass wir nur sehr wenig wissen, bedeutet dies aber auch, dass wir von sehr vielem schlicht und ergreifend keine Ahnung haben und wir daher nicht vorschnell über Dinge herziehen sollten, die derzeitig nicht in unserem Weltbild existieren und die wir (noch) nicht erklären können.

**„Das heutige Wissen ist die Grenze,
die morgen überschritten wird."**
Denis Waitley

Unter diesem Gesichtspunkt betrachten wir doch mal all die derzeit unerklärlichen Phänomene, die es für unsere „aufgeklärten" Wissenschaftler nicht geben darf, weil diese eben *noch* nicht erklärbar sind (oder vielleicht auch nicht erklärbar sein dürfen? ☺). Nur weil wir etwas nicht *sofort* auf der Stelle erklären können, darf es *sofort* nicht existent sein? Ich denke dass diese Vorgehensweise albern ist. Nur weil man viele Dinge derzeit *noch* nicht erklären kann, heißt das noch lange nicht, dass dies bis in alle Ewigkeit auch so bleiben wird. Davon wollen viele aber nichts wissen, denn die Menschen, die sich auf der Entwicklungsstufe der Masse befinden, scheinen es nicht ertragen zu können, dass etwas so oder so ist, ohne dass man es sofort erklären kann. Naturgesetze und Vorgänge, welche die Menschen derzeit noch nicht kennen, erklären und greifen können, werden dann automatisch als Wunder, Zauberei, Scharlatanerie, Lüge oder gar als unmöglich abgetan. Menschen, die so handeln, dürfen sich übrigens auch nicht zur Existenz der Gravitation bekennen, da diese gegenwärtig auch nicht erklärbar ist (offiziell zumindest).

Nebenbei ist dies das gleiche blödsinnige Denken, wie wenn man vor 800 Jahren kategorisch abgelehnt hat, dass die Erde rund ist. Wenn ich damals gelebt hätte und ich aufgrund verschiedener Beobachtungen zu dem Schluss gekommen wäre, dass es sehr wahrscheinlich ist, dass die Erde rund ist, dann hätte ich damals (hoffentlich!) gesagt, dass die Menschen damals nur *noch* nicht in der Lage seien, dies zu beweisen. Vielleicht aber in zwei

Tagen, vielleicht in 50 Jahren, 200 Jahren oder 100.000 Jahren. Ganz abgesehen davon, wäre ich für diese Aussage natürlich auf dem Scheiterhaufen gelandet.

Vielleicht ist man in zwei Tagen so weit, das heute Unerklärliche erklären zu können, vielleicht in 50 Jahren, 200 Jahren oder gar in 100.000 Jahren. Vielleicht ist man ja auch schon teilweise so weit, enthält Ihnen die Informationen darüber aber vor. Wer weiß? Irgendwann wird man jedoch jede Wahrheit erklären können beziehungsweise die Wahrheiten nicht mehr geheim halten können. (An dieser Stelle möchte ich aber noch anmerken, dass man sich die Frage stellen sollte, warum man versuchen will, Dinge, die überhaupt nicht materiell sind, mit materiellen Mitteln zu erklären und zu beweisen.)

Es wäre sehr schade, wenn wir weiter so mit Neudenkern verfahren würden, weil solch ein Sackgassendenken den allgemeinen Fortschritt der Menschheit ungemein bremst. Wie viel Entwicklungspotential ist durch das begrenzte Denken der Masse schon verloren gegangen, und wie viel soll es in Zukunft noch sein? Wir haben die Wahl!

**„Man sagt, dass neue Informationen
erst als lächerlich betrachtet werden, dann bekämpft
und schließlich allgemein akzeptiert werden."**
Jasmuheen

Außerdem denke ich, dass es nicht das wirklich Wichtige ist, dass man verkrampft und um jeden Preis nach einer wissenschaftlichen Erklärung für zunächst Unbegreifliches sucht. Eine möglichst nützliche Anwendung des jeweiligen Wissens zum Wohle aller und des Planeten ist doch viel wichtiger. Was zählt sind Taten, und zwar gute!

Bauen Sie Ihr Weltbild auf Dinge auf, die lange genug von der Masse wiederholt und nachgeplappert wurden und dadurch für Sie zu einer unumstößlichen Wahrheit geworden sind, obwohl diese „unumstößlichen Wahrheiten" aber von Fakten und sinnvollen Erklärungen weit entfernt sind? Ich spreche hier nicht von unterschiedlichen Meinungen, sondern von der Fähigkeit, vorliegende Fakten so zu sehen, wie sie sind – also eine durch und durch neutrale Betrachtungsweise –, auch wenn diese Fakten Ihrer bisherigen Meinung mehr oder weniger in die Quere kommen könnten. Wenn Sie nun meinen: *„Es gibt keine Verschwörungen, weil sich alles leicht erklären lässt"*, dann erklären Sie mir bitte im nächsten Kapitel die Unstimmigkeiten zwischen den dort gestellten Fragen und dem was uns als „Wahrheit" verkauft wird.

Um jedoch bei den Tatsachen zu bleiben, empfehle ich folgende Vorgehensweisen beim Hören von neuen und nicht alltäglichen Dingen oder bei der Überprüfung von Bestehendem:

- Offen, nüchtern, sachlich und vorurteilsfrei an das Jeweilige herangehen.
- Das Jeweilige gleichzeitig hinterfragen, jedoch ohne dass bestehende Überzeugungen und Weltvorstellungen als Grundlage für die Hinterfragung verwendet werden.
- Wenn das Jeweilige zwar gegen Ihre bisherige Sichtweise und Ihr bisheriges Weltbild verstößt, aber hieb- und stichfest erklärt oder bewiesen ist, dann haben Sie hier die Möglichkeit zu zeigen, dass Sie ein weitsichtiger und kosmisch anständiger Mensch sind und sich von einer Mitläufermentalität unterscheiden.
- Wenn es keine hieb- und stichfesten Argumente für oder gegen das Jeweilige gibt, dann warten Sie einfach ab, was die Zukunft hierzu bringen wird. (Vergessen Sie dabei aber das Teetrinken nicht.)
- Ist das Jeweilige zweifelsfrei hieb- und stichfest gegenbewiesen, dann wissen Sie, dass es nicht stimmt.

Übrigens: Sollte es mal passieren, dass Sie merken, dass Ihre bisherigen Vorstellungen über etwas Humbug gewesen sind, so möchte ich Ihnen jetzt schon sagen, dass solch ein „Ausrutschen" für sich genommen kein Drama ist. Das wirklich Entscheidende in so einer Situation ist, *wie man mit der Wahrheit umgeht*: Leugnet man die Wahrheit, um bequem so weiter leben zu können wie bisher, oder schaut man der Wahrheit ins Auge – egal was für Konsequenzen es für einen haben mag?

Kapitel 3
Ist wirklich alles so, wie es scheint?

Da wir gesehen haben, dass eine gewisse Offenheit für Neues notwendig ist und viele Menschen diese Offenheit schmerzlich vermissen, möchte ich die nächsten Seiten dazu nutzen, um ein paar Dinge zu hinterfragen. Der 11.9. beispielsweise lässt an Fragen nicht zu wünschen übrig. Das Meiste dieser Fragen sind aber keine Spekulationen sondern Fakten, die jeden Menschen, der in der Lage ist, rational zu denken, kribbelig machen müsste – sofern man nicht die Augen vor der oft unbequemen Realität verschließt. Hier eine kleine Auswahl an Ungereimtheiten:

> Wie ist es möglich, dass eine mutmaßliche Terrororganisation vier Flugzeuge gleichzeitig entführt und drei davon mit einer extremen Präzision zielgerichtet zum Einschlag bringt, wofür eine *enorme* organisatorische, logistische und fliegerische Erfahrung unabdingbar ist? Und dies in einem Land, das von vorne bis hinten mit einem riesigen geheimdienstlichen und militärischen Machtapparat durchzogen ist. Viele der mutmaßlichen Attentäter waren im Übrigen nicht mal in der Lage, alleine ein kleines Sportflugzeug zu fliegen.
>
> Warum hatten FBI und CIA erst angeblich keine Hinweise über die bevorstehenden Anschläge des 11.9. gehabt (von offizieller Seite hieß es, die Anschläge seien „jenseits des Vorstellbaren" gewesen), dann aber plötzlich kurze Zeit nach den Anschlägen die Namen von 19 mutmaßlichen Attentätern an die traumatisierte Öffentlichkeit zur Verfügung gestellt? Es hat sich ja herausgestellt, dass mehrere dieser mutmaßlichen Entführer noch leben. Aber das tut ja dem offiziellen „Glauben" keinen Abbruch, nicht wahr?
>
> Unmittelbar nach den Anschlägen des 11.9. herrschte ein mehrere Tage andauerndes Flugverbot über den USA. Warum wurden in dieser Zeit gerade Mitglieder der saudischen Bin Laden Familie trotz Flugverbot aus den USA ausgeflogen? Wenn laut offizieller Version Osama

Bin Laden hinter dem 11.9. stecken soll, dann müssten doch gerade die Familienmitglieder, die sich in den USA aufhalten, vernommen und nicht ausgeflogen werden. Also irgendwas ist da faul, oder?

Warum konnte knapp eine Stunde nach dem ersten Einschlag in das World Trade Center ein Flugzeug, das von seinem ursprünglichen Kurs „abgekommen" war, in das Pentagon einschlagen? Warum hat die Flugsicherung so lange Zeit überhaupt nicht reagiert? Spätestens nach dem ersten Einschlag hätte doch jede Abnormalität im Luftraum mit allen Mitteln verfolgt werden müssen.

Warum sind auf den Fotos, die unmittelbar nach dem Einschlag in das Pentagon aufgenommen wurden, so gut wie keine Trümmer vor dem Pentagon zu sehen?

Offiziell heißt es, dass sieben der acht Flugschreiber von den Flugzeugen, die in das World Trade Center flogen, zerstört worden seien. Nur zur Information: Flugschreiber sind für wahnsinnig hohe Belastungen ausgelegt und überstehen normalerweise einen Flugzeugabsturz. Offiziell heißt es weiterhin, dass nach den Anschlägen des 11.9. in New York in den Unmengen an Trümmern, die hauptsächlich nur aus pulverisiertem Material und zerteilten Stahlträgern bestand, ein Pass (aus Papier!) eines mutmaßlichen Entführers gefunden wurde. Schmelzender Stahl aus den Feuern nach den Flugzeugeinschlägen soll angeblich den Einsturz der Türme verursacht haben, und gerade der leicht entflammbare Pass eines mutmaßlichen Terroristen soll am 13. September 2001 in den Unmengen an Trümmern gefunden worden sein. Vielleicht dreht sich die Sonne ja doch um die Erde. Wer weiß?

Der Südturm des World Trade Centers wurde etwa 15 Minuten später getroffen als der Nordturm. Der Einschlag im Südturm war eher an der Kante des Turmes, anstatt wie beim Nordturm zentral in die Mitte, was aussagt, dass vieles vom Kerosin des Flugzeugs, das den Südturm traf, nicht in den Zentralbereich des Südturms gelangen konnte. In den Videos ist ja auch gut zu erkennen, dass der Großteil des Kerosins in einem großen Feuerball aufging. Somit muss der Südturm wesentlich schwächer geschädigt worden sein als der Nordturm, da im Südturm wesentlich weniger Restkerosin vorhanden gewesen sein muss als im Nordturm. Trotzdem brach der Südturm etwa 30 Minuten vor dem Nordturm zusammen. Warum?

Es heißt in der offiziellen Version des 11.9., dass die Stahlträger beim Brand des World Trade Centers geschmolzen seien. Es ist so, dass Stahl bei etwa 1500 Grad schmilzt, wobei natürlich weit unter dieser Temperatur schon entsprechende Gefügeschwächungen auftreten. Damit Stahlträger, wie sie im World Trade Center verwendet wurden, überhaupt zu schmelzen beginnen, braucht es sehr hohe Temperaturen über einen langen Zeitraum. Da unmittelbar nach den Einschlägen der Flugzeuge in das World Trade Center der überwiegende Anteil des Kerosins der Flugzeuge in einem großen Feuerball aufging, frage ich mich, wo die Energie hergekommen sein soll, damit die Stahlträger (laut offizieller Version) zu schmelzen beginnen konnten.
Warum sieht man auf den Fotos bei den Einschlagstellen der Flugzeuge nur sehr moderate Brände? Sind die *rußigen schwarzen* Rauchsäulen an den Einschlagstellen Hinweise auf solch hohe Temperaturen, wie sie für das Schmelzen von Stahl notwendig sind?
An dieser Stelle möchte ich zudem noch anmerken, dass noch nie zuvor ein Wolkenkratzer mit einem Stahlgerüst aufgrund eines Feuers zusammengebrochen ist – am 11.9. waren es aber laut offizieller Version gleich drei innerhalb von weniger als 10 Stunden (die Twin Towers und das WTC 7). Im Jahre 2005 beispielsweise gab es in einem Wolkenkratzer in Madrid ein außerordentlich schlimmes Feuer – wesentlich schlimmer als beim 11.9. –, welches erst nach etwa 24 Stunden unter Kontrolle gebracht werden konnte. Trotzdem hielt das Gebäude.

Es ist bemerkenswert, wie schnell die beiden Türme des World Trade Centers zusammengekracht sind. Sie stürzten beinahe mit der Geschwindigkeit zusammen, mit der ein Gegenstand im freien Fall (also ohne jeglichen Widerstand) von dem höchsten Punkt des ehemaligen World Trade Centers nach unten fällt. Wie ist dies möglich, wo doch beim Zusammenstürzen der oberen Etagen auf die unteren Etagen, ein nicht zu unterschätzender Widerstand vorgelegen haben muss?

Es gibt zahlreiche Aussagen über Explosionen beim Zusammenbruch des World Trade Centers von Leuten, die den Zusammenbruch direkt vor Ort sehen und hören konnten beziehungsweise von Leuten, die sich gerade noch aus dem World Trade Center retten konnten. Welche Regierung, die versucht, die Wahrheit bei solchen Ereignissen zu erfahren, wäre nicht an solchen Informationen interessiert?

Warum werden ernsthafte professionelle Untersuchungen zum 11.9. nicht in Erwägung gezogen, aber Sex – Skandale von amerikanischen Präsidenten bis zum Exzess durchgeackert und analysiert?
Warum hat man nach der Explosion der Raumfähre Challenger im Jahre 1986, als *sieben Menschen* ums Leben kamen, monatelang nach Trümmern auf dem Meer gesucht, diese in mühevoller Kleinarbeit penibel zusammengefügt und jahrelang an den daraus entstehenden technischen Konsequenzen geforscht, während man bei den Großanschlägen des 11.9., mit etwa *3000 Toten*, nur widerwillig und träge ein paar Finger krumm gemacht hat, um den Zusammenbruch des World Trade Centers zu analysieren?
Warum wurden die Trümmer des World Trade Centers *eiligst* entsorgt und recycled? Der Zusammenbruch des World Trade Centers hätte eigentlich zur größten Branduntersuchung in der Weltgeschichte führen müssen, doch das Gegenteil geschah. Will man hier untersuchen, oder will man es nicht? Und wenn nicht, warum will man es dann nicht?
Im Land der unbegrenzten Möglichkeiten scheint jedenfalls alles möglich zu sein.

Laut der offiziellen Version des 11.9. hatten die amerikanischen Geheimdienste und das FBI keinerlei Hinweise auf die Anschläge. Warum hat es bei diesen Organisationen angesichts dieser Inkompetenz keine Nachforschungen und Entlassungen gegeben, um in Zukunft eine solche Unfähigkeit (bei einem Riesenbudget) zu vermeiden? Stattdessen wurde munter das Budget dieser Organisationen aufgestockt.

Warum hat es an den Spitzen der US-Führung keinerlei Wut über die „Sicherheitspannen" rund um den 11.9. gegeben? Stattdessen wird ohne Aussicht auf ein Ende bestritten und schöngeredet.

In einer Rede einige Monate nach dem 11.9. gab Bush junior interessante Details wieder, wie er vom *ersten* (!) Einschlag in das World Trade Center erfuhr:

„Ich war in Florida. ... also ich war gerade in einem Klassenzimmer und sprach über ein erfolgreiches Leseprogramm. Ich saß vor dem Klassenraum und wartete darauf, hineingehen zu können, und da sah ich, wie ein Flugzeug in den Turm raste – es lief nämlich gerade ein Fernseher. Ich bin ja selbst mal geflogen, und ich sagte, Mann was für ein wirklich miserabler Pilot das sein muss. Ich sagte, das muss ein schrecklicher Unfall gewesen sein. Dann jedoch rief man mich fort; ich hatte also nicht viel Zeit, darüber nachzudenken. Und dann saß ich im Klassenzimmer, und Andy Card – mein Stabschef, der hier neben mir sitzt – kam herein und sagte: ‚Ein zweites Flugzeug hat den Turm getroffen, Amerika wird angegriffen'." (Die ganze Rede ist auf der Homepage vom Weißen Haus unter www.whitehouse.gov/news/releases/2001/12/20011204-17.html zu finden.)

Ist Ihnen vielleicht was aufgefallen? Der erste Einschlag ins World Trade Center wurde überhaupt nicht live im Fernsehen übertragen. Der erste Einschlag wurde von einem Amateurfilmer aufgenommen und erst einige Zeit später im Fernsehen ausgestrahlt. Das eben erwähnte Zitat von Bush auf der Homepage des Weißen Hauses ist für mich ein Beweis, dass mindestens ein Teil der offiziellen Version eine Lüge ist. Außerdem ist es mehr als komisch, dass Bush nicht augenblicklich reagiert, als er im Klassenzimmer sitzt und sein Berater plötzlich kommt, um ihm über den zweiten Flugzeugeinschlag zu berichten. Anstatt sich genauer zu informieren und etwas zu unternehmen, plaudert er noch ein wenig mit den Schülern im Klassenzimmer.

„Wer die Wahrheit sagt, muss sich nichts merken."
Mark Twain

Was zudem mehr als komisch ist, ist die Tatsache, dass Bush von seinen Sicherheitsleuten nicht in Sicherheit gebracht wurde, nachdem die beiden Anschläge in das World Trade Center geschehen waren. Eigentlich hätte man davon ausgehen müssen, dass Bush ein weiteres mögliches Ziel darstellt und dass man ihn in Sicherheit bringen muss. Doch auch hier gab es, wie überall bei der amerikanischen Machtspitze am 11.9., eine zementierte Untätigkeit.

Es wird zurecht kritisiert, dass Terroristen unsere gesetzlichen Strukturen, Grundrechte und Freiheiten zerstören wollen. Zahllose Regierungen weltweit schränken Grundfreiheiten ein und führen flächendeckende Überwachungsmechanismen ein. Wo sind die wirklichen Terroristen zu finden?

Die Fakten sind da, doch wer will sie sehen?

Doch was sage ich, nach diesen und anderen Dingen wird ja nicht mehr gefragt. Die Dinge sind voll ins Laufen gekommen und haben sich ins Bewusstsein von Hinz und Kunz eingebrannt.

Es wird uns weißgemacht, dass man entweder für Amerika oder für die Terroristen ist („Wer nicht für uns ist, ist gegen uns."). Meinungen dazwischen soll es nicht geben, denn das entspricht ja nicht der polarisierenden Lenkungs- und Verblödungsstrategie.

Die Meinung, die nach dem 11.9. bei der Bevölkerung zum großen Teil erzeugt wurde, war die, dass etwas getan werden musste. Getan wurde auch etwas, nämlich lange herbeigesehnte Kriege sowie die Einschränkung grundlegender Rechte.

Nun ist es mittlerweile so, dass sich immer mehr Menschen über die vielfältigen Ungereimtheiten des 11.9. im Klaren werden, die auf eindeutigen Fakten basieren. Viele dieser Leute leben jedoch so weiter wie bisher, anstatt Konsequenzen aus der Tatsache zu ziehen, dass die gesamte Weltbevölkerung von Bushisten vera..... wird.

Sie mögen mich nun vielleicht fragen: „Welche Konsequenzen kann und soll ich denn da ziehen?"

Was ist denn mit Konsequenzen gegenüber den „hohen Herren" im eigenen Lande, die, genau so wie die Bushisten, vor der eigenen Bevölkerung in dieses Lügenhorn blasen? Oder mit den Konsequenzen im Seh- und Leseverhalten von den Medien, die genau so schamlos die Lügen des 11.9. geschützt und sogar propagiert haben? Und: Sind Sie nach der „totalen Lüge" auch weiterhin bereit, alles ungekaut runterzuschlucken und ohne zu hinterfragen, alles zu glauben, was man Ihnen als „Informationen" andreht?

Nun, für den, der sehen will und bereit ist, der Wahrheit ins Auge zu schauen, sind die Dinge rund um den 11.9. ja noch ganz offensichtlich. Was ist jedoch mit den subtilen Bereichen, bei denen es nicht so leicht zu merken ist, dass einem ein X für ein U vorgemacht wird?

Können Sie sich vorstellen in was für einem Zustand wir möglicherweise stecken?

Denken Sie darüber mal in Ruhe nach, bevor Sie sich ein paar weitere ausgewählte Widersprüche ansehen:

Glaube und Unglaube:

Wenn man die Rückseite des deutschen Personalausweises auf den Kopf stellt, so sieht man oben ein Zeichen. In diesem Zeichen ist unter anderem klar und deutlich eine Art Totenschädel zu sehen. Was soll das?
Sind uns die Menschen, die dahinterstecken wohlgesonnen oder nicht, und welche Konsequenzen hat diese Tatsache für Ihre Auffassung darüber, welche Mächte wo aktiv sind?

Warum beten viele ein Foltergerät an und tragen es sogar am Hals als Schmuck? Warum steht ein Modell eines solchen Foltergerätes auf vielen europäischen Gipfeln und hängt bei vielen Leuten in der Wohnung? Ich weiß jedenfalls nicht, ob die Anhimmelung von Foltergeräten Ruhe und Frieden bringen kann.

Warum haben viele Menschen überhaupt kein Interesse daran, wirklich zu wissen, woher sie kommen, warum sie hier sind, wie das Leben wirklich funktioniert und wohin sie nach diesem Leben gehen werden?

Wir und unsere Taten:

Warum finden es die Menschen „chic" und „in", gegen amerikanische Politiker und deren Politik zu demonstrieren, während sie im Gegensatz dazu dann aber selber Nachmittags am Rechner das Metzeln anfangen, sich in der eigenen Familie oder zu den eigenen Mitarbeitern wie die letzte Sau benehmen und abends den gewalt-igen Film mit Anteilnahme genießen? Warum leben die Menschen selbst das Gleiche aus, wogegen sie so sehr schimpfen und protestieren? Sind in so einem Fall amerikanische Politiker und deren Politik wirklich so viel „schlechter"? Sind die Mächtigen und deren Handlungen nicht eher eine Projektion des Zustandes der Masse?

Die Menschen scheinen nur in der Lage zu sein, das zu sehen, was sie unmittelbar vor den Augen haben. Nur so ist es zu erklären, dass es dem edlen Konsumenten herzlich egal ist, dass die gekauften Produkte oft in den Zuständen der Freihandelszonen erzeugt wurden. Da wird einerseits geschimpft, dass der Regenwald abgeholzt wird, und andererseits muss dann das Essen so billig wie nur möglich sein. Dass das Tierfutter dabei zum Teil von südamerikanischen Sojafeldern stammt, denen der Regenwald zum Opfer fiel (das Buch „We feed the world" zeigt, wie die Realität hierbei ausschaut), juckt den mündigen Verbraucher dabei wenig. Wenn's ums Geld geht, dann ist und bleibt die gesamtheitliche Sicht genau so verdeckt wie auch der Blick darauf, dass der Billigwahn über Umwege in wenigen Jahren schleichend auf uns alle zurückschlägt (beziehungsweise es eigentlich schon längst tut). Und falls es eine Aussicht auf eine Gehaltserhöhung gibt, dann ist jeder Warnstreik gut und recht. Aber wenn es um Verweigerung von diversen Produkten zur Erhaltung der Erde und zur Beendigung der Sklavenhaltung in den Freihandelszonen geht, dann muss plötzlich der Sessel warm gehalten werden, und der Discounter um die Ecke bleibt die erste und definitiv beste Wahl.

Jeder Kauf ist auch gleichzeitig eine globalpolitische Wahl. Deshalb lassen sich durch Verweigerung auch Konzerne von unten steuern – wenn es viele wirklich wollen.

Weswegen gibt es die Angst vor biochemischen Waffen, wo doch weltweit seit vielen Jahren und Jahrzehnten in fast jedem Haushalt der westlichen Welt ungehemmt Strahlungs-„waffen" zum Einsatz kommen und die Meisten der Bevölkerung mit Begeisterung und Freude diese lautlosen Waffen nutzen und so gut es geht in ihr eigenes Leben integrieren?

Gesundheit und Krankheit:

Warum kümmern sich viele Menschen besser um ihren Besitz – wie Haus, Auto, Computer... –, als um sich selbst – ihren Körper, ihren Geist und ihr Leben.

Was hat dazu geführt, dass sehr viele Menschen der Meinung sind, dass Chemikalien ihrem Körper gut tun würden und dass Gutes aus der Natur nutzloses Zeug ist?

Warum werden bei „Nutztieren" für deren besseres Wachstum Mineralstoffe ins Futter gemischt, während uns Menschen wichtige Mineralstoffe bei der Herstellung von Natriumchlorid (öffentlich als „Salz" bekannt) entzogen werden? Wer zieht Nutzen daraus?

Warum findet in der westlichen Welt ein künstlicher Süßstoff breite Verwendung, der bis Mitte der 70er Jahre bei der CIA auf der Liste der Waffen zur biochemischen Kriegsführung stand und sich im Körper in mehrere Gifte aufspaltet?

Warum wird mit aller Gewalt versucht, die Gentechnik freizugeben und großflächig auszubreiten? Wenn das wirklich viele Leute wollen würden, dann könnte man es ja noch mit der hohen Nachfrage begründen, aber das Gegenteil ist der Fall: So gut wie niemand vom Personal, Verzeihung Bevölkerung, will es, und trotzdem wird versucht, die Gentechnik mit einem Eifer durchzusetzen, der einen Workaholic wohl vor Neid erblassen ließe. Was meinen Sie, was wirklich hinter der Gentechnik steckt?

Jahr für Jahr werden riesige Summen für die Krebsforschung ausgegeben und gespendet. Nennenswerte große Durchbrüche hat es aber offiziell kaum gegeben. Hoffnungen werden geschürt... ein Durchbruch steht bevor... man weiß es eben nicht. Geht man hier einen falschen Weg? Sind die Ursachen auf einem ganz anderen Weg zu finden? Werden derzeitig überhaupt die Ursachen behandelt?
Es leuchtet ein, dass man nur mit kranken Menschen Geld verdienen kann und nicht mit gesunden. Mit möglichst teuren Medikamenten, die möglichst noch Zweit- und Drittmedikamente zur Behandlung der Nebenwirkungen des Erstmedikaments benötigen, wie auch mit möglichst teuren Gerätschaften kann ein enormes finanzielles Polster, unabhängig von Sinn und Unsinn, aufgebaut werden. Liegt das Hauptinteresse bei unserer Gesundheit oder beim Profit?

Warum kann man an deutschen Universitäten keine Naturheilkunde studieren?

Warum gibt es ständige Verlautbarungen von Weiterentwicklungen in der offiziellen Medizin, während Krankheiten kontinuierlich zunehmen?

Das All:

Laut den offiziellen NASA-Daten, hat die Marsatmosphäre einen durchschnittlichen Druck von etwa 7 Millibar. Die Erde hat zum Vergleich in Meereshöhe einen durchschnittlichen Luftdruck von 1013,25 Millibar, also weit über das Hundertfache. Sowohl bei der Viking-Mission in den 70er Jahren, als auch bei der Pathfinder-Mission in den 90er Jahren, wurde die Geschwindigkeit der Landesonden durch Bremsfallschirme verringert, damit die Sonden sicher auf dem Marsboden aufsetzen konnten. Ist es physikalisch überhaupt möglich, dass Bremsfallschirme bei einem solch geringen (offiziellen) Atmosphärendruck wie auf dem Mars die Sonden so abbremsen, dass sie sicher landen können? Wäre nicht ein wesentlich höherer Atmosphärendruck notwendig?

Bevor jetzt wieder die Filmstudiodiskussionen anfangen, möchte ich noch die Frage stellen, ob es denn möglich ist, dass der Atmosphärendruck auf dem Mars wesentlich höher ist und der Mars nicht *so* vehement lebensfeindlich ist, wie wir es gesagt bekommen? Wenn ja, *warum* wird uns dann die wahre Natur der Marsatmosphäre verschwiegen?

Ist es logisch, dass es im unfassbar und unbegreifbar großen Universum nur auf der Erde Leben geben soll – ein Universum welches zig Milliarden von Sonnen beinhaltet, von denen die meisten Sonnen wohl mehr als nur einen Planeten haben? (Es werden beim derzeitigen offiziellen Anfang der Planetenforschung außerhalb unseres Sonnensystems ständig neue Planeten bei den uns nahegelegenen Sternen entdeckt, und die offizielle Forschung steht hierbei erst am absoluten Anfang.)
Eine ziemlich mickrige Schöpfung wäre es im Diesseits, wenn es nur auf diesem Planeten biologisches Leben geben würde. Oder hält der Mensch hier nur wieder die Grenzen seiner eigenen Denkfähigkeit für die Grenzen des Universums? Muss das „Wissen" und die Einstellung, mit der man aufgewachsen ist tatsächlich die Wahrheit repräsentieren? Wenn wirklich *nur wir* im Universum existieren sollten, dann wäre dies eine wirklich trostlose Schöpfung mit so vielen leblosen vor sich hin siechenden Planeten, Sonnen und Galaxien...
Einige mögen jetzt vielleicht einwenden, dass Außerirdische längst gelandet sein müssten, wenn sie wirklich existieren würden. Angenommen es gäbe Außerirdische, wäre es dann bei den derzeitigen „Zuständen" auf diesem Planeten wirklich sinnvoll, offenen Kontakt aufzunehmen? Auf einem Planeten, auf dem die Menschen nicht einmal *miteinander* grundlegend auskommen und dabei sind, sich gegenseitig in die Luft zu jagen? Hätten Außerirdische Lust, mit Wesen Kontakt aufzunehmen, die grausamst gegen Mitglieder anderer Spezies (Tiere) vorgehen? Würde eine offizielle Landung in so einer Situation wirklich von Nutzen sein? Glauben Sie, dass unser Planet wirklich für interplanetare Kontakte mit hochentwickelten, positiv gesinnten Außerirdischen reif ist? Also ich habe da meine Bedenken...

Nun, meine Meinung ist, dass es derzeit weit mehr Schaden als Nutzen anrichten würde, wenn es zu einem offiziellen Massenkontakt käme, da viele bei weitem nicht in der Lage wären, damit richtig umzugehen. *Wir auf diesem Planeten sind für den gegenwärtigen Zustand hier voll und ganz verantwortlich und damit müssen wir klarkommen und zusehen, dass wir uns in Richtung der Lösung der Probleme bewegen.*

Sprachrohre der bildenden Meinung:

Warum können kritische Journalisten keine Karriere machen?

Warum passiert in den Nachrichten von Sender A täglich fast genau das Gleiche wie bei Sender B, beziehungsweise warum handeln die Schlagzeilen von Blatt A meist genau über das, was in Blatt B zum Schlagzeilenthema gemacht wird, wo doch A und B angeblich in Konkurrenz miteinander stehen? Werden A und B von C gelenkt? Wenn ja, wer ist dann C?

Wenn wir doch anscheinend in einer freien und offiziell immer besser werdenden Welt leben, warum gibt es dann weder Berichte noch offene und nüchterne Diskussionsrunden über Flugscheiben (UFOs) in den Medien? Viele Menschen sind doch so ausnahmslos technikbegeistert und streben nach dem äußeren Fortschritt. Warum wird bei den technikbegeisterten Menschen gerade hier Halt gemacht und dies als Spinnerei abgetan? Was beziehungsweise wer hat veranlasst, dass es so ist? (Falls Sie selbst Interesse bezüglich original NASA-Bildern haben sollten, auf denen Dinge zu sehen sind, die offiziell nicht existieren, dann kann ich Ihnen das Buch „Nationale Sicherheit" von Dan Davis empfehlen.)

Geschäfte des Kapitals:

Warum gibt es für die Oberstschicht bei Betrügereien im zig Millionenbereich oft nur milde Bewährungsstrafen (inklusive deftiger Abfindungen von der Firma selber), während Klein- und Mittelkriminelle, wie Ladendiebe und Bankräuber, nach allen Regeln der Kunst verfolgt werden und für wesentlich geringere Gaunereien wesentlich härter belangt werden als Kriminelle der Oberstschicht, die *wesentlich* mehr Geld „mitgehen" lassen? Warum merken dies so wenige?

Es ist weltweit fast überall zu beobachten, dass die Reichen immer reicher und die Armen immer ärmer werden. Weiterhin ist allgemein bekannt, dass der Entzug von Kapital aus der Wirtschaft (=Hortung von Kapital) die Wirtschaft zerfrisst. Warum wird dann bei all den „weisen Debatten" über Lösungen und Besserungen der kränkelnden Wirtschaft vergessen, dass sich immer mehr Kapital bei den Reichen und Reichsten sammelt (es ist allgemein bekannt, dass die 300 bis 350 reichsten Familien dieses Planeten etwa die Hälfte des Weltkapitals besitzen), somit immer weniger Kapital für die Wirtschaft vorhanden ist und damit die Wirtschaft ganz einfach kränkeln *muss*, weil immer weniger vorhanden ist, mit dem die Wirtschaft arbeiten kann? Vielleicht liegt ja hierin die Lösung des Rätsels, warum alles ständig teurer wird, während die Produktivität ständig steigt. Warum greift die bekannte Presse dieses Thema *überhaupt nicht* auf?

Warum geht es den normalen Leuten, die in Drittweltländern mit vielen Bodenschätzen leben, trotz der umsatz- und gewinnbringenden Förderung der Bodenschätze elendig?

Warum werden Staatsbetriebe, die früher gut liefen, privatisiert? Welchen Zweck hat dies, wer veranlasst solche Aktionen und wer profitiert davon?

Einfluss und Lenkung:

Offiziell wird uns erzählt, dass wir in einer freien und aufgeklärten Welt leben. Wozu dann die derzeitigen Riesenmaschinerien an Geheimdiensten? Was für Geheimnisse halten Geheimdienste vor uns geheim?

Weshalb verstecken sich Geheimbünde, wo diese doch öffentlich vielfach verlauten, „humanitäre Zwecke" zu verfolgen? Bei „humanitären Zwecken" müsste ein Bund doch nicht geheim bleiben, oder?
Was sind die gehüteten Geheimnisse von Geheimbünden, und warum werden diese Geheimnisse vor uns versteckt?

Mein ehemaliger Geschichtslehrer meinte mal, dass es in Deutschland keine Gesetzeslücken gibt. Dem möchte ich an dieser Stelle klar widersprechen. Warum gibt es keine Gesetze, die Logensysteme verbieten, welche auf sehr subtile Art und Weise Staaten und Kulturen zerfressen, Demokratien aushöhlen und sich in allen wichtigen Bereichen des Lebens in die obersten Ränge „reinschleichen"? Sind in solchen Logen Menschen vereint, die Staaten terrorisieren, also waschechte Terroristen gegen die man, laut offizieller Diskussion, vorgehen muss?

Wen vertreten „demokratische" Volksvertreter, wenn die mehrheitliche Meinung des Volkes und das Beschlossene oft gegenteilig sind und meist alles so hingetrickst wird, dass die Wirtschaft profitiert und die Bevölkerung leidet? Im Hinblick darauf möchte ich auch auf den Amtseid hinweisen (der aber nichts zu zählen scheint, wenn es Eide gibt, die darüber stehen...).

In einem ordentlichen Rechtssystem ist Betrug strafbar. Warum werden in diesem Zusammenhang die gebrochenen Wahlversprechen (Betrug am Volk) nicht belangt? Warum redet die Presse hierüber nicht? Warum sind vor einer Wahl in diesem Zusammenhang den Menschen die nicht eingehaltenen Wahlversprechen der letzten Wahl nicht bewusst?

Warum wird versucht, die Bevölkerung zu Kriegen zu *überreden*, die sie eigentlich nicht will, wo es doch heißt, dass „Demokratie" die Volksherrschaft ist? Wer dient hier wem?

Welchen Grund mag es wohl haben, dass für Kriege ohne Probleme das Geld in Form von Krediten in Strömen fließt, während für Bildung und Hilfe von bedürftigen Menschen nie genug Geld vorhanden ist und immer mehr eingespart wird? Bei der Tötung von Menschen spielt Geld keine Rolle. Bei der Erhaltung und Förderung von Leben herrscht aber überall chronischer Geldmangel. Welchem Zweck dient dies?

Warum will man einem Land Atomwaffen verbieten, wenn man selbst sagt, dass man dieses Land notfalls mit Atomwaffen angreifen würde? Wer terrorisiert hier in Wirklichkeit wen? Und: Für wie dumm lassen wir uns eigentlich noch verkaufen?

Warum darf planetarer Terrorismus mit Millionen Todesopfern unter medialem Beifall ungestört zur Tat schreiten, während nur der regionale Terrorismus, der dem planetaren Terrorismus zu Größe und Stärke verholfen hat, angegangen wird?

Warum gibt man vor, die Freiheit des Einzelnen verteidigen zu müssen, wenn man sie doch scheibchenweise abschafft?

Warum heißt es offiziell, dass wir in einer „Freiheit" leben, wo doch ein essenzielles Element von Diktaturen ausgelebt wird: Dass man Angst haben muss, etwas zu sagen oder zu machen, was außerhalb dessen liegt, was als offizielle Meinung gilt?
Gibt es vielleicht höher entwickelte Diktaturformen als Sie es sich heute vorstellen können?

Warum werden Überwachungsmaßnahmen mit aller Gewalt durchgesetzt, bei denen *erwiesen* ist, dass sie keinen wirklichen Nutzen bei der Verbrechensaufklärung oder -verhinderung haben?

Warum wird durchweg nur nach Bekämpfung der Kriminalität geschrieen? Warum macht man denn keine Jagd auf die *Ursachen* der Kriminalität? Wenn man die groben Ursachen hierbei ausrotten würde, dann würde es gar nicht zu vielen kriminellen Handlungen kommen. Der „gewaltige" Zustand in den Medien, die Mordsimulatoren in der Computerspielindustrie, die Zerfressung von hochentwickelten Lebensweisen durch populärinszenierten Müll und „Reformen", die soziales Elend und die Senkung der Bildungsqualität fördern, setzen jedenfalls gewisse Akzente...

Glauben Sie, dass sowohl wirtschaftlich als auch politisch überhaupt irgend etwas nur „einfach so" geschieht – ohne Plan und Ziel?

Warum finden diese Dinge in den sonst so sensationslüsternen Medien keine Erwähnung und wenn, dann fast nur auf einem völlig unsachlichen und vorurteilsfreudigen Niveau?

Schon im Jahre 1880 gab John Swinton, der einstige Redaktionsleiter der New York Times, vor dem New Yorker Presseclub eine Aussage wieder, die treffend auch die heutige Medienlandschaft beschreibt:
„Bis zum heutigen Tag gibt es so etwas wie eine unabhängige Presse in der Weltgeschichte nicht. Sie wissen es und ich weiß es. Es gibt niemanden unter Ihnen, der es wagt, seine ehrliche Meinung zu schreiben, und wenn er es tut, weiß er im Voraus, dass sie nicht im Druck erscheint. Ich werde jede Woche dafür bezahlt, meine ehrliche Meinung aus der Zeitung herauszuhalten, bei der ich angestellt bin. Andere von Ihnen werden ähnlich bezahlt für ähnliche Dinge, und jeder von Ihnen, der so dumm wäre, seine ehrliche Meinung zu schreiben, stünde sofort auf der Straße und müsste sich nach einem neuen Job umsehen. Wenn ich meine ehrliche Meinung in einer Ausgabe meiner Zeitung veröffentlichen würde, wäre ich meine Stellung innerhalb von 24 Stunden los. Es ist das Geschäft der Journalisten, die Wahrheit zu zerstören, unumwunden zu lügen, zu pervertieren, zu verleumden, die Füße des Mammon zu lecken und das Land zu verkaufen für ihr tägliches Brot. Sie wissen es und ich weiß, was es für eine Verrücktheit ist, auf eine unabhängige Presse anzustoßen. Wir sind die Werkzeuge und Vasallen der reichen Männer hinter der Szene. Wir sind die Hampelmänner, sie ziehen die Strippen und wir tanzen. Unsere Talente, unsere Fähigkeiten und unser ganzes Leben sind Eigentum anderer Menschen. Wir sind intellektuelle Prostituierte."

Kapitel 4
Wissen macht die Macht

Im letzten Kapitel sind mehrere Widersprüche zu dem aufgetreten, was uns bisher immer gesagt wurde und wir dies Gesagte oft ohne zu hinterfragen geglaubt haben. Dabei kristallisiert sich mehr und mehr heraus, dass wir in einem großen Brei aus Wahrheiten, Halbwahrheiten, Lügen und Verdrehungen rumschwimmen, obwohl wir in diesem Zusammenhang bisher immer gemeint haben, dass wir uns im See der ewigen Wahrheit befinden. Doch wie Sie es in den letzten Jahren am Beispiel des Irak gemerkt haben, ist nicht immer alles so, wie es uns die herrlichen Herrschaften präsentieren. Oft steckt eine gezielte Propaganda dahinter. Und das gerade bei solchen Volksgemeinschaften, die sich für den Inbegriff der Freiheit halten.

Ist es angesichts all der Dinge, die immer offensichtlicher werden, überhaupt noch gerechtfertigt, von „Freiheit" zu reden, während immer stärker das Gegenteil davon geschieht: dass uns die Freiheit mittels fadenscheiniger Gründe *entzogen* wird. Gerade hier in Deutschland, aber auch in vielen anderen Ländern, geschehen Dinge, von denen viele Länder des ehemaligen Ostblocks früher nur träumen konnten. Und doch meinen viele, dass alles in bester Ordnung ist.

Was wäre, wenn die heutige Freiheit nur ein farbenprächtig bebildertes Tuch ist, das etwas völlig anderes verhüllt?
Falls dies so wäre, was verbirgt sich dann hinter dem Tuch???

Es zeigt sich, dass das „Wissen", das wir vorgesetzt bekommen, unglaublich in unseren Alltag eingreift, ohne dass uns dies oft bewusst ist. Doch wir bauen unser eigenes Leben, ja unsere eigene Realität auf diesem öffentlichen Wissen auf. Daher haben diejenigen, die über das öffentlich verfügbare Wissen verfügen, eine Macht, welche einem die Augenbrauen zum kräuseln bringt und einem die Zehnägel zusammenrollt, wenn man tatsächlich anfängt zu realisieren, was für ein Potential in solch einer Position steckt. Hans A. Pestalozzi schreibt:

„Natürlich ist Wissen Macht, aber eben wieder nicht in dem Sinne, wie man es uns beigebracht hat. ‚Wissen ist Macht' heißt nicht: Je mehr du weißt, desto mächtiger wirst du; dein Wissen bestimmt deine Macht, sondern wie immer umgekehrt. Wer an der Macht ist, bestimmt, was zu wissen ist. Die Macht verfügt über das Wissen. Die Macht verfügt über die Wissenschaft. Die Macht verfügt darüber, was uns in Schule und Studium an Wissen beizubringen ist. Und dieses Wissen ist nachher die Grundlage der Macht der Mächtigen, weil es uns abhängig macht." [5, S. 193]

Da wir abhängig sind von dem Wissen, das uns die Mächtigen präsentieren, können die Mächtigen dies natürlich auch leicht für eigene Ziele ausnutzen. Dieser Gedanke ist gerade auch deshalb gerechtfertigt, da der, der sehen will, sieht, was für eine Besch...erei in fast der gesamten Welt der Mächtigen abläuft. Es heißt ja auch im Volksmund, dass man heutzutage ein Schwein sein muss, um etwas zu erreichen (was aber definitiv nicht mit meiner Meinung übereinstimmt). Eigentlich muss man, wenn man in der Position steht, in der man über das Wissen *bestimmen* kann, nur geschickt genug das jeweilige Wissen präsentieren, und man kann leicht eine Unwahrheit als eine definitive Wahrheit verkaufen. Das ist es, was ich vorhin mit dem farbenprächtigen Tuch gemeint habe.

Es geht aber nicht nur darum wer über das Wissen bestimmt und was derjenige als offiziell tolerables Wissen zulässt, sondern auch darum, dass wir Menschen, im Gegensatz zum Tier, gezielt programmierbar sind.

Bei Tieren ist das Programm, mit dem sie durchs Leben gehen, zum großen Teil von vorneherein fest vorgegeben. Bei uns Menschen ist das anders. Wir müssen uns unser Programm, mit dem wir durchs Leben gehen, von der Geburt an zum großen Teil erst aufbauen, und das braucht Zeit. Als Neugeborene sind wir nicht einmal in der Lage, die geringsten Bedürfnisse selbst zu stillen und sind vollständig auf unsere Umgebung angewiesen. Wir müssen erst ein Programm entwickeln, wie wir beispielsweise essen, auf die Toilette gehen und reden. In unser Programm wird aber auch reingeschrieben, was machbar ist und was nicht, was man zu tun hat und was nicht, um als brauchbares Element zu funktionieren und so weiter.

Nun ist es so, dass vieles, was unser eigenes Programm ausmacht, von außen eingegeben wird. Dies geschieht auch heute noch, da unser Programm zu jeder Zeit erweiterbar und überschreibbar ist. Wir werden also so oder so zu einem großen Teil unbewusst programmiert, ohne dass wir uns dessen gewahr sind.

Da das Programm von uns Menschen, im Gegensatz zu dem festinstallierten Programm bei den Tieren (Instinkt), theoretisch zu jeder Zeit nahezu jede beliebige Form annehmen kann, bedeutet dies auch, dass wir Menschen äußerst beeinflussbar sind. Dieses „Programmierbare" an uns ist zunächst einmal wertfrei, doch macht es uns auch leicht verwundbar. Wir können, wenn wir wollen, in vielen kleinen Schritten so gut wie alles erreichen, wenn wir uns selbst dazu programmieren. Im Gegenzug dazu können andere, wenn sie es geschickt genug anstellen, Einfluss auf unser Programm gewinnen und uns damit im schlimmsten Falle wie einen Bioroboter in der Hand halten. Daher müssen wir Menschen äußerst gut aufpassen, wenn wir nicht in besonders subtilen Manipulationen enden wollen. Es kommt also ganz darauf an, was man aus dem Programm macht.

Da auf viele Menschen durch die allgemeine Kultur, die Medien, die „Bildung", die Wissenschaften, die Religionen und vieles andere mehr, das Gleiche einwirkt, kann man auch sagen, dass es so etwas wie ein „Standardprogramm" gibt. Schauen wir uns einmal an, was unser heutiges Standardprogramm zum Teil beinhaltet:

„Unsere Welt ist spitze, und wir sind die Krönung der Schöpfung. Bei auftretenden Problemen ‚bemüht' man sich mit aller Kraft um gute Lösungen, und es wird grundsätzlich zu unserem Wohlwollen gehandelt. Wir bekommen stets das Beste an Wissen, Technologie und medizinischem Wissen, und alle sind vor dem Gesetz gleich."

Doch um so etwas Tolles auch erhalten zu können, muss man von Kindesbeinen an schön folgen und immer das tun, was Eltern und Lehrer von einem verlangen: Still sein, anderen nach dem Mund reden und möglichst früh ins Hamsterrad gehen, um dort möglichst schnell zu laufen. Wenn wir das nicht tun würden, dann könnte man für unsere tolle Welt und unsere phänomenale Freiheit ja nicht mehr garantieren.

Ja, wenn alles nur so wäre, wie es dem „mündigen Bürger" erscheint...

Überlegen Sie mal: Wenn man von Kindesbeinen an eine Lüge aufrichtig von den Eltern beigebracht bekommt, diese Lüge in den Schulen kontinuierlich wiederholt wird, man mit Freunden über die als Wahrheit eingebrannte Lüge redet, die Lüge von den Medien, der Justiz und Politik als ein reales und unwiderlegbares Grundfundament betrachtet wird, erzeugt dies eine privatpersönliche Überzeugung, dass diese Lüge die einzige und durch nichts zu widerlegende Wahrheit ist. Solch eine festzementierte Überzeugung ist durch nichts zu brechen. *Hat man in diesem Fall denn überhaupt eine andere Möglichkeit als die Lüge als wahr anzusehen???*

Wenn nun bestimmte Fundamente der allgemeinen Weltanschauung in Wahrheit Lügen sind, die als festzementierte Wahrheiten gelten, dann ist die einzige Möglichkeit eine solche Lüge zu enttarnen, die, dass sachlich, komplett vorurteilsfrei und nüchtern *hinterfragt* wird. Da heutzutage leider die allermeisten dazu nicht in der Lage sind, wird angenommen, was einem öffentlich serviert wird. Es wird geschluckt und geschluckt und geschluckt, was einem präsentiert wird, wodurch sich die Menschen entsetzlich leicht programmierbar machen. Dass die Menschen immer nur schlucken und nicht hinterfragen, lässt „böse Zeitgeister" natürlich das Wasser im Mund zusammenlaufen. Man muss nur genauestens den Geist und die Verhaltensweisen des Einzelnen und der Masse kennen, um diese wie Marionetten nach eigenem Belieben tanzen zu lassen.

„Man kann fast alle Menschen dazu bringen, fast alles zu glauben, wenn es gelingt, ihnen zu suggerieren, dass fast alle anderen es glauben."

Die Sache ist nun die, dass Wahrheit oft „ganz demokratisch" *im Sinne der Mehrheit* definiert wird und nicht anhand von Tatsachen! Das, was die mehrheitliche Meinung ist, überwiegt und wird so zur allgemein akzeptierten Wahrheit. Ob solch eine „Wahrheit" dann den Tatsachen entspricht oder bewusst herbeigezaubert worden ist, interessiert die Öffentlichkeit später nicht mehr. Diese Schwäche des Kollektivs, dass die Wahrheit meist nicht auf Tatsachen, sondern auf einer Mehrheitsentscheidung beruht, lässt Meinungs-macher (ein Wort, das einen aufhorchen lassen sollte) natürlich hellhörig werden. Doch auch hier gilt: Des einen Freud, des anderen Leid.

Meinungsmacher mögen über die Schwäche des Kollektivs zwar entzückt sein, doch für das einzelne Schäfchen bedeutet das Nachäffen von solchen sich verbreitenden „Wahrheiten", dass dies zu einer Selbstaufgabe des eigenen selbständigen Denkvermögens führt.

> **„Wenn du denkst, etwas ist richtig,**
> **weil alle anderen das auch denken,**
> **denkst du nicht."**
> *Vivienne Westwood*

Um nun als Meinungsmacher die allgemein akzeptierte Wahrheit bewusst gestalten zu können, muss man in der Lage sein, die Öffentlichkeit so zu lenken, dass die *mehrheitliche Meinung* mit der „Wahrheit", die man in der Bevölkerung als die allgemein akzeptierte Wahrheit installiert haben will, identisch ist. Mit dem Zugriff auf die Meinung der Mehrheit können Lügen leicht zu unumstößlichen „Wahrheiten" werden – auch wenn die wirkliche Realität ganz anders ausschaut.

Um eine Lüge global zu etablieren, muss man schnell genug sein, diese als erster weitläufig als Tatsache darzustellen. Das, was die Menschen zuerst wahrnehmen, wird geglaubt, und daher ist die Geschwindigkeit, mit der die Lüge in die Welt gesetzt wird, von großer Wichtigkeit. Aber auch das Wiederholen der Lüge ist von essenzieller Bedeutung. Schädelwaschartig muss die Lüge von allen Seiten wiederholt, wiederholt, wiederholt werden, damit sich die Lüge im Unterbewusstsein festhakt.

Doch nicht nur die öffentlichen Meinungsmacher sorgen für die Zementierung einer Lüge, sondern auch die Menschen selbst. Was jemand aufgeschnappt hat, spricht sich beim Stammtisch und beim Nachbarfunk in Windeseile herum und wird schnell Allgemeingut. Durch das Wiederholen der Lüge durch die Menschen, die selbst belogen werden, stärkt sich die Lüge automatisch, ohne dass dies der Bevölkerung im Geringsten bewusst wäre. Die Wahrheit hat somit keine Chance auf den Erfolg im Massenbewusstsein, denn das schon fast wie eine Knetmasse verformbare Bewusstsein der Masse nimmt als wahr an, was zuerst gehört wurde und was am meisten wiederholt wurde. Die Wahrheit wird am Ende der Prozedur zur Lüge und die Lüge zur allgemein akzeptierten Wahrheit. Es wird also etwas

Falsches zu etwas Wahrem *gemacht*. Dies war auch George Orwell klar. In seinem Werk 1984 schreibt er:

„Das Schlüsselwort lautet hier: Schwarzweiß. Es besitzt, wie so viele Neusprechwörter, zwei einander widersprechende Bedeutungen. Einem Gegner gegenüber gebraucht, meint es die Angewohnheit, im Widerspruch zu den offenkundigen Tatsachen impertinent zu behaupten, Schwarz sei Weiß... Aber es bedeutet ebenfalls die Fähigkeit zu glauben, dass Schwarz Weiß ist, und darüber hinaus zu wissen, dass Schwarz Weiß ist, und zu vergessen, dass man jemals das Gegenteil geglaubt hat. Dies erfordert eine ständige Veränderung der Vergangenheit, die durch jenes Denksystem ermöglicht wird, das eigentlich alles Übrige in sich schließt und das in Neusprech den Namen Doppeldenk trägt...

Vergangene Ereignisse, so wird argumentiert, besitzen keine objektive Existenz, sondern überdauern nur in schriftlichen Dokumenten und in der Erinnerung des Menschen. Und da die Partei die absolute Kontrolle über alle Dokumente ausübt und eine ebenso absolute Kontrolle über das Denken ihrer Mitglieder, folgt daraus, dass die Vergangenheit immer so aussieht, wie es die Partei gern haben möchte. Und daraus folgt weiter, dass die Vergangenheit, obwohl sie veränderbar ist, nie in einem speziellen Fall verändert worden ist. Denn wenn sie zu der im Moment gerade benötigten Form umgeschaffen wurde, dann ist eben diese neue Version die Vergangenheit, und eine andere Version kann nie existiert haben... Diese Technik heißt in Altsprech ganz unverblümt ‚Realitätskontrolle'. In Neusprech heißt sie Doppeldenk, obwohl Doppeldenk noch vieles andere mit einschließt...

Bewusste Lügen zu erzählen, an die man ehrlich glaubt; jene unbequem gewordenen Tatsachen zu vergessen, um sich bei Bedarf wieder daran zu erinnern; die Existenz einer objektiven Realität zu leugnen und die ganze Zeit über die von einem geleugnete Realität einzukalkulieren – all das ist unabdingbar. Schon der Gebrauch des Wortes Doppeldenk erfordert Doppeldenk. Denn indem man das Wort gebraucht, gibt man zu, die Realität zu verfälschen; durch die erneute Anwendung von Doppeldenk löscht man dieses Wissen aus: und so unbegrenzt weiter, wobei die Lüge der Wahrheit immer um einen Schritt voraus ist...

Das Ministerium für Frieden befasst sich mit Krieg, das Ministerium für Wahrheit mit Lügen, das Ministerium für Liebe mit Folter, das Ministerium für Überfülle mit Hungertod. Diese Widersprüche sind weder zufällig noch re-

sultieren sie aus gewöhnlicher Heuchelei: Es sind vielmehr gezielte Übungen in Doppeldenk. Denn nur durch die Versöhnung von Widersprüchen lässt sich Macht unbegrenzt behaupten... Soll die Gleichheit der Menschen für immer verhindert werden – sollen die Oberen, wie wir sie genannt haben, ihre Stellung dauerhaft behaupten –, dann muss der vorherrschende Geisteszustand kontrollierter Wahnsinn sein." [6, S. 255-260]

Die Anwendung von „Doppeldenk" beziehungsweise „Schwarzweiß" erleben wir hautnah:
- Da werden Mitarbeiter von der Arbeit „*freigestellt*".
- Es werden „*Reformen*" gemacht (die das soziale Elend weiter verschlimmern), während die Abgeordneten auf „*Diät*" sind.
- „*Wandel*" und „*Veränderungen*" werden durchgesetzt (um diese „veränderten" Bereiche nicht zu verbessern, sondern zu verschlechtern).
- Die westliche „*Wertegemeinschaft*" wird gelobt (die weltweit den kulturellen Super-GAU verursacht).
- Es wird auf die „*Globalisierungsgegner*" geschaut (die in irgend einer Art und Weise gegen eine globale Diktatur sind).
- Die „*Achse der Bösen*" (ist es nicht, welche die Welt zugrunde richtet).
- Sicherheit durch „*Überwachung*" (welche Freiheit und Selbstbewusstsein völlig eliminiert).
- „*Präventionen*" gehen über die Bühne (die sich gegen das sehr bald kommende Aufbegehren der „Bürger", Verzeihung „Terroristen", richten).
- Der „*Heimatschutz*" wird verlangt (um den Angriff auf die Bevölkerung zu starten).
- Die „*Nationale Sicherheit*" wird ausgerufen (die verhindert dass verborgene Mechanismen und geheimgehaltenes Wissen an die Öffentlichkeit gebracht werden).
- Es wird vor den „*Verschwörungstheoretikern*" gewarnt (die den Mut haben, die Fakten über die Hintergrundwelt zu enthüllen und die Lügen der wirklich Mächtigen bloßzustellen).

- Die „*Privatisierungen*" gehen über die Bühne (welche Volkseigentum durch den Profitwahn der internationalen Großkonzerne zerstören).
- Die „*Globalisierung*" öffnet die Märkte (zur hemmungslosen Ausnutzung und Ausbeutung weltweit).
- Es herrscht der „*Wettbewerb*" (um die endgültige Ausbeutung und Zerstörung der Erde)
- Es werden einem „*Naturreservate*" und „*nationale Parks*" angeboten (um außerhalb dieser Reservate den luziferischen Lebensstil völlig zu etablieren).
- Der „*Wiederaufbau*" (nach der Terrorisierung und Zerbombung) läuft auf Hochtouren.
- Es wird über „*Kollateralschäden*" gesprochen (um Völkermorde totzuschweigen).
- Überfälle auf andere Länder sind „*Friedensmissionen*".
- Besetzungen von Ländern sind plötzlich „*Befreiungen*".

Und „Aufständische und Rebellen" im Irak greifen die Besatzungstruppen in ihrem Land an. Im „Normaldenk" würde man sagen, dass sie ihr Land verteidigen (wobei ich selbst von Gewalt generell überhaupt nichts halte).

Die Motivation basiert hier nicht auf klarer Logik, sondern auf dem Erzeugen von bewusst entworfenen Emotionen. Durch die Strategie der Spannung im „Doppeldenk", wird der Geist in die jeweilige Richtung mobil gemacht. Diese erzeugten Emotionen können sich ohne große Probleme wie ein Flächenbrand in der Gesellschaft ausbreiten. Ein rationales Denken des Einzelnen wird dann ausgeschaltet, denn wer möchte schon gerne von den anderen ausgegrenzt sein. Da geht man lieber mit und gliedert sich in die Masse ein. Das Problem hierbei ist aber, dass diejenigen, welche die Macht über das Wissen haben, die Masse nach eigenem Gutdünken behutsam kneten und biegen können, ohne dass es die Masse auch nur annähernd merkt. Die Masse wird es kritiklos über sich ergehen lassen.

Wenn man dazu gebracht wird, passiv etwas Vorgegebenes anzunehmen und zu verinnerlichen, sind wir meiner Meinung nach am Punkt einer hypnotisierenden Beeinflussung angelangt. Wer will, kann hierdurch eine künstlich entworfene Vorstellung und Realität in die Gehirne der Menschen einpflanzen, damit diese eine künstliche Realität ausführen.

Wenn eine Lüge immer wieder wiederholt vorgesagt wird, dann wird das Unterbewusstsein die Lüge als wahr annehmen. Weil das Unterbewusstsein dies tut, zementiert sich dies im Unterbewusstsein des Betroffenen und wird anschließend als Wahrheit angesehen. Diese Wahrheit wird anschließend vom Bewusstsein ausgeführt. So wird aus einer Lüge Realität. Die künstliche Realität, die eingegeben wurde, wird somit zur tatsächlichen Realität, und der Kopf und das Herz bleiben fragmentiert zurück.

**„Aus Lügen, die wir glauben,
werden Wahrheiten, mit denen wir leben."**
Oliver Hassencamp

Die Leute werden dazu gebracht, etwas auszuführen, was ihnen selbst schadet und dazu manipuliert zu glauben, dass diese Ideen und Gedanken von ihnen selbst stammen (was ja nicht im Geringsten der Fall ist). Sie werden dazu veranlasst, Dinge zu tun, von denen sie nicht wissen, dass diese im Grunde fremdgesteuert sind, geschweige denn wer diese Dinge wirklich steuert. Im Vorgehen der *höchsten Form der Kriegsführung* ist dies DIE Waffe schlechthin.

Kapitel 5
Die höchste Form der Kriegsführung

„Der Durchschnittsmensch hingegen gleicht einem eingepferchten Tier, das noch nie bis zum Gatter vorgedrungen ist und daher völlig verständnislos die Berichte seiner Leidensgenossen hört, die von Begrenzung und Gefangennahme sprechen. Weil er noch nie weit genug gegangen ist, weiß er nicht, dass er im Käfig sitzt."
Baba Ram Dass

Übt jemand Herrschaft über andere aus, so ist damit immer ein Zweck verbunden. Dieser Zweck lässt sich, wie in der Polarität üblich, in zwei gegensätzliche Richtungen aufteilen. Die erste Richtung beim Zweck des Herrschens wäre die, dass man grundsätzlich für die Beherrschten herrscht. Auch wenn der Herrscher hier und da vielleicht ungewollt Fehler begeht, ist gegen dieses *konstruktive Herrschen* eigentlich nichts zu sagen, da es in der Absicht des Herrschers liegt, allen zu dienen.

Die andere, gegensätzliche Richtung hierzu ist das *destruktive Herrschen*. Hier liegt der Zweck des Herrschens darin, dass man nur für sich selbst herrscht und konsequenterweise gegen die Beherrschten. Wenn man aber Dinge tut, die gegen die Beherrschten sind, dann wird es früher oder später Stunk mit den Beherrschten geben, und infolgedessen wackelt meist der eigene Herrscherthron. Wäre es bei der destruktiven Herrschaft nicht besser, so zu agieren, dass es so *scheint*, als ob man Gutes für die Beherrschten tut, während es den Beherrschten tatsächlich immer schlechter und es einem selbst immer besser geht? Damit dieser Schein gewahrt wird, muss natürlich aus vollen Rohren mit den bestmöglichen Methoden manipuliert werden. Man unterscheidet beim destruktiven Herrschen also zwischen dem offenen und dem verborgenen destruktiven Herrschen.

Dies bringt mich jetzt zu der Frage: Wie würden Sie eigentlich eine sogenannte „höchste Form der Kriegsführung", also die höchstentwickelte Möglichkeit, Krieg und destruktive Herrschaft über einen Gegner zu führen, definieren? Vielleicht an demjenigen, der sich als den größten Feldherren aller Zeiten sah, und der mit eiserner Strenge sein System und seinen

Machtapparat durchsetzen und ausbreiten wollte? Oder vielleicht an einer Militärdiktatur einer Bananenrepublik, die mit aller Brutalität alles, was der Ideologie des Diktators und dem Diktator selber in die Quere kommen könnte, eliminiert? So machten und machen es viele führende Diktatoren oder Diktaturgruppen, doch wie wir gesehen haben, haben deren Machenschaften in bisher jedem Fall so oder so, früher oder später, ein Ende gehabt.

Ich bin persönlich nicht der Meinung, dass in den eben erklärten Szenarien das volle Potential, das eine Kriegsführung bereithält, genutzt wird, da solche Diktaturen immer nur für einen kleinen und begrenzten Zeitraum Erfolg haben und sich nicht dauerhaft etablieren können. Diese von den meisten Menschen bekannte Form der Kriegsführung muss somit als das „non plus ultra" bei der Bekämpfung und Kontrolle eines Gegners ausscheiden.

Um wirklich einen ewigen Erfolg zu gewährleisten, bedarf es ganz anderer Methoden. Und darum geht es ja auch bei der höchsten Form der Kriegsführung: *um einen maximalen und dauerhaften Erfolg*, sowohl in Bezug auf die durchzusetzende Ideologie und das System dahinter, als auch um die durchzuführende Operation, um überhaupt zum Ziel zu kommen.

Dies alles bedeutet, dass es weitaus schlimmere und gefährlichere Kriegsführungsmechanismen geben muss, als es während des „totalen Kriegs" der Fall war.

Nun, wie ich eben erklärt habe, hat die höchste Form der Kriegsführung nicht die *offene* totale physische Kontrolle und Machtübernahme des jeweiligen Gegners beziehungsweise der Bevölkerung, wie in herkömmlichen Diktaturen üblich, zum Ziel. Bei den herkömmlichen Diktaturen weiß der Gegner wenigstens, woran er ist und mit wem er es zu tun hat – obwohl er bekämpft und vielleicht sogar in der Hand gehalten wird. Es ist in diesem Falle offen ersichtlich, welches Spiel gespielt wird. Da der Gegner in dieser Situation weiß, was mit ihm gemacht wird, wird er sich nur widerwillig in die Richtung begeben, in die man ihn haben will, und man muss fürchten, dass dieser eines Tages Revolte machen wird. Grundsätzlich kann man sagen, dass, welcher Gegner auch immer, nicht auf Dauer dazu bereit sein wird, sich totalitären Herrschaftssystemen oder radikalen Kriegsführern zu unterwerfen. So etwas geht nur kurzfristig.

*Viel effektiver ist es doch, wenn der Gegner dazu gebracht wird, **freiwillig** von sich selbst aus das zu tun, was man von dem Gegner erwartet. Der Gegner wird so geblendet und (geistig) isoliert, dass dieser nicht mal im Traum daran denken würde, dass er sich in einem Krieg befindet.* In kleinen, kaum wahrnehmbaren Schritten bettet man den Gegner in eine durchweg gesteuerte Realität hinein, in welcher man den Gegner verdeckt dirigiert, und zwar so, wie man ihn haben will.

Die Welt in welcher der zu manipulierende Gegner lebt, wird gestalterisch so beeinflusst, dass man sich in dieser Schein-Welt nur noch mit äußeren Dingen beschäftigt (wie Geld, Ansehen, Aussehen, Materialismus) und dies durch Kontrolle (Medien, offizielle Machtinstitutionen, Wirtschaft...) gesichert und gefestigt wird. Alles, was sich mit dem Inneren des Menschen beschäftigt, wird durch die genannten Kontrollinstanzen ausgeblendet und so weit lächerlich gemacht, dass jeder ausgelacht oder blöd angesehen wird, der sich mit solchen Dingen beschäftigt, denn wer innerlich weit und stark ist, ist nicht mehr kontrollierbar, und dies muss mit allen Mitteln verhindert werden. Alles, was der eigenen Selbstermächtigung dienlich ist, muss dem Gegner generell entzogen und verborgen gehalten werden. Daneben muss dem Gegner in allen wichtigen Bereichen des alltäglichen Lebens suggeriert werden, dass er ein machtloses, schwaches Wesen ist, das selbst nichts ausrichten kann und ein Gefangener der Umstände ist. Es versteht sich von selbst, dass man mit dem Gegner so verfahren muss, denn Unwissende und Schwache können nun einmal leichter regiert werden als wissende, weit entwickelte und persönlichkeitsstarke Menschen.

Man muss den Gegner davon überzeugen, dass die äußeren Dinge ausnahmslos essenziell und das einzig Wahre sind, so dass dieser sich völlig darauf fixiert. Hierdurch vergisst der Gegner seine inneren Kräfte völlig und diese verkümmern. Der Gegner muss von echtem Glück, echter Freude und echter Weiterentwicklung *abgelenkt* werden und mit unechtem Glück, unechter Freude und unechter Weiterentwicklung unten gehalten werden, damit es nicht zu einer stärkenden Selbstermächtigung des Gegners kommen kann. Diese ganze aufgebaute Illusion muss sich natürlich als genereller Lebensstil etablieren, was am Ende zur Folge hat, dass der Gegner zum seelenlosen Bioroboter wird.

Hat der Gegner sein wahres Potential verlernt und seine wirkliche persönliche Macht vergessen, so haben die Mächte, welche die Fäden in der Hand halten, nach dieser Selbstentmächtigung des Gegners ein leichtes Spiel. *Nun lässt sich mit dem Gegner (im Laufe der Zeit) anstellen, was man will, und es wird keinen Widerstand vom Gegner geben, da dieser ja nicht mal weiß, in was für einer Lage er steckt, was mit ihm gemacht wird und wie sehr er manipuliert und bekämpft wird.*

Stell dir vor, es herrscht Krieg, und alle denken, es sei Frieden.

Ein Erfolg der höchsten Form der Kriegsführung kann sich nur dann einstellen, wenn die Kriegshandlungen *völlig* im Verborgenen und für den zu manipulierenden Gegner unsichtbar geschehen, da man selbst hierdurch *unangreifbar* wird. Einige wenige können viele andere nämlich nur dann lenken, wenn die vielen anderen komplett unwissend über die Existenz der einigen wenigen sind. Der Grad des Erfolgs hängt direkt von der Unsichtbarkeit und Verschwiegenheit der Operation und deren Hintermänner ab. Nur durch völlige Unwissenheit des Gegners über die Situation und die angewandten Methoden, ist der Erfolg absolut sichergestellt. *Wie sollen sich denn Menschen gegen etwas wehren, von dem sie nicht einmal wissen, dass es existiert?*

**NICHTS ist schlimmer
als vom NICHTS verschluckt zu werden
und NICHTS zu merken.**

Die gesteuerte Realität – auch künstliche Matrix genannt – kann nach der völligen geistigen Degradierung des Gegners nun dahingehend wirken, dass der Gegner von sich aus und mit gutem Gewissen in die eigene Versklavung marschiert. Der Gegner muss sich freiwillig in solch eine Knechtschaft und subtile Gefangennahme begeben, ohne dass er selber diese Gefangenschaft wahrnimmt. Die Aufgabe der Verführer im Hintergrund ist es, den Gegner erst mal blind zu machen, so dass er im Zuge dessen die als Freiheit verschleierte Gefangenschaft willkommen heißt und diese Gefangenschaft am Ende sogar von ganzem Herzen lieben lernt und in vollen Zügen genießt.

Es geht bei der höchsten Form der Kriegsführung also nicht nur darum, erst mal Macht über den Gegner zu gewinnen, sondern vor allem darum, dauerhaft den Gegner für sich zu behalten. Daher muss auch die Art der Gefangenschaft in der sich der Gegner befindet absolut narrensicher sein, um das Prädikat der „höchsten Form" zu erhalten.

Wenn eine Gefangenschaft offen durchgeführt wird, wie zum Beispiel eine Kriegsgefangenschaft, dann weiß man, dass man ein Gefangener ist, selbst wenn man ganz schlimme Dinge mitmachen muss. Man ist sich im Klaren darüber, dass es immer noch das Außen gibt, in dem es anders zugeht. Es bleibt somit immer eine Hoffnung bestehen, doch noch irgendwann aus der Gefangenschaft zu entkommen, damit es einem zukünftig wesentlich besser geht. Auch wird man in dieser Art von Gefangenschaft jede Möglichkeit zur Flucht nutzen, falls sich eine solche Möglichkeit bieten sollte. Der „Gefängniswärter" hat also alle Hände voll zu tun, um die Gefangenen gefangen zu halten. Um solche Nachteile dieser labilen Form der Gefangenschaft zu verhindern, muss man ganz andere Wege gehen.

Wenn der Gegner merkt, dass man ihn in Gefangenschaft bringen will, dann wird er dies freiwillig nie mitmachen und alles daran setzen, dass es nicht zur Gefangenschaft kommt. Damit dies nicht geschehen kann, muss der Manipulator den Gegner geistig so verführen, dass dieser gar nicht merkt, was um ihn herum geschieht und dass er glaubt, in freiester Freiheit zu leben, während er Schritt für Schritt in die endgültige Gefangenschaft hineinschlittert. Wenn die Gefangenschaft also nicht offen vollzogen wird, sondern absolut verhüllt, dann glaubt man, dass gar nichts anderes als die Gefangenschaft existiert. Da man in diesem Fall kein Geschehen außerhalb der Gefangenschaft mehr als Bezugspunkt hat, kann die Gefangenschaft von einem selber gar nicht mehr als solche wahrgenommen werden. In dieser Situation ist es wortwörtlich *unmöglich*, der Gefangenschaft zu entfliehen und auszubrechen. Auch wenn man sich vielleicht nicht ganz wohl in solch einer Situation fühlt, so denkt und meint man trotzdem, innerhalb dessen, was man kennt, alles machen zu können – also frei zu sein.

Im Großen und Ganzen handelt es sich hier um eine Gefangenschaft des Geistes. Aus den eben genannten Gründen ist diese Art von Gefangenschaft weitaus gefährlicher als eine reine körperliche Gefangenschaft, obgleich dies nicht bedeutet, dass die Schmerzen der abgekapselten geistigen Gefangenschaft schlimmer sein müssen als bei der offenen körperlichen Gefangenschaft. Unangefochten in Bezug auf die Gefährlichkeit ist aber mit Sicherheit die abgekapselte geistige Gefangenschaft.

In einer offenen Diktatur darf man zwar nicht alles sagen, wohl aber alles denken.

In einer höher entwickelten Diktatur darf man zwar alles sagen, aber niemals alles denken.

In der perfekten Diktatur ist man gar nicht in der Lage, die Dinge zu denken, die man nicht denken soll.

Doch die geistige Gefangenschaft ist nicht nur gefährlich, sondern auch besonders einschränkend in der Freiheit. Da die Freiheit des Geistes und der Gedanken die größte Freiheit überhaupt darstellt, haben wir es bei der Versklavung des Geistes auch mit der insgesamt schlimmsten Möglichkeit der Versklavung zu tun. Doch wie kann man eigentlich den Geist versklaven?

Dies geht unter anderem durch Manipulation des Gegners, damit dieser in ganz bestimmten Situationen Ängste empfindet. Diese bewusst erzeugten Ängste sind der Weidezaun, bis zu dem sich das Bewusstsein hinwagt, und stellen eine Art von gezielt ausgelegten und platzierten selbstsichernden Sicherheitsbarrieren dar, die im Gegner automatisch anspringen, wenn sich dieser zu weit vorwagen sollte. So muss man dem Gegner nur genügend Ängste vor den Stellen im Bewusstsein einprogrammieren, die zu Freiheit und Glückseligkeit führen. Da sich der Gegner diesen einprogrammierten Ängsten nicht annähern wird, ist der Gegner somit vor allen selbststärkenden Dingen „geschützt" und nach bestem Wissen und Gewissen in einem inneren Gefängnis untergebracht.

Sind diese allgegenwärtigen Ängste zum festen Bestandteil des Systems geworden, so wird sich der Gegner automatisch selbst davor schützen, zu dem zu werden, der er nicht sein soll. Heilmethoden, Technologien, Wissen und Weisheit, welche dem Gegner zu Stärke, Unabhängigkeit und echter Freiheit verhelfen würden, werden dem Gegner, wenn alle dafür notwendigen Ängste sauber an ihrem Platz sitzen, somit für immer vorenthalten bleiben, da dem Gegner jede Möglichkeit fehlt, diese zu entdecken, zu erfinden, zu erlernen oder auch nur zu erkennen.

**Wenn einem Geist JEDE MÖGLICHKEIT genommen wird,
sich selbst zu etwas hin zu entwickeln,
dann ist es VÖLLIG AUSGESCHLOSSEN,
dass sich der Geist dorthin entwickeln wird.**

Werden dem Gegner zeit seines Lebens solche gezielt platzieren Ängste eingebläut, so wird der Gegner mit Erleichterung seine Finger von den Dingen lassen, die ihm nützen, gut tun und ihm in irgend einer Art und Weise zu wirklicher Freiheit, Selbstverwirklichung und Freude bringen würden, da sich ja der Gegner von sich aus diesen Dingen nicht annähern möchte. So etwas ist wohl die am besten abgesicherte Form von Sklaverei, die man sich vorstellen kann.

Wenn man in Wirklichkeit zwar physisch, aber noch nie richtig geistig frei gewesen ist, man aber trotzdem vorgegaukelt bekommt, dass man geistig völlig frei lebt und man selbst dies mit Inbrunst glaubt und vertritt, *wie soll man dann wissen, was geistige Freiheit überhaupt ist?* In diesem Zustand bedeutet das Eingesperrtsein für die eigenen Vorstellungen die völlige Freiheit, da keine eigenen Kenntnisse darüber vorliegen, dass man in Wirklichkeit in der Gefangenschaft einer künstlichen Matrix, also eines von außen gelenkten Programmes, lebt. Tatsächlich ist man selbst aber der reduzierte Mensch im Käfig, der die Befehle vom Befehlenden ausführt, ohne dass man es selbst merkt.

**„Die echteste Tyrannei beherrscht die Seelen u n b e w u s s t,
denn Sie allein ist nicht zu bekämpfen." [7, S. 104]**
Gustave Le Bon

Doch der Gegner, gegen den alle Register der Manipulation gezogen werden, ist eigentlich ein Opfer. Da es sich bei der höchsten Form der Kriegsführung im Großen und Ganzen auch um eine perfekte Versklavung des Gegners handelt, ist es eher angebracht von einem Opfer als von einem Gegner zu sprechen.

Die große Herausforderung für den Manipulator besteht darin, überall präsent zu sein und gleichzeitig unsichtbar für das Opfer zu bleiben. Dies bedeutet ein *nicht wahrnehmbares Überwachen* und gegebenenfalls ein *subtiles Eingreifen*. Ist dies erst mal gewährleistet, so kann man das Opfer ohne Widerstand nach den eigenen Plänen lenken und dirigieren, da die Mischung von verdeckter Kontrolle und verschleierter Betäubung das Opfer in einem *bedeutungslosen Dahinleben* gefangen hält. So wird es eine eingeschränkte Wahrnehmungsfähigkeit haben und sich unbewusst gefügig lenken lassen.

Der Manipulator muss sich so weit in den Hintergrund zurückziehen und von dort dann agieren, dass er für das Opfer nicht mehr greifbar ist. Dadurch hat die Existenz des Manipulators nicht mehr Hand und Fuß in der Bevölkerung, und eine Aufdeckung wird sehr unwahrscheinlich. Wenn man das Opfer noch dazu bringt, sich selbst nur mit greifbaren Dingen zu beschäftigen, wird dieses automatisch die nicht greifbaren Verstrickungen leugnen, falls jemand, der dahintergekommen sein sollte, ihm etwas von der höchsten Form der Kriegsführung erzählen würde, da alles nicht Greifbare jenseits des ihm bekannten Horizonts liegt. Durch die Unsichtbarmachung des Manipulators büßt der Manipulator, wenn er es geschickt genug macht, nichts von seinem Wirkungsbereich ein und gewinnt dadurch sogar noch an Macht.

**„Den Feind ohne Kampf zu besiegen,
ist die höchste Leistung des Kriegers."**
Sun Tsu

Dieser finale und stille Endkrieg ist der Krieg mit dem Ziel, das Bewusstsein einer Bevölkerung völlig zu erobern und zu kontrollieren, und das, ohne dass es die Bevölkerung auch nur irgendwie merkt. Außerdem kann man durch Trennung der Opfer verhindern, dass diese sich vereinen und damit stark werden, denn ein Einzelner ist ungeschützt und angreifbar. Die Möglichkeiten zur Trennung sind vielfältig, wie zum Beispiel das Mann/Frau-Trennungsdenken, sich gegenseitig bekämpfende Glaubensgruppen, jung gegen alt und alt gegen jung, eine Partei gegen die andere, sich gegenseitig bekämpfende Mannschaftszugehörigkeitslager, der Kampf zwischen Gewerkschaften und Arbeitgebern, Kriege sowie ein generell ausgeprägtes Gruppen- und Länderdenken. Wenn die Menschen sich als getrennte Einzelwesen sehen, ist kollektive Schwäche und Verantwortungslosigkeit die Folge. Es muss ein „Gegeneinander" statt ein „Miteinander" herrschen, damit die Opfer voneinander abgekapselt isoliert bleiben. Durch das ständige „Gegeneinander" der Opfer untereinander, verlieren die Opfer beständig an Kraft und Energie und sind somit unfähig, etwas gegen die wirklichen Missstände und deren Drahtzieher zu unternehmen. Im Volksmund sagt man dazu: „Wenn zwei sich streiten, dann freut sich der Dritte", wobei der Dritte immer der Manipulator ist. Weiterhin ist das Erzeugen von inszeniertem Chaos von entscheidender Bedeutung, denn *die eigene Kraft und Macht endet dort, wo die Angst beginnt.*

Die Verbreitung der Angst muss möglichst weiträumig erfolgen, damit es im Gemeinschaftsbewusstsein verankert wird und die kollektive Angst die Opfer zu einer gelähmten Masse fragmentiert. Die Bildung einer gleichgeschalteten Masse ist für die Kriegshandlungen außerordentlich wichtig, denn man kann zahllose einzigartige Persönlichkeiten nicht unter Kontrolle halten – auch nicht subtil. Daher muss man bei den Opfern die Möglichkeit zur Entwicklung einer einzigartigen Persönlichkeit mit allen Mitteln zerschlagen und aus den Opfern eine lenkbare homogene Masse bilden, die wesentlich einfacher subtil zu steuern ist. Die Angstverbreitung zur Bildung einer solchen Masse sollte man gerade an solchen Stellen in Gang setzen, bei denen eigentlich jeder betroffen werden kann.

Wenn man nun etwas Schlimmes, was dem Opfer nicht gefällt und es einschränken würde, einführen will, und eine direkte Einführung zu auffällig wäre und zu großen Protest auslösen würde, empfiehlt sich eine andere Taktik als eine direkte Einführung. Das, was man einführen will, wird nicht sofort und auf einen Schlag eingeführt, sondern in kleine Schritte unterteilt, welche unabhängig und isoliert voneinander ablaufen. Der ursprünglich große Schritt wird zum Beispiel in acht aufeinander folgende kleine Schritte aufgeteilt, die möglichst nichts miteinander zu tun haben. Dies muss schnell genug gehen, um im Plan voranzuschreiten, aber auch langsam genug, damit der verdeckte Plan beim Opfer nicht auffällt, denn würde man zu schnell zu weit gehen, so würden die eigentlichen Ziele auffliegen. Es liegt am Kriegstreiber, hier das richtige Maß zu wählen. So kann sich das Opfer Schritt für Schritt in unauffälligen Häppchen an die „Zustände" gewöhnen, ohne zu durchschauen, was mit ihm gemacht wird, und damit möglicherweise zu rebellieren. Da das Opfer nicht merkt, was geschieht, passt es sich den subtilen Schritten unbewusst an und kann trotz der Vorgänge zufrieden weiterleben. Das Opfer kann man hierdurch dazu bringen, Dinge zuzulassen oder sogar zu unterstützen, die das Opfer in Wirklichkeit nie gewollt hätte. Über eine kleine Umleitung hat der Manipulator durch diese Taktik unauffällig ein Ziel erreicht, welches mit offensichtlichen Mitteln nicht zu erreichen gewesen wäre.

Nehmen wir als Beispiel zur Durchsetzung einer großen Maßnahme der Machtausbreitung das Thema „verdeckte Beschneidung der Freiheit". Durch eine schlecht sichtbare Auflösung der Freiheit in kleinen Schritten, welche durch das Prinzip *Problem-Reaktion-Lösung* in Gang gesetzt wird, verhalten sich die Opfer weitestgehend passiv gegenüber der Zersetzung ihrer eigenen Identität. David Icke schreibt hierzu:

„Man ist sich bewusst, dass es unweigerlich zu einer Abwehrhaltung der Bevölkerung führen würde, wenn man ganz offen versuchte, grundlegende Freiheitsrechte zu beschneiden, irgendwo einen Krieg anzuzetteln oder Macht zu zentralisieren. Man legt seine Pläne folglich nicht offen auf den Tisch, sondern spielt das P-R-L-Spiel. In Phase eins erzeugt man ein Problem. Das kann z. B. darin bestehen, dass ein Land ein anderes angreift; es kann sich aber ebenso gut um eine Regierungs- oder Wirtschaftskrise oder einen ´terroristischen Anschlag´ handeln. Hier findet alles Verwendung, was in der Öffentlichkeit die Forderung nach einer ´Lösung´ laut werden lässt. In Phase zwei sorgt man dafür, dass die Bevölkerung dieses selbst geschaffene ´Problem´ so wahrnimmt, wie es für den weiteren Verlauf am günstigsten ist. Wichtig ist hierbei auch, einen Sündenbock parat zu haben... Die Ereignisse müssen auf eine Weise dargestellt werden, dass die Leute förmlich danach schreien, es müsse ´etwas getan werden´. Das sind die Worte, die man hören will, denn mit diesem Stichwort wird Phase drei eingeleitet, in der der Triumph ausgespielt wird. Hier präsentiert man die Lösung für das künstlich geschaffene Problem. Diese Lösung beinhaltet natürlich Machtzentralisierung,

die 'Entfernung' von Politikern und Regierungsleuten, die einem im Weg sind...
Mithilfe dieser Technik kann man die Leute dazu bringen, Maßnahmen zu fordern oder zumindest zuzulassen, die unter normalen Umständen auf vehementen Widerstand stoßen würden.« [8, S. 34 und 35]

Die inszenierten Probleme müssen genau *die* Art von Emotionen in der Masse erzeugen, welche genau *solche* Reaktionen in der Masse hervorrufen, die nachfolgend als Basis zur Einleitung der im Vorfeld vorbereiteten Lösung dienen. Gerade Emotionen sind es, durch die sich Massen steuern lassen. So lassen sich einzelne Personen in der Dynamik der Massenseele zu Reaktionen, Verhaltensweisen und Taten hinreißen, die sie alleine nie begehen würden. Weil Menschenmassen durch Emotionen, und nicht etwa durch Vernunft und Verstand, so sehr steuerbar sind, liegt es am Manipulator, an dieser Stelle massiv einzugreifen und durch die weitflächige Erzeugung von ganz bestimmten Emotionen die Massen zu den gewünschten Reaktionen zu bewegen.

Weiterhin möchte ich noch verdeutlichen, dass besonders große und bedeutende Probleme auch besonders große Reaktionen und diese besonders großen Reaktionen wiederum besonders große Lösungen erzeugen.

Falls dieses Schema im ganz großen Stil angewendet werden sollte, so lässt sich die Offenlegung der Wahrheit, die hinter dem inszenierten Problem steckt, am besten dadurch verhindern, indem die Wahrheit das Fassungsvermögen der Opfer absolut übersteigt und die Wahrheit im offiziellen Weltbild derart unmöglich erscheint, dass die Opfer auch nur den Gedanken an die Wahrheit automatisch als Hirngespinst deklarieren. So wird die Aufdeckung der Wahrheit am besten geschützt.

Die Wahrheit muss natürlich durch eine im Vorfeld vom Manipulator festgelegte Lüge ersetzt werden. Die Lüge wird so oft wiederholt, bis bei einem Großteil der Opfer die eigentliche Lüge als bewiesene Wahrheit im Unterbewusstsein festzementiert ist. Wenn durch die stetige Wiederholung der Lüge die Mehrheit der Masse die Lüge als wahr betrachtet, so wird der überwiegende Teil vom Rest der Masse mit dem Glauben an die Lüge schnell nachziehen, da überwiegend der Glaube daran herrscht, dass die Wahrheit bei der Gruppe, die zahlenmäßig am größten ist, also bei der Mehrheit, zu finden ist. Durch diese Taktik nähren, erhalten und verteidigen die Opfer die ganz große Lüge und leugnen und bekämpfen die Wahrheit. Hier ist es nicht nur der Manipulator, der die Opfer auf Dauer konditioniert, sondern die Opfer tun dies von sich selbst aus, jedoch ohne sich diesem Vorgang tatsächlich bewusst zu sein.

Wie oben schon erklärt, kann durch diese Form der unsichtbaren Kriegsführung das Opfer völlig vereinnahmt, gelähmt und dirigiert werden, da das Opfer überhaupt nicht merkt, was abläuft und wie sehr es selbst bekämpft wird.

„Will man herrschen und dies auch in Zukunft tun, muss man den Realitätssinn verrücken können." [6, S. 259]
George Orwell

In diesem Szenario spielt die Verdrehung der Tatsachen natürlich auch eine große Rolle. Das, was eigentlich *schlecht und gefährlich* für einen ist, wird geschickt als *gut und nützlich* vermarktet, und das, was *gut und nützlich* ist, muss als *schlecht und gefährlich* dargestellt und vermarktet werden. So lernen die Opfer, das als gut verkleidete Schlechte zu akzeptieren. Durch diese Umkehrung der Tatsachen und Werte tritt logischerweise eine weitere Schwächung des Opfers ein, wobei das Paradoxe in dieser Situation darin liegt, dass das Opfer trotzdem glaubt, in einer guten, heilen Welt zu leben.

Bei dieser Taktik wird beispielsweise aus dem eigentlichen Wort „Kontrolle" das offizielle Schlagwort „Sicherheit", aus „Vertuschungen" werden „Ermittlungen" und aus „Eindoktrinationen" werden „Informationen" – ganz nach dem Schema Doppeldenk! Schon werden weitere Schritte gegen das Opfer, im Vorgehen der höchsten Form der Kriegsführung, *vom Opfer selbst* (!) für gut empfunden. Diese Taktik ist derart teuflisch, dass die Opfer Ihre eigene Vernichtung im Idealfall gutheißen und sogar selbst unterstützen. Die Opfer lassen sich dazu verführen. Im Endstadium dieser Art der Kriegsführung genießt es das Opfer sogar, manipuliert und unbewusst gesteuert zu werden. Das Eingesperrtsein bedeutet nach der unbewussten bedingungslosen Kapitulation des eigenen Geistes die endgültige Erfüllung.

Kann man sich denn als Kriegstreiber überhaupt einen besseren Gegner wünschen? Einen Gegner, der den eigenen Plänen mit offenen Armen entgegen rennt, ohne auf die Idee zu kommen, sich zu wehren.

Um seine schon durch unterschiedliche Taktiken verschleierten Ziele großflächig umzusetzen, müssen andere beauftragt werden, diese durchzuführen, damit man selbst unerkannt bleibt. Man muss Menschen, die dazu verlockt und verführt werden, einem nach dem eigenen Mund zu reden, in die wichtigsten Dachorganisationen des allgemeinen Lebens installieren, um ungesehen gesamtheitlich wirken zu können.

Innerhalb dieser schlau angelegten Struktur muss man eigentlich zwischen zwei Arten von Opfern unterscheiden: dem Großopfer und dem Kleinopfer. Die Großopfer (die offiziellen Delegierer) versuchen mit all Ihrer Macht und Energie, die Kleinopfer (die Delegierten) fest in die Struktur einzubinden und mit einzubeziehen. Dabei sind die Großopfer fest und vehement von der Richtigkeit ihres Tuns überzeugt. Das Großopfer ist in der Struktur derjenige, der die allgegenwärtige Struktur in der Bevölkerung verwaltet und flächendeckend in die Köpfe aller Kleinopfer implantiert, und das möglichst ohne selbst zu wissen, dass diese Struktur auf höchst intelligente Art und Weise von öffentlich unsichtbaren und unbekannten Kontrolleuren genauestens entworfen wurde und dessen Mechanismen in subtilen kleinen Schritten am Ende in die völlige Versklavung sowohl des Groß- als auch des Kleinopfers führt. Doch beide Opfertypen merken nichts davon.

Gerade die große Menge der Kleinopfer hat in der höchsten Form der Kriegsführung eine wichtige Aufgabe. Man kann die Kleinopfer als Batterien des Systems, also der künstlich fabrizierten Matrix, ansehen, die unbewusst dafür sorgen, dass das System ernährt sowie existent und stabil gehalten wird. Jedes einzelne Opfer fungiert in diesem Szenario als eine Batteriezelle der künstlichen Matrix. Der Manipulator und die gelenkten Großopfer müssen dafür sorgen, dass die Batteriezellen des subtil gesteuerten Systems funktionstüchtig bleiben und sich nicht abspalten, um ein Eigenleben zu entwickeln. Sonst wäre die Energie und Kraft, die das System zusammenhält nicht mehr aufrechtzuerhalten, und das Spiel der höchsten Form der Kriegsführung wäre aus. *Es ist nicht das System, das den darin lebenden Menschen gehorcht, sondern die darin lebenden Menschen gehorchen dem System, welches von den Manipulatoren entworfen wurde und gezielt gelenkt wird.* Die Kunst ist es, den Menschen im System glaubhaft zu vermitteln, dass sie selbst das System lenken, während es in Wahrheit absolut umgekehrt ist.

Das System sollte so ausgerichtet sein, dass Ungerechtigkeiten gefördert und nicht bekämpft werden. Wenn Ungerechtigkeiten im System leicht nutz- beziehungsweise ausnutzbar sind, dann bedeutet dies gleichzeitig auch, dass, wenn jemand in diesem System einen Nutzen daraus ziehen will, es gleichzeitig auch jemanden gibt, der Leid erfahren muss. Solch ein System, bei dem Ausnutzung ein elementares Element ist, ist genial, denn ist so ein System erst mal richtig angelaufen, so trennen sich die Opfer von sich aus gegenseitig und bemerken gar nicht, dass sie sich *selbst* als Kollektiv zersplittern und entmachten. Weiterhin ist es von Vorteil, klare Ungerechtigkeiten zwischen den Groß- und den Kleinopfern zu Ungunsten des Kleinopfers zu installieren, denn so können die Kleinopfer leicht verärgert und enttäuscht werden, was diese natürlich wieder entmachtet und geistig schwächt. Und wieder einmal gilt: Wenn zwei sich streiten, dann freut sich der Dritte.
Neben der Förderung von Ungerechtigkeiten sollte das System im Inneren möglichst komplex sein. Durch eine erstickende Komplexität des Systems, also beispielsweise durch eine *völlig* unüberschaubare Menge an Verordnungen und einem Wust an Bürokratie, werden die Opfer zerfressen und gelähmt. So unterstehen die Opfer ständig einer stillen, zur Verzweiflung treibenden Qual und kommen nie zur Ruhe, in der sie Kraft und Weisheit gewinnen könnten.

Dem Opfer, welches aus diesem System ausbrechen will, wird es von vornherein so schwer wie möglich gemacht, das System und deren von außen gesteuerte Normen in Frage zu stellen und über den Zaun, in dem die Herde lebt, zu springen (falls sich ein Opfer jemals so weit vorwagen sollte). So bekommen die Opfer automatisch unbewusst Angst, wenn sie etwas anderes als das Gängige machen und lassen es lieber bleiben. Die Angst, vom Status quo abzuweichen, hält die potentiellen Ausbrecher im Status quo. Die Opfer sorgen also selbst dafür, dass sie sich gegenseitig festhalten.

> „Diese Situation gleicht der eines Gefangenen,
> der von seinen Zellgenossen an der Flucht gehindert wird."
> *David Icke*

Ohne es selbst zu merken, kontrollieren sich die Opfer nun gegenseitig, weil jeder, der aus der Opferherde ausbricht, von den aktiven Opfern verstoßen, ausgelacht und notfalls fertiggemacht wird, da die aktiven Opfer die geltenden festzementierten Normen – was sein darf und was nicht, was möglich ist und was nicht, was sinnvoll ist und was nicht – vehement verteidigen. Die selbstbegrenzenden Normen der Opfer sind aber gezielt von den Manipulatoren geschaffen worden und werden unsichtbar gelenkt sowie bei Bedarf angepasst.

Die Kleinopfer, welche die künstliche Matrix verinnerlicht haben, werden also unbewusst zu Agenten der künstlichen Matrix und verteidigen diese vehement. Dadurch kümmern sie sich automatisch um diejenigen, die vom Herdenbewusstsein abweichen. Die Abweichler, welche begonnen haben das verschleierte Spiel zu durchschauen, werden ausgegrenzt und nötigenfalls bekämpft.

Das System ist in diesem Stadium so weit, dass es sich selbst kontrolliert und erhält, und alle aktiven Opfer sind, ohne es selbst zu merken, die Spione der Gedankenpolizei. Das System wird also selbsttragend und selbsterhaltend. Die Manipulatoren müssen dann nur noch sichergehen, dass diese Konditionierung bei den aktiven Opfern derart tief sitzt, dass ein *Bemerken* und damit *Auffliegen* dieser nahezu ausweglosen Situation und Struktur nicht im entferntesten in Erwägung gezogen wird. Und Sie müssen mir recht geben, dass ein System, in dem sich weit über 90 Prozent der Bevölkerung unbewusst gegenseitig kontrollieren und Ausreißer ausgegrenzt und psychisch niedergemacht werden, äußerst effektiv, wenn nicht gar narrensicher ist.

> „Kann man über das allgemein akzeptierte ‚Normalitäts'-Konzept
> bestimmen, dann läuft das System wie von selbst."
> *David Icke*

Ein Beispiel für solche selbstbegrenzenden Normen kann das *sofortige* Leugnen und Bekämpfen von Leuten sein, die von hochentwickelten Fluggeräten und Energieumwandlungsmaschinen sprechen, welche nicht im gängigen Bereich des allgemein Akzeptierten liegen.

Die Groß- wie auch die Kleinopfer, gegen die der Krieg geführt wird, werden also dazu gebracht, gerade diejenigen auszulachen und zu bekämpfen, die diese Missstände aufdecken, konstruktive Lösungsmöglichkeiten aufzeigen und *die Situation umkehren könnten*. Die eigentliche Bedrohung für die Drahtzieher, die hinter der kollektiven Illusion der Realität stecken, sind nämlich die intellektuell, emotional und spirituell am weitesten entwickelten Menschen. Warum?

Weil gute Menschen nicht schlecht denken...!

In den nächsten Kapiteln werden Sie erkennen, warum dies so gefährlich ist.

Es ist bemerkenswert, dass in diesem Szenario die weit entwickelten Menschen gerade von denjenigen niedergemacht und bekämpft werden, welche die Hilfe eigentlich am nötigsten hätten – von den aktiven Opfern der höchsten Form der Kriegsführung. Damit diese intellektuell, emotional und spirituell hochentwickelten Menschen keine wirksamen Handlungen weiträumig in Gang setzen können, muss man diesen Menschen als Manipulator in den Handlungen immer um einen Schritt voraus sein, damit man deren Handlungen immer irgendwie in den Griff bekommen kann, um Schaden (im Hinblick auf die Offenlegung und Umwandlung der eigenen subtilen Mechanismen) zu verhindern und etwaige Gegenmaßnahmen der hochentwickelten Menschen bestenfalls schon im Keim zu ersticken. Die wirklich gefährlichen Widersacher muss man dabei mit geheimen Diensten ausfindig machen und diese, bei Gefahr für die Existenz der künstlichen Matrix, lahmlegen und notfalls eliminieren.

Es versteht sich von selbst, dass, wer in dieser ausgeklügelten Struktur nach oben kommen will, nur dann die Gelegenheit dazu bekommen darf, wenn er kritiklos dieses System vertritt und damit konform geht. Wer eigene Gedanken und Ideen mit einbringen will, darf nicht die Möglichkeit erhalten, an irgend einen Schalthebel des offenen Machtapparates rangelassen zu werden, denn sonst bestünde die Möglichkeit, dass die vorhin erwähnten größten Feinde der höchsten Form der Kriegsführung dazu in der

Lage wären, die Strukturen und Ziele der subtil gelenkten künstlichen Matrix offen zu legen und dadurch versiegen zu lassen.

Will man einen Feind beeinflussen oder gar in der Hand halten, ist es generell sehr wichtig, dass man Kontrolle über das gewinnt womit dieser seine Zeit verbringt. Sehr wichtig ist dabei auch ein gezieltes Eingreifen in den Reifeprozess der Jugend, denn wer schon auf eine bestimmte Art und Weise erzogen wurde, der wird meistens auch für den Rest des Lebens so bleiben. So wie man die Jugend in der Gegenwart behandelt, so wird sie in der Zukunft auch reagieren.

Bei der Geburt kommt das Kind rein und voller Freude vom Jenseits ins Diesseits. Damit schon von vornherein eine Nutzung der medialen Talente und Veranlagungen verhindert wird, muss man dementsprechende Stoffe schnell und unter obrigkeitshörigem Druck in die kleinen Körper injizieren. Die spielerische Freude, an der Welt kreativ und unternehmungslustig teilzuhaben, ist damit aber noch nicht zerstört. Dies sollte in diesem Szenario ein paar Jahre später eintreten, wenn das Pauken beginnt. Mit dem Beginn der Eindoktrinierungsvollzugsanstalten ist es dann aus mit der kreativen, sinnlichen Erfahrung des Lebens und der Umgebung. Man lernt, wie man *gegeneinander* Konkurrenz ausübt, um überall der Bessere zu sein, anstatt *mit* den anderen Menschen zusammen etwas Großes zu bewegen. So kann eine starke Gemeinschaft erst gar nicht entstehen. Es werden eigenständige, fantasievolle Eigenkreationen und Eigenideen unterdrückt und zerfressen und den Sprösslingen Anpassung und Mitläufertum für das Bestehende eingedrillt. Am Ende steht so der fähige und gefühlskalte Sklave, der nicht mehr weiß, was „zu leben" eigentlich bedeutet.

Um die Gesamtstruktur dauerhaft zu erhalten, müssen die Eindoktrinierungsvollzugsanstalten zu Kopieranstalten der bestehenden Struktur werden und ein freies, sichtweisenorientiertes und hinterfragendes Denken sowie ein Ausleben der eigenen Potentiale, durch Dauerdruck und einseitige Pläne der Anstalten ausgeschlossen werden. Durch stetiges Auswendiglernen und Wiederholen von Nebensächlichkeiten und Lügen, möglichst in einer 40 Stunden Woche, wird das junge Opfer schon von Beginn an fit für die subtil ablaufenden Programme zur Erzeugung der selbstentmächtigenden Realität gemacht und die eigenen Kräfte, selbst etwas zu erschaffen und zu bewegen, werden wirkungsvoll aus dem Fenster geschmissen.

Durch diese Art der geistigen Folter kann von Anbeginn an sichergestellt werden, dass es kaum Opfer geben wird, welche die künstliche Matrix durchschauen, da ein Jahrzehnt der Zucht der Gedanken kaum noch zu entfernende Spuren im Leben hinterlässt. Ist das Opfer bereits in jungen Jahren durch den Paukendruck regelmäßig „fix und fertig", so wird sich das Opfer an den Zustand des Funktionieren-müssens mit der Zeit hervorragend gewöhnen und dies gegen Ende der verlorenen und weggeworfenen Jugend als normal, gut und richtig ansehen. So bildet sich ein Opfer, welches für seine täglichen Runden im Laufrad hervorragend funktioniert.

Um eine generelle Potentialschwächung der heranwachsenden Generation zu gewährleisten, sollte sich diese *nicht* wohlfühlen dürfen und möglichst selbst schwächen oder gar zerstören. Damit dies möglichst effektiv vonstatten geht, braucht dies natürlich ein gut aufgebautes System:

Theoretisch ist ein Mensch an Freude interessiert. Ein geistig gesunder Mensch würde sich nicht freiwillig zerstörerisch verhalten, da er sich hierbei nicht wohlfühlen würde und selbst nicht glücklich wäre. Will man, dass der Mensch gegenteilige Gefühle und Handlungen auslebt, so muss man den Menschen verdeckt und subtil dazu bringen, so etwas zu machen.

Ein häuslich-familiäres Umfeld ist für die Herrschaftslenker in der höchsten Form der Kriegsführung äußerst schädlich, da das angehende Opfer mit dem System – der künstlichen Matrix der Manipulatoren – verbunden sein soll und nicht mit dem familiären Eigensinn. Daher muss man die Kinder schon fast aus der Wiege reißen und möglichst bald in die Eindoktrinierungsvollzugsanstalten bringen. Einmal drin, geht's auch schon los:

Wird in den Eindoktrinierungsvollzugsanstalten weder über das Potential im äußeren Leben (z. B. Überleben) noch im Inneren (z. B. richtige Anwendung der geistigen Gesetzmäßigkeiten) gelehrt, dann bleibt der junge Sprössling unwissend über elementare Dinge und macht so Dinge, die er sonst nicht tun würde. Durch eine einseitig auf die linke (logische) Gehirnhälfte ausgerichtete Fächer- und Stoffwahl verarmt die Gefühlswelt (rechte Gehirnhälfte). Die Sprösslinge werden dadurch subtil zu innerer Kälte und Skrupellosigkeit erzogen. Außerdem wird das Opfer hierdurch schon in der Zeit des Heranwachsens in der

Welt der fünf Sinne gefangen und wird auch nach der Zeit in der Eindoktrinierungsvollzugsanstalt nicht in der Lage sein, Gedanken und Verbindungen zu bekommen, die über die Welt des Sehens, Hörens, Tastens, Riechens und Schmeckens hinausgehen. Durch diese antrainierte Lebensweise wird es auch im Erwachsenenalter dabei bleiben, dass nur das existieren darf, was sich logisch greifen lässt. Durch die nahezu ausschließliche Beschäftigung mit der linken Gehirnhälfte, sind beim jungen Sprössling die Voraussetzungen für den nächsten Schritt geschaffen. Es ist nun einfach, schnelle und zerstörerische Reaktionen auszulösen.

In der verbleibenden frei zur Verfügung stehenden Zeit, können die Wirkungen von gleichgeschalteten Freizeitbetätigungen den zweiten Schritt machen. Durch eine überwiegend gewaltfreudige Welt bei Computerspielen und in der Medienlandschaft erfolgt eine hochqualitative Schulung der Skrupellosigkeit, Aggressivität und Zerstörungsfreudigkeit. Es müssen Möglichkeiten bestehen, dies von frühen Jahren an im eigenen Kinderzimmer zu lernen und zu üben. So wie Elitesoldaten an Mordsimulatoren üben, um ihre Tötungshemmungen abzulegen, müssen es junge Sprösslinge am heimischen Rechner auch machen. Außerdem wird durch die Fixierung auf diese und andere Arten von „Hypnosekisten" ein allumfassend-weitsichtiges Denken von vornherein unterbunden, da der Geist durch solche großen wie kleinen Kisten und Apparate zusammengepresst wird. So wird ein fixiertkleingeistiges Denken schon von Kindesbeinen an zur Routine und ein mögliches Erkennen des vollendeten Krieges im Keim erstickt. Soweit zum inneren Training.

Wenn ein inneres Training besteht, dann muss natürlich auch außen herrschen, was innen vorgeht: Eine inszeniertgesteuerte Populärindustrie soll einen lehren, wie man sich kleiden soll, welches Verhalten man an den Tag legen soll und welche Wortwahl man zu treffen hat, um „auf dem Stand der Zeit" zu sein.

Wir halten noch mal fest: Schritt eins schafft einen idealen Nährboden für Schritt zwei. In Schritt zwei wird die Saat gesetzt und blüht so richtig auf.

Insgesamt kehren sich die Werte um, *und was falsch war, wird plötzlich richtig.*

Dies war nur eine mögliche Vorgehensweise beim Abbau der persönlichen Identität. Doch nicht nur die persönliche Identität muss abgebaut werden, um parallel dazu die Umprogrammierung auf die künstliche Matrix zu vollziehen, auch kollektive Identitäten müssen zerfressen werden, um gemeinschaftliche Schwäche zu erzeugen. Hochentwickelte Kulturen beziehungsweise Kulturen mit einem hohen (=gefährlichen) zukünftigen Potential kann man am besten auflösen, indem man diese mit bodenlosen und zerfressenden Lebensweisen solange durchtränkt, bis die ehemaligen Top-Gesellschaften assimiliert worden sind. Indem man die Menschen dazu bringt, sich fast ausnahmslos sowohl mit intellektuellem Müll als auch mit Bier, Ball und Bett zu beschäftigen, können diese gar nicht anders als geistig labil vor sich hin zu siechen. Durch die gezielte Förderung der Fokussierung und des maßlosen Auslebens der animalischen Triebe, kann eine Weiterentwicklung zu höherer und weiterer Wahrnehmungsfähigkeit wie auch ein sensibilisiertes ethisches Verständnis weitestgehend vermieden werden.

Um die Reichweite des Denkens der Opfer zu reduzieren, ist es von Vorteil, Einfluss auf die Sprache zu nehmen. Wenn die Sprache anfängt zu verrohen und Tatsachen von den Großopfern in verdrehter Sprache geschickt umschrieben werden, dann steht der Masse der Kleinopfer auch nur ein beschränktes Vokabular zur Verfügung – also eine Art SMS-Sprache. Mit einem beschränkten Vokabular geht aber auch ein beschränktes Denken einher, denn *wie soll ein Geist hochentwickelt werden können, wenn ihm die Worte fehlen, um überhaupt so weit kommen zu können?* Durch diese Art der kulturellen Degradierung kann verhindert werden, dass sich die Opfer mit gefährlicher, also intellektuell anspruchsvoller Literatur auseinandersetzen und damit auf anspruchsvolle und stärkende Gedanken kommen.

Neben der Reduktion der Reichweite der Gedanken kann es natürlich nicht angehen, dass die Opfer innerlich stark und selbstbewusst werden. Diese Gefahr lässt sich beispielsweise dadurch eliminieren, dass man folgende Taktik anwendet: Man sagt den Kleinopfern durch das Sprachrohr der Großopfer, dass diese oder jene Maßnahmen und Geräte zur Überwachung notwendig seien, damit das Opfer „sicher" leben kann. Begründet werden diese Maßnahmen wieder durch das oben erwähnte Prinzip *Problem-Reaktion-Lösung*. Da die Opfer nun tagtäglich mit den Mechanismen und Geräten der „Sicherheit schaffenden" Überwachung konfrontiert werden, werden die Opfer nun unbewusst denken: „Wir werden alle kontrolliert." Damit sinkt aber auch automatisch das Selbstbewusstsein rapide ab, und durch das tägliche unbewusste „wir werden alle kontrolliert"-Denken wird auch eine Rebellion gegen die Großopfer lahmgelegt, denn das Unterbewusstsein weiß ja nun: „Es hat keinen Wert mehr, etwas zu tun." Was dieses ständige Maßregeln und Überwachen in allen möglichen Alltagssituationen sowie ein weit bis über die Ufer getretener allgemeiner Regulationsapparat in ihrer Gesamtheit so alles bewirken können, weiß David Icke in seinem Buch „The David Icke Guide to the Global Conspiracy" zu berichten (vom Autor frei übersetzt):

„Das Prinzip, welches sie benutzen, ist das gleiche, welches bei Laborratten benutzt wird. Man gibt den Ratten Elektroschocks, wenn sie im Labyrinth einen Weg einschlagen, den man nicht zulässt, und am Ende umgehen sie diese Wege von sich aus, ohne dass sie Elektroschocks bekommen...

Denk an all die Male während eines Tages, an denen du gesagt bekommst, was du zu tun hast. Entweder direkt oder durch irgend ein Zeichen. Denk an all die Situationen, in denen du dir den Konsequenzen bewusst bist, wenn du die Vorgaben der Behörden nicht befolgst, wie die Suche nach Blitzern im Straßenverkehr, falls man ein kleines bisschen über der zulässigen Höchstgeschwindigkeit fährt. Stell dir vor, wie das Autofahren sein wird, wenn deine Geschwindigkeit und dein Aufenthaltsort ständig vom Weltraum aus verfolgt wird. Überlege, wie viele Male du darauf aufpasst, was du sagst, weil es irgendeine Behörde in Aufruhr bringen würde oder die absurden Grenzen, welche die politische Korrektheit vorgibt, brechen würde...

Der Zweck all dessen und all der anderen zahllosen Beispiele im Alltag liegt darin, die Bevölkerung bewusst und unbewusst dazu zu bringen, sich der Allgegenwart der Behörden bewusst zu werden und Angst davor zu bekommen, etwas nicht so zu machen, wie sie es gesagt bekommt. Da dies immer öfter und in immer größeren Bereichen unseres Lebens stattfindet, kommt bei jedem Menschen irgendwann der Punkt des Nichthinterfragens, der Gedankenlosigkeit und des Ergebens. Oder anders ausgedrückt: Es werden nun keine ‚Elektroschocks' mehr gebraucht. Was hier gemacht wird ist, dass der Mensch programmiert wird. Das ist das Ziel – unsere Verbindung mit dem göttlichen Bewusstsein zu kappen und in uns dasjenige Programm zu installieren, welches am besten zu ihrem Plan der Massenkontrolle passt...

Das Endziel liegt darin, den menschlichen Geist ... in der extremen Art und Weise zu unterwerfen, wie das Beispiel der Laborratte, die im Labyrinth ihren Weg geht, ohne dass ein äußeres Eingreifen, in Bezug auf den vorgegebenen Weg der Laborratte, notwendig wäre...« [9, S. 397]

Durch die einschüchternden Maßnahmen, die in allen möglichen Bereichen des alltäglichen Lebens wirken können, wird sich das Opfer also ab einem bestimmten Punkt freiwillig den vom Manipulator vorgegebenen Gesetzmäßigkeiten der künstlichen Matrix unterordnen. So wird das Opfer in einem Gefängnis untergebracht, dessen Gitterstäbe sich im Kopf des Opfers bilden und manifestieren. Die sich immer stärker manifestierenden Gitterstäbe sorgen mehr und mehr dafür, dass Ausbruchsversuche aus der künstlichen Matrix im Keim erstickt werden und damit erst gar nicht entstehen können.

Neben diesen „Elektroschocks" ist es für den Manipulator lohnend, das Opfer dazu zu bringen, während des Tages in einer Art gedämpfter Lethargie zu leben. Dies lässt sich beispielsweise dadurch erreichen, dass man das Opfer dazu bringt, möglichst viel von solchen Dingen zu sich zu nehmen, welche ihn selbst träge und gedämpft machen. So kann das Opfer den kontrollierten Wahnsinn mit gutem Gewissen aushalten und genießen und wird nicht auf „dumme Gedanken" kommen. Gerade bei den Opfern, bei denen sich der Geist nicht sonderlich gut fangen lässt, ist es wichtig, dass wenigstens der Körper so gut es geht lahm gelegt ist, damit der lahme Körper auch den Geist lähmt.

Auch eine weitreichende Umweltverschmutzung ist für die subtile Unterdrückung des Opfers von Vorteil, denn wenn es dem Opfer nicht gut geht und der Körper vergiftet ist, dann bleibt dem Opfer kaum etwas anderes übrig, als latent vor sich hin zu vegetieren. Damit das Opfer während des Vegetierens nicht zu unnützer Kraft gelangt, braucht es einen ständigen Lärmpegel, der ein Erholen in der Stille unmöglich macht.

Die Stille stellt in diesem Krieg eine außerordentliche Gefahr dar, denn wer in der Stille ist, befindet sich außerhalb jeglicher Manipulation. Und wer sich außerhalb jeglicher Manipulation befindet, ist (erst) in der Lage, die Manipulationen als solche zu erkennen. Und wer die Manipulationen als solche erkennt, ist nicht mehr manipulierbar! Damit dies nicht geschieht, muss der Gegner logischerweise möglichst ständig *abgelenkt* werden und eine generelle *Angst vor der Stille* entwickeln.

Doch nicht nur das. Damit die Opfer weder Möglichkeit noch Zeit haben, frei zu denken, müssen diese, neben einer überall um sich greifenden Ablenkung, ständig beschäftigt sein – beschäftigt sein, um sich über Wasser halten zu können. Die ganze Lebensweise des Gegners muss so ausgebildet sein, dass der Gegner sowohl seine Zeit als auch seine Energie sinnlos zerstreut, ohne wirklich selbst voranzukommen – sprich: ein Leben ohne Eigenleben. Rennt der Gegner nämlich seine täglichen Runden im Hamsterrad, so wird dieser nie richtig vorankommen, sprich sich entwickeln und stark werden.

Wenn man dem Opfer ein wenig Stille zugesteht, dann muss diese Stille zeitlich darauf begrenzt sein, dass es nur dem Erholen und nicht der Weiterentwicklung des Opfers dient. Das Opfer soll ja schließlich im Hamsterrad *funktionieren* und nicht daraus ausbrechen.

Neben der Zerstörung der Stille und der Natur, müssen die Menschen eine generelle Angst vor der Natur haben, um nicht an persönlicher Stärke und Weisheit zu gewinnen, da eine intensive Auseinandersetzung mit der Natur auch bedeutet, leichter aus dem eigenen inneren Gefängnis ausbrechen zu können. Wer dazu erzogen wurde, dass in der Natur hinter jeder Ecke große und unbändigbare Gefahren lauern, denen man schonungslos ausgesetzt ist und die mit allem menschenmöglichen technischen Aufwand gezähmt und eliminiert werden müssen, der wird wohl kaum auf den Gedanken kommen, bei einer der höchsten Quellen der Kraft und Weisheit, Energie und selbstermächtigende Erfahrungen bekommen zu wollen.

Das Opfer labil machen kann man auch durch Elimination von Tatsachen und Informationen aus dem Weltbild des Opfers, welche dem Opfer geistige Freiheit und eigene Sicherheit wie auch Gelassenheit geben. Diese eliminierten Informationen werden durch Unwissenheit oder durch angsteinflößende Informationen ersetzt, damit das Opfer schwach wird. Das Vorenthalten von essenziell wichtigen Informationen zum Verständnis der Realität erzeugt beim Opfer Unwissenheit, persönliche Schwäche und ein falsches Weltbild.

Wenn man beispielsweise die Existenz der Reinkarnation vor den Menschen verheimlicht und diese leugnet, dann haben die Menschen keine Ahnung mehr, wie es nach dem Tod zugeht. So sind die Menschen einerseits überfixiert auf das gegenwärtige Leben („Man lebt nur einmal") und kümmern sich überhaupt nicht mehr um den wirklichen Zweck des Daseins. Das Opfer wird sich durch die Unkenntnis über die Reinkarnation und das Leben nach dem Tode nicht mit den wahren Werten des Lebens auseinandersetzen *können* und sich somit ausschließlich über das Diesseits definieren, da ihm ja die Existenz und Natur des Jenseits völlig fehlt. Zusammen mit der dem Opfer anerzogenen Denkweise, dass nur Dinge, die mit den Händen greifbar sind, existieren, erzeugt dies die vom Manipulator gesteuerten Werte des Lebens innerhalb der künstlichen Matrix: Materie, Materie und nochmals Materie.

Andererseits erzeugt die Eliminierung der Reinkarnation aus dem Wissen der Opfer aber auch eine ohnmächtige Angst vor dem Tod, da man einst beigebracht bekam, nur einmal zu leben, und mit Angst lässt sich jeder leicht kontrollieren. Die Opfer vergessen durch diese Zensur der Wahrheit, dass sie selbst verantwortlich für die eigenen Taten und Lebensumstände sind, da alles, was man tut, Gutes wie Schlechtes, entweder in diesem oder in einem späteren Leben wieder zurückkommt – *auch wenn man zu bestimmten Handlungen verführt oder manipuliert worden ist!* Die Opfer hören dadurch auf, über sich und ihre eigenen Taten nachzudenken. Die so entstandene Verantwortungslosigkeit erzeugt eine gute Lenkbarkeit und Gefügigkeit.

Man sagt den Opfern zudem nichts über die geistigen Gesetzmäßigkeiten und wie man sie richtig anwendet, und man bringt sie von außen dazu, die geistigen Gesetzmäßigkeiten *unbewusst* gegen sich selbst einzusetzen. Die Wirkung hierbei ist, dass sich das Opfer aus eigener Kraft selbst zerstört, ohne sich dessen bewusst zu sein. Man könnte dies auch als unbewusste Selbstverstümmelung der eigenen Seele und des eigenen Lebens bezeichnen.

Wieder tritt also eine vom nicht sichtbaren Machthaber eingebrachte und vorzüglich wirkende, persönliche Selbstschwächung ein.

Und so weiter und so fort...

Die in diesem Kapitel beschriebene höchste Form der Kriegsführung ist wohl das Gefährlichste, was man sich überhaupt vorstellen kann. Doch ist die Situation der subtilst bekämpften Opfer wirklich *so* ausweglos, wie es auf den ersten Blick scheint? Dies soll in späteren Kapiteln diskutiert werden.

All die hier beschriebenen Dinge sind jedoch schlagartig nicht mehr möglich, wenn die Opfer einerseits die Unwissenheit und Trägheit den Mechanismen der höchsten Kriegsführung gegenüber fallen lassen und andererseits diesem zunehmenden Wissen persönliche *Taten und Konsequenzen* folgen lassen. Es ist wohl kaum möglich, etwas gegen eine konstruktive, zusammenhaltende, selbstermächtigte und starke Bevölkerung auszurichten beziehungsweise diese in eine bestimmte Richtung zu lenken. Zusammen genommen ergibt die theoretisch vorhandene Kraft all derer, gegen welche die subtilste und gefährlichste aller Kriegsformen geführt wird, eine solche Schlagkraft, dass sie binnen kürzester Zeit die höchste Form der Kriegsführung völlig auflösen **könnte** – *falls eine gesellschaftlich notwendige Mindestmenge (kritische Masse) der Opfer aufwacht und beginnt, etwas zu tun beziehungsweise an den richtigen Stellen zu verweigern.*

„Ein bewusstes und aufrechtes Individuum
ist sehr viel gefährlicher für die etablierte Macht
als 10 000 eingeschlafene und unbewusste Individuen."
Ghandi

Menschen, die sich einmal auf ein wesentlich größeres Verständnis der planetaren und kosmischen Zusammenhänge ausgedehnt haben, kehren *nie mehr* in ihren ursprünglich geistig labil beeinflussbaren Zustand zurück, und dies zählt für die Manipulatoren mit zu den größten Gefahren überhaupt. Damit dieses ungeheure Bedrohungsszenario für die Manipulatoren und deren künstliche Matrix nicht entstehen kann, muss *alles*, was für die Manipulatoren im Bereich des Möglichen liegt, getan werden, um die Opfer geistig auf einem möglichst niedrigen Niveau zu halten, denn wer einmal aus dem Zaun ausgebrochen ist, der wird nicht mehr als unwissendes und lenkbares Opfer in die Weide zurückkehren *können*. Menschen, die aus der künstlichen Matrix ausgebrochen sind, stellen somit für den Rest ihres Lebens eine dauerhafte Bedrohung für die Umsetzung der höchsten Form der Kriegsführung dar.

Was für die Manipulatoren auf gar keinen Fall passieren darf, ist, dass die gewaltige geistige Kraft des Menschen bei den Opfern im größeren Stil angewandt wird, denn damit würde die Gefahr immer größer werden, dass „der hundertste Mensch" (Erklärung folgt in einem späteren Kapitel) beim Thema der Selbstermächtigung erreicht werden und der Funken auf alle anderen dieser Spezies überspringen würde. Um so einem „Dammbruch" vorzubeugen, ist es eben von entscheidender Bedeutung, dass die zu manipulierenden Opfer unauffällig dazu gebracht werden, sich selbst zu schwächen sowie ihre Kraft und ihre Möglichkeiten selbst zu blockieren. Nichts ist wichtiger als das kollektive Bewusstsein der Opfer so gut es geht in einem Dämmerschlaf zu halten. In diesem Dämmerschlaf der Opfer muss man ganz schleichend Zugang zu ihren Handlungen bekommen. Wer in der Lage ist, den Ursprung der Entstehung der kollektiven Realität und die Schicksale aller Opfer zu steuern, der ist damit auch in der Lage, die Realität selbst zu steuern. Damit dies geschehen kann, braucht es Institutionen, die den Opfern das implantieren, was später geschehen und sein soll.

Institutionen, die eigentlich neutral informieren sollten, lassen sich durch den Einsatz versteckter hochentwickelter Methoden so weit abändern, dass über diese Institutionen das Denken der Opfer grundlegend gesteuert wird, während der vordergründige Schein der neutralen Berichterstattung gewahrt bleibt. Es muss für die Opfer den *Anschein* haben, dass sie neutrale Informationen vorgesetzt bekommen, zwischen denen sie wählen können, und dass die Welt wirklich so ist, wie sie dargestellt wird. In Wahrheit wird die Realität der Opfer gerade erst durch die subtile Programmierung dieser Institutionen Schritt für Schritt dahingehend geformt, dass insgesamt die künstliche Matrix nach dem Willen der unsichtbaren Manipulatoren entsteht.

Kapitel 6
Denken wir oder werden wir gedacht?
Das ist hier die Frage!

Damit man nicht auf die Suche nach inneren und äußeren Dingen geht, welche die Grenzen des offiziell Tolerablen und Akzeptierten überschreiten, oder seine Zeit mit anspruchsvoller Literatur verschwendet, wird man heutzutage durch Medien, Werbung, akzeptierte Betrinkereien, Prominentenklatsch, neueste Sex-Trends, verblendete Wissenschaft, erhabene Automobilstudien und neueste Wirtschaftsprognosen beschäftigt und fixiert gehalten.

Den Menschen wird vor Augen gehalten, was nun wichtig sein *soll* und wofür man lebt. Durch die Werbung beispielsweise wird man in eine andauernde und ausdauernde Auseinandersetzung mit der Sachlichkeit gebracht, wodurch der Hauptfokus im alltäglichen Leben hierauf liegen wird, und durch die hypnotisierende Wirkung des technologischen Fortschritts bleibt der Mensch stehen. Wieder einmal werden sowohl die mitmenschlichen wie auch die inneren und höheren Welten bis zur Verkümmerung völlig vernachlässigt. Außerdem zwingt einen die Reklamepropaganda in einen eigentlich ungewollten Kampf hinein. Da man ständig Energie aufwenden muss, um sich gegen die Kaufverführungen zu wehren, wird man, ob man nun will oder nicht, entkräftet und somit geschwächt.

Durch die generelle Reizüberflutung im heutigen Standardleben, die dafür sorgt, dass man die wahren Reize des Lebens überhaupt nicht mehr wahrnehmen kann, wird die Seele ausgebrannt, und ein sinnvollproduktives Wirken ist kaum mehr möglich. Man kommt in diesem dauerhaften geschäftigen Koma einfach nicht zur Ruhe, damit man *ja nicht* selbst anfängt zu denken beziehungsweise anfängt, seine Gedanken sinnvoll zu lenken: sich schnell bewegende Bilder im Fernsehen; Fußball am Wochenende; die Werbeindustrie, die sich an jedem nicht natürlichen Fleck rührend um uns kümmert; der Kaufrausch in der Stadt; die allgegenwärtige Musikberieselung aus dem Radio mit philosophisch anspruchsvollen Aussagen...

Innerlich kommt man zwar nicht mehr zur Ruhe, äußerlich aber schon, denn aus der Flimmerkiste geht auch die Tat- und Machtlosigkeit des Einzelnen hervor. Die passive Berieselung aus der Flimmerkiste kann man nicht verändern, sondern nur aufnehmen, was nichts anderes heißt als: *„Ich kann doch eh nichts daran ändern."* Da die passive Berieselung nun gewohnheitsmäßiger Volkssport ist, dem meist täglich nachgegangen wird, färbt diese erzwungene Einstellung der Machtlosigkeit auf das Leben des Einzelnen in der Masse ab und wird zu einer der großen Tatsachen des Alltags. Da das Gefühl, dass sich doch eh nichts ändern lässt, durch die tägliche Auseinandersetzung mit der fiktiven Welt in der Bildröhre automatisch zur Gewohnheit wird, werden die Einzelnen auch keine Motivation dafür haben, im wirklichen Leben etwas zu verändern und „Zustände" verbessern zu wollen. So lassen sich große Massen einfach und effektiv lahmlegen.

Die sicherste Methode, das eigene Leben zum Bankrott zu führen, ist es, solche Massenideale wie die vorhin genannten, ungefiltert und ungeprüft in sich rein zu lassen. Durch die andauernde Reizüberflutung, Berieselung und Gefühlserzeugung von außen, herrscht zudem auch eine Verwirrung beim Wahrnehmen der inneren Stimme vor, wodurch das Wirken der höheren geistigen Welten arg erschwert wird. Wenn man noch mal daran denkt, was im letzten Kapitel über die subtile Bekämpfung gesagt wurde, dann könnte man auf die Idee kommen, dass die gegenwärtigen Massenideale einem verborgenen Zweck dienen, denn wenn die grundlegenden Bedürfnisse (Brot) Dauerthema werden und wir in unserer frei verfügbaren Zeit kontinuierlich von außen beschäftigt werden (Spiele), dann leben wir unsere wirklichen Neigungen und Pläne nicht mehr aus und hören auf, bewusst zu denken – *Brot und Spiele*. Dies ist ein Dasein im „Stand-By-Modus".

„Leben ist das allerseltenste in der Welt
- die meisten Menschen existieren nur."
Oscar Wilde

Die heutige wirtschaftliche und soziale Situation in unserem Land kommt mit Sicherheit nicht von ungefähr. Es ist nicht nur das heutige Geldsystem, sondern auch die gegenwärtig vorherrschende (jammernde) Denkweise, die Deutschland zerfrisst. Da ich persönlich öfters für einige

Zeit verreise, wird mir bei meiner Rückkehr leider immer wieder vor Augen geführt, wie Deutschland zu einem reinen missmutigen „Jammerland" verkommt. Menschen im nichteuropäischen Ausland haben mir dies auch immer wieder bestätigt.

Ich denke, dass man indirekt und durch gewisse Kreise bewusst gewollt dazu erzogen wird, negativ zu denken. Dies wird zum einen durch die Medien erreicht. Dort werden unsere Meinungen und das, was wir zu denken haben, grundlegend festgelegt. In den Nachrichten überwiegen zum allergrößten Teil die schlechten (oder bestenfalls neutralen) Nachrichten. Die Talkshows senden größtenteils gequirlten Mist in Reinkultur, und in den Spielfilmen dominieren Raub und Mord. Rache und Vergeltung werden einem schon von frühester Kindheit an in Zeichentrickfilmen und danach in den Spielfilmen als einzige mögliche Konfliktlösung eindoktriniert, wobei klar ist, dass diese Art der Konfliktlösung dann im eigenen Handeln an Größe gewinnt. Das hohe Gewaltpotential wird Tag für Tag frisch serviert und ausgiebig gepflegt, damit ja niemand vergisst, wie man drauf sein soll, frei nach dem Motto: *„Wenn man lange genug mit Schmutz wirft, bleibt schon etwas kleben."* Ein berühmter Entertainer drückte dies etwas vornehmer aus, als er sagte: *„Die Leute sind gar nicht so dumm, wie wir sie durchs Fernsehen noch machen werden."*

Diese schmutzigen Gefühle, mit denen man vom gesteuerten Chaos aus beworfen wird, bleiben natürlich nicht ohne Wirkung. Durch die manipulierten Gefühle wird die persönliche Wahrnehmungsfähigkeit des eigenen inneren Gefühls, das unmanipuliert von innen aus uns herauskommt, überlagert und damit quasi ausgeschaltet. Somit wird einem die Möglichkeit genommen zu fühlen, was richtig für einen ist. Konsequenterweise geht durch diese Maßnahme das Leben des Einzelnen, zusätzlich zu all den anderen installierten Mechanismen, weiter bergab.

Dieses weitflächig verbreitete und gemanagte Chaos wird in verarbeitbaren Häppchen, also in Blockform, serviert. Zwischen den einzelnen Blöcken dürfen wir zudem bei jeder möglichen Gelegenheit die „sanfte Gehirnwäsche", sprich die Auswirkungen der Werbeindustrie, genießen, bei der das Unterbewusstsein gezielt auf verschleierte Art und Weise programmiert wird. Dieses im Unterbewusstsein installierte Programm wird dann im Leben oft ohne aktive Überlegung des Wachbewusstseins ausgeführt.

Es wird in den Medien grundsätzlich bestimmt, was und wie man zu denken hat. Subtil wird man dazu gebracht, sich einer vorgefertigten Lebens- und Sichtweise anzupassen und dies anzunehmen, anstatt die Abläufe mal objektiv und kritisch zu betrachten und generell zu hinterfragen. In seiner passiven Rolle als TV-Konsument hat man bei all der Flut gar keine Zeit, über das Jeweilige nachzudenken und es geistig zu überarbeiten, sondern man muss das im Vorfeld mit hohem Einsatz professionell erstellte Gedankengut einfach schlucken, schlucken, schlucken...

All die inhalierten Informationen der Medien und der Presse pressen uns also *in die Form*, in die wir rein sollen. So bleibt einem nichts anderes übrig, als das Ganze unverdaut in sich und sein Weltbild zu integrieren beziehungsweise sich selbst möglicherweise assimilieren zu lassen. Bei diesem Vorgang bleibt einfach keine Zeit zum Nachdenken und Widersprechen. Man wird von überall vollgeplappert und kommt einfach nicht zur Ruhe. Das Gemisch aus Halbwahrheiten, Wahrheiten, Lügen und Verdrehungen bringt einen so durcheinander, dass man sich als machtloses Opfer fühlt und beginnt, den Kopf in den Sand zu stecken. Zementiert wird der Sand, in dem der Kopf steckt, schließlich durch die ständige Wiederholung des Plapperbreis.

**„Das Wiederholte befestigt sich so sehr in den Köpfen,
dass es schließlich als eine bewiesene Wahrheit
angenommen wird."** [7, S.88]
Gustave Le Bon

Doch was wird denn eigentlich ständig auf fast allen Kanälen wiederholt? Füttern wir denn nicht durch unsere tägliche Sitzung vor der Glotze Verwirrung, Elend, Pessimismus, Machtlosigkeit, Hass, Angst und Unsicherheit in uns hinein? Eine solche Sitzung hinterlässt meist ein Gefühl der ständigen Zwietracht, Unsicherheit und skeptischen Einstellung (wobei noch zu sagen wäre, dass wir abends nach der Sitzung mit diesem Müll im Kopf ins Bett gehen und der Müll dann im Schlaf seicht und leicht ins Unterbewusstsein gleiten kann...). So *entsteht* unsere Welt, weil wir sie nach dem Leitfaden, der uns aus der Flimmerkiste gegeben wird, am nächsten Tag weiter so aufbauen. Vor lauter Nach-richten vergessen viele, ihr Leben in die eigene Richtung zu lenken – einfach selbst zu sein und sich und seine Wünsche auszuleben. So wird man vom Programm programmiert.

A b e r: Müssen wir uns wirklich danach richten? Niemand wird dazu gezwungen, sich auf dieses Theater einzulassen, und jeder der sich das Theaterstück anschaut, hat auch die Möglichkeit, das Theater zu verlassen.

Das Theaterstück des persönlichen Lebens entsteht durch fest ablaufende Schritte, wobei uns dies im alltäglichen Leben oft nicht bewusst ist:

> „Achte auf deine Gedanken, denn sie werden Worte;
> achte auf Deine Worte, denn sie werden Handlungen;
> achte auf Deine Handlungen, denn sie werden Gewohnheiten;
> achte auf Deine Gewohnheiten, denn sie werden Dein Charakter;
> achte auf Deinen Charakter, denn er wird Dein Schicksal."
> *Talmud*

Wenn wir in diesem Ablauf bei uns etwas verändern wollen, ist es immer am wirkungsvollsten, etwas am Ursprung (die Gedanken) zu verändern, da somit automatisch alle nachfolgenden Schritte mit verändert werden. Wenn nun jemand von außen etwas an uns verändern will, dann muss dieser auch an genau dieser Stelle ansetzen. Man muss, um das Schicksal der Menschen zu steuern, den Ursprung der ganzen Ursache-Wirkungskette steuern. Um dies zu bewerkstelligen, müssen wir die obige Weisheit einfach umkehren:

> **Willst du das *Schicksal* der Menschen steuern,
> dann steuere deren Charakter.
> Willst du den Charakter der Menschen steuern,
> dann steuere deren Gewohnheiten.
> Willst du die Gewohnheiten der Menschen steuern,
> dann steuere deren Handlungen.
> Willst du die Handlungen der Menschen steuern,
> dann steuere deren Worte.
> Willst du die Worte der Menschen steuern,
> dann steuere deren *Gedanken*.**

Kurz und knapp:

Willst du das *Schicksal der Menschheit* steuern, dann steuere die *Gedanken der Menschheit*.

Die Werkzeuge, die dazu eingesetzt werden, um Einfluss auf unsere Gedanken zu bekommen, sind die „Industrien", in denen unsere Meinungen gebildet werden. Wohin uns inzwischen der Pegel dieser Industrien hingebracht hat, wissen uns die Ps zu berichten (vom Autor frei übersetzt): *„Im Laufe der letzten 50 Jahre sind die Medien zu den neuen Machern der Realität geworden; durch das Bombardement der Öffentlichkeit mit Bildern, Ideen und Meinungen hat es die Rolle des kollektiven Vorstellungsvermögens ersetzt, was die individuelle Kreativität zunichte gemacht und das Spielfeld der Wahrscheinlichkeiten eingeschnürt hat... Die Medien haben die menschlichen Sinne abgestumpft und die eigenen Möglichkeiten durch das Einfangen der kollektiven Aufmerksamkeit und die Kontrolle der Spontanität eingegrenzt. In der Tat zeigt einem „tel-a-vision", oder television, eine Vision; die Medien stellen Vorstellungen zur Verfügung, welche die Menschen unwissentlich dazu anregen, sich selbst in eine elektronisch entworfene wahrscheinliche Zukunft zu steuern."* [10, S. 3]

Die Steuerung durch die Medien ist durch deren allgegenwärtige und bis in den letzten Winkel der Gesellschaft eingeschlichene Systematiken derart subtil geworden, dass man ganz nüchtern betrachtet eigentlich nur noch durch einen massiven Ausstieg von den Hauptwirkungsgebieten der künstlichen Matrix, und dies über einen längeren Zeitraum, den Draht zur Wahrheit finden kann. Doch viele sind auch durch einen räumlichen Abstand zum zentralen Geschehen nicht in der Lage, die künstliche Matrix in ihrer Gesamtheit zu erfassen, da es eines gut ausgebauten und frisierten Blickwinkels bedarf, um die Schachzüge nicht als wahllose Operettenbewegungen, sondern als von außen gezielt kalkulierte strategische Gefechtsoperationen zu erkennen. Doch wer einmal so weit ist und wirklich verstanden und verinnerlicht hat, wie das Schema F der Wiederholungstäter der Medien, also der Meinungs-, Vorstellungs- und Realitätskontrolleure, funktioniert, der wird innerhalb unserer „Superkultur" mit Sicherheit nicht mehr das programmierte Funktionselement von früher sein können. Das A und O für den ersten Schritt in die echte Freiheit bleibt also die Fähigkeit des Erkennens der Manipulationsmethoden, wie zum Beispiel das von außen gesteuerte, aber persönlich durchgeführte Schlechtmachen der eigenen Realität.

Von der offiziellen meinungsbildenden Industrie bekommen wir heute von fast überall her gesagt, dass alles schlecht ist, und dies wird in endlosen Schleifen wiederholt – bis es der Letzte verinnerlicht hat. Der Otto-Normalbürger, der nicht gelernt hat zu hinterfragen, sondern zu schlucken, glaubt es und lebt nun mit dem Gefühl, dass alles schlecht ist. Weil für Otto nun die Welt grundsätzlich schlecht ist, fängt Otto an, schlecht zu denken. Und was bewirkt Otto damit? Nun, weil das Denken am Anfang der Ursache-Wirkungskette steht, bewirkt schlechtes Denken auch schlechte und deprimierende Erfahrungen.

Otto schwächt sich damit selbst, und die Rechnung der „hohen Macht" ist aufgegangen, die alles tut, damit Otto sich selbst schwächt und innerlich (und damit letzten Endes auch im Äußeren) nicht groß und stark wird, denn wer im Inneren groß und stark ist, ist nicht mehr kontrollierbar. Stumm und leise hat sich das Negativ-denken-müssen im Laufe der Jahre in den Lebensprozess von Otto eingeschlichen. Da dies im großen Stil durchgeführt wird, ziehen sich all die schlecht denkenden Ottos zusätzlich gegenseitig runter und halten sich damit in einem kollektiven Zustand der niederen Energie. Es ist ja eigentlich „in", schlecht zu denken und vor allem so zu reden. Wehe dem, der heutzutage fröhlich und gut gelaunt unsere feine Gesellschaft genießt – der wird schnell eines Besseren belehrt!

Man wird von allen Seiten zutiefst in Versuchung geführt, schlecht zu denken – sich quasi sein Leben kaputt zu denken. Es ist inzwischen sogar so, dass viele Menschen bei üblen Dingen, die in den Medien verbreitet werden, insgeheim mitfiebern. Je schlimmer die Katastrophe ist, desto interessanter ist die Nachrichtensendung, und je brutaler der Actionfilm ist, desto besser ist er. Können wir bei einer solchen Einstellung überhaupt noch konstruktiv denken und Sinnvolles erschaffen??? Die nicht so lustigen Rahmenbedingungen, in denen wir leben, werden ja zum Teil gerade durch die Masse an schlecht denkenden Menschen geschaffen. Und wer schlecht denkt, der lebt auch schlecht. Sicher basiert der Abwärtstrend auch auf vielen bewusst durchgeführten Machtsperenzien, doch ist es auch so, dass die Masse sich gegenseitig hilft, um das Leben aller so richtig runterzumachen.

Hierzu ein kleines Beispiel:

Wenn in einer Firma mit 500 Mitarbeitern etwa 90 Prozent der Beschäftigten hauptsächlich jammern, mies denken und schlecht gelaunt sind, so ist es sehr wahrscheinlich, dass diese Firma nicht produktiv ist, keinen großen Erfolg haben wird und es mit ihr mehr oder minder bergab geht. Übertragen wir dies auf die Firma Deutschland, so haben wir zumindest einen Teil der Kernproblematik unserer heimischen Situation gefunden.

Weil es nun geschafft wurde, eine schlecht denkende Menschenmasse zu installieren, werden die zukünftigen auf die Erde kommenden Kinder automatisch von all den schlecht denkenden Ottos in den künstlich fabrizierten Status quo reingepresst. Das mag am Anfang ein wenig Geschrei geben, da das noch reine Kind mit dem schmutzigen Gedankengut nicht einverstanden ist, doch durch die drückende „Nimm die Situation an oder geh unter" Struktur, wird das Kind schleichend in die gleiche Maschinerie hineingezogen wie die, die schon früher damit anfingen. Durch den allseitigen und subtilen Anpassungsdruck ist das „ich" nicht mehr in der Lage, sich als ein Selbst zu erhalten. Der Mensch wird zum Echo der Allgemeinheit – bereit, für seine eigene Unterdrückung einzustehen und diese sogar zu verteidigen.

Außerdem sind „die anderen" grundsätzlich an allem Schuld, denn das Eingeständnis, selbst Verantwortung für Problematiken im eigenen Leben zu übernehmen, ist für viele einfach zu viel – ob nun der Chef (den man sich persönlich ausgesucht hat), der Job (den man sich persönlich ausgesucht hat), die Nachbarn (die man sich persönlich ausgesucht hat), der Partner (den man sich persönlich ausgesucht hat) oder die Partei (die viele einst mitgewählt haben): *Hauptsache die anderen.* Durch die ständige Abwälzung auf andere wird man von der Verantwortung für das eigene Leben erlöst und fühlt sich dadurch gleich viel besser.

> „Alle denken nur darüber nach,
> wie man die Menschheit ändern könnte,
> doch niemand denkt daran, sich selbst zu ändern."
> *Lew Nikolajewitsch Graf Tolstoi*

Da unsere Begegnungen in der äußeren Welt (Wirkung) nur Reflexionen der inneren Welt (Ursache) sind, müssen wir uns selbst ändern, also unser Denken, unsere Gefühle und unser Handeln, damit sich unser Leben ändert und verbessert.

Kapitel 7
Von der künstlichen Matrix zur selbstgelenkten Realität

Wie wir im letzten Kapitel gesehen haben, muss man die Gedanken der Menschheit steuern, wenn man das Schicksal der Menschheit steuern will. Diese Tatsache ist der Knackpunkt – sowohl bei der Ausübung der höchsten Form der Kriegsführung als auch bei der Auflösung dieses Krieges.

Es geht in dem alles durchdringenden Krieg in erster Linie darum, unbemerkt Zugriff auf das Programm des Gegners (Bewusstsein und Unterbewusstsein) zu bekommen, welches die Realität des Gegners ausführt. Wie schon erwähnt hat es keinen großen Wert, auf den Gegner offen und direkt einzuwirken, da dies die Effektivität der Kriegshandlungen beträchtlich schmälern würde.

In unserem Unterbewusstsein steht das Programm geschrieben, das im Bewusstsein durchlaufen wird. Und das, was im Bewusstsein durchlaufen wird, erschafft sowohl durch unsere Handlungen als auch durch das Gesetz der Resonanz unsere eigene Realität. Folglich muss sich der Manipulator möglichst subtil Zugang zum Unterbewusstsein des Gegners verschaffen, die Realitätskontrolle des Gegners geschickt durchführen, und der ganze Rest ergibt sich wie von selbst.

Wenn man also Zugriff auf das Denken und das Unterbewusstsein des Gegners hat, so kann man den Gegner langsam und unbemerkt wie einen Bioroboter genau dorthin lenken, wo man ihn haben will. Damit hat man die Realität des Gegners in der Hand und kann auf aufwändige und unsichere Kriegshandlungen verzichten.

In einem üblichen Krieg würde man physische Waffen offen auf den Gegner richten und zumindest alle Gegner, die Widerstand leisten, einsperren, um diese lahmzulegen. Im vollendeten Krieg wird dieses Lahmlegen des Gegners viel schlauer und effektiver gemacht. Man bringt den Gegner, durch den Zugriff auf das Denken und das Unterbewusstsein, einfach dazu, sich selbst lahmzulegen und zu schwächen. Man muss keine aufwändigen Zerstörungsaktionen mehr durchführen, wenn man dafür sorgt, dass der Gegner die Zerstörung in allen möglichen Bereichen des Lebens freiwillig selbst übernimmt. Wir haben es hier also mit einer selbst durchgeführten Entmachtung des Gegners – also einer *Selbstentmächtigung* – zu tun. Dieses subtile Einprogrammieren der Selbstentmächtigung in das Unterbewusstsein des Gegners, damit dieser die Selbstzerstörung dann sowohl durch destruktives Handeln als auch durch das Gesetz der Resonanz in der eigenen Realität umsetzt, sehe ich als die wichtigste Waffe in diesem alles durchdringenden Krieg an.

Übrigens: Denken Sie hierbei mal an eine just in diesem Jahrzehnt in den Nachrichten und Tagblättern populär gewordene Form der „Gefahr und Angst für alle"...

Check !?!

Den Teufelskreis der Selbstzerstörung, der als dauerhafte Energiequelle zur Erhaltung der künstlichen Matrix dient, habe ich in dem nachfolgenden Bild dargestellt. Mit „künstlicher Matrix" meine ich übrigens kein Computerprogramm, sondern eine von den Gegnern zwar nicht gewollte, aber dennoch täglich von allen Einzelnen erzeugte und aufgebaute kollektive selbstentmächtigende und destruktive Realität.

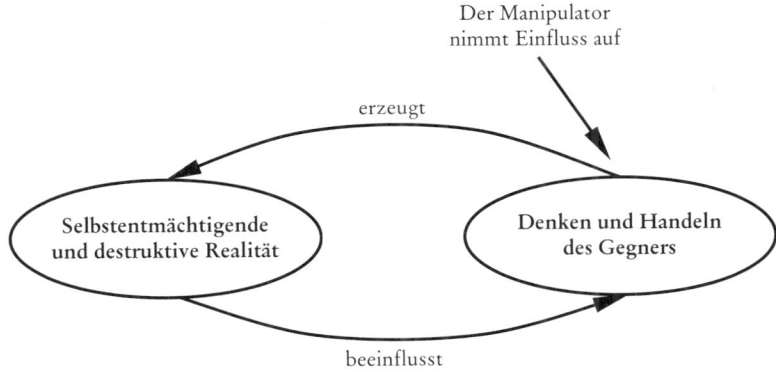

Bild 1: Der Teufelskreis der künstlichen Matrix

Wenn die Menschen nun dauerhaft dazu gebracht werden, auf eine bestimmte Art zu denken und gewisse Dinge als gesicherte Normen anzusehen (z. B. dass Chemiebomben heilen oder dass es keine anderen Energiequellen als bestimmte vom Manipulator fest definierte gibt), dann fangen die Menschen an, an eine solche inszenierte Lebensweise zu glauben, was am Ende zu einer festzementierten inszenierten Realität führt, aus der es kaum ein Entrinnen gibt, da der Gegner keinen Vergleich mit Dingen außerhalb der künstlichen Matrix zur Verfügung hat, um überhaupt die Vorstellung davon erzeugen zu *können*, aus dem kollektiv selbst erzeugten Gefängnis auszubrechen.

Es ist der Glaube der Menschen an die Werte der künstlichen Matrix, welcher einerseits die künstliche Matrix aufrechterhält und andererseits die Menschen darin einsperrt.

Wenn es nun im Grunde dieser Glaube an die eingrenzenden Werte der künstlichen Matrix ist, der das System der künstlichen Matrix aufrechterhält, dann ist dies im Umkehrschluss auch der springende Punkt um die künstliche Matrix zum Erliegen zu bringen: Überwindung der Glaubensbegrenzungen und der einprogrammierten Konditionierungen. Dazu müssen aber erst die verhärteten Grenzen des eigenen Weltbildes aufgelöst werden – hin zu mehr Flexibilität. Erst dieser Schritt macht es *überhaupt möglich*, dass man die selbst auferlegten Begrenzungen – die einen in der künstlichen Matrix festhalten – überwindet. Nachdem die Begrenzungen gefallen sind gilt es, über die ehemaligen Begrenzungen hinauszuwachsen und das in die Hand zu nehmen, was bisher andere in der Hand hielten: das eigene Leben.

Da man, wie wir im vorherigen Kapitel gelernt haben, in diesem Szenario eigentlich nur die Gedanken der Menschheit lenken muss, um das Schicksal der Menschen entsprechend zu lenken, bedeutet diese Schlussfolgerung aber auch, dass die Menschen *bewusst* anfangen müssen, *selbständig* zu denken, wenn sie nicht wollen, dass andere über ihr Schicksal bestimmen. Und je mehr Menschen bewusst ihr denken und sich selbst bewusst lenken, desto weniger werden andere über das Schicksal der Menschheit bestimmen können.

Das, was die Kriegstreiber in diesem Krieg überhaupt nicht gebrauchen können, sind starke, eigenständige und selbstermächtigte Gegner. Will man also mit dazu beitragen, dass der gefährlichste aller Kriege beendet wird, so tut man gut daran, die vollständige Kontrolle über sich und sein Leben zu gewinnen und generell das Gegenteil von dem zu tun, was die höchste Form der Kriegsführung fördern würde, um das zu beenden, was kaum jemand sieht, obwohl jeder mithilft, es aufzubauen und zu erzeugen. Wie der Kontrast zwischen der künstlichen Matrix und der selbstgelenkten Realität ausschaut, möchte ich mit folgender Tabelle etwas verdeutlichen:

BEREICH	KÜNSTLICHE MATRIX	SELBSTGELENKTE REALITÄT
Gesundheit	Nach mir die Zukunft	Das Verhalten in der Gegenwart bestimmt die Zukunft.
Krankheiten	Symptome bekämpfen	Ursachen heilen
Freizeit	Sich ablenken lassen; passiv bleiben	Selbst aktiv sein
Beruf	Karriere zum einzigen Lebensinhalt machen; Tun ohne Freude	Die eigene Berufung zum eigenen Beruf machen
Verhältnis zum Jenseits	Glauben	Wissen
Der Sinn des Lebens	Mitgehen mit der Masse; „Funktionieren" im Hamsterrad, ohne Freude zu erleben; Das Dasein auf „Quantität" ausrichten	Den eigenen Lebensplan erfüllen; Das Leben auf „Qualität" ausrichten
Umgang mit anderen	Ausnutzen; Betrügen; Selbst ein Schwein sein	Was du nicht willst, das man dir tu, das füg auch keinem andern zu!
Umgang mit sich selbst	Aufgabe der eigenen Persönlichkeit und Eingliederung in die breite Masse	Ausleben der eigenen Individualität (ohne anderem Leben oder der Erde zu schaden)
Umgang mit den Medien	Es wird aufgesaugt, was einem serviert wird.	Alles wird kritisch hinterfragt und von verschiedenen Blickwinkeln aus betrachtet.
Eigene Taten in der Welt	Bequem ist mir genehm.	Selbst ist der Mann / Selbst ist die Frau

Eigene Verantwortung	Immer die anderen	Alles, was im eigenen Leben geschieht, ist selbst verursacht.
Realitätsgestaltung	Sorgen machen; Hoffen; Warten	Das persönliche Schicksal wird in die eigene Hand genommen.

Auf das, was der Einzelne nun wirklich tun kann, werden wir gegen Ende des Buches eingehen. Den wichtigsten Punkt möchte ich im Folgenden jedoch etwas ausführlicher behandeln. Ich habe geschrieben, dass die wichtigste Waffe in diesem Krieg die unbemerkte Steuerung des Denkens und damit der Realität des Gegners ist. Folglich besteht die effektivste Möglichkeit, die Wirkung dieses Krieges auf einen selbst zu unterbinden, darin, sein Denken wieder vollständig in die eigene Hand zu nehmen und fit in der eigenen Realitätsgestaltung zu werden.

Was notwendig ist, ist der Umstieg vom fremdgesteuerten zum selbstgelenkten Leben. Dies bedeutet, nicht mehr nur Beobachter der Welt zu sein und nicht zu erlauben, dass andere einem das eigene Denken vordenken, sondern am Leben und in der Welt aktiv teilzunehmen und anzufangen, die eigenen Gedanken *unbeeinflusst* selbst zu denken. Das eigene Leben wird hier also nicht mehr unbewusst fremdgelenkt beziehungsweise abgelenkt, sondern bewusst selbst gelenkt.

Bei Ihrer selbstgelenkten Realitätsgestaltung tun Sie nicht nur sich selbst etwas Gutes, sondern Sie helfen auch dabei mit, den alles durchdringenden Krieg ein Stück abzuschwächen. Mit jedem Menschen, der die Kontrolle über seinen Geist und sein Leben zurückgewinnt, wird es schwieriger und schwieriger, eine subtile endgültige Gefangenschaft durchzusetzen, weil damit immer weniger Batteriezellen für die künstliche Matrix vorhanden sind und somit immer weniger Energie für die künstliche Matrix existiert.

Der eigene Austritt aus der künstlichen Matrix hinein in die selbstgelenkte Realität hat logischerweise zur Folge, dass die künstliche Matrix automatisch geschwächt wird und es für all die anderen, die kurz davor sind, aus der künstlichen Matrix auszubrechen, leichter wird, aus dem selbsttragenden und selbstentmächtigenden Programm der Masse auszusteigen und damit wiederum anderen, die noch fester schlafen, den Ausstieg erheblich leichter zu machen. Wir sehen also, dass der Zusammenbruch der künstlichen Matrix exponentiell verläuft – wenn möglichst viele Menschen möglichst stark an sich selbst arbeiten.

„Es ringt hier auf der Erde die natürliche Matrix gegen die künstliche Matrix! Wer wird gewinnen? Das entscheidest du!" [11, S. 155]
Morpheus

Kapitel 8
Der Ursprung Ihres Schicksals

Alles, was in unserem Leben geschieht, ist zuerst in unserem Kopf geschehen. Jedes Auto, jede Verschwörung, jedes Baumhaus, jedes Buch, jeder Krieg, jede Reise und jede Freundschaft hat ihren Ursprung im jeweiligen Denken. Es existiert nichts, was die Menschen geschaffen haben, was nicht zuerst gedacht wurde. Daher ist es essenziell, diesen Ursprung von allem richtig zu steuern. Dann wird sich logischerweise *alles* andere so ergeben, wie man es haben will.

> „Das Glück deines Lebens hängt von
> der Beschaffenheit deiner Gedanken ab."
> *Marc Aurel*

Wer einen Kirschkern in den Boden pflanzt und diesen entsprechend düngt und gießt, wird nach einiger Zeit seine Kirschen ernten und diese dann auskosten. Ein eingepflanzter Apfelkern wird nach erfolgtem Düngen und Gießen seine Äpfel hervorbringen. Aus einem Kirschkern wird ein Kirschbaum, und aus einem Apfelkern wird ein Apfelbaum. Nicht andersherum!

Mit unseren Gedanken ist es das Gleiche. Jeder Gedanke ist wie ein innerer Same, der auf dem Acker des Bewusstseins und Unterbewusstseins eingepflanzt wird. Dieser Same wird je nach Düngung und Bewässerung in einer bestimmten Art und Weise wachsen und gedeihen, und die späteren Früchte werden wir dann in unserem Leben ernten. Wenn wir Ängste um Geldnot und Arbeitslosigkeit in unser Unterbewusstsein einpflanzen, und diese jeden Tag ordentlich bewässern (beziehungsweise uns durch das gegenwärtige Mediensystem und die vorherrschende Lebensweise bewässern *lassen*), so wird sich dies auch ordentlich in unserem Leben entwickeln, und wir werden die entsprechenden Früchte ernten. Wenn wir konstruktive Fülle im Kopf haben, so werden wir auch in der Außenwelt ein konstruktives Leben in Fülle führen. Es erfolgt also erst das Einpflanzen eines bestimmten Samens (Idee), dann geht die Saat durch den richtigen Nährboden (Denken) und die richtige Düngung/Bewässerung (Machen) auf, und schlussendlich ernten wir das, was aus dem Saatgut geworden ist (Erfahrung). *Erfahrungen sind somit immer etwas Sekundäres!*

Bei entsprechendem Fördern von Ängsten, Sorgen und Hass durch ein skeptisches, depressives, pessimistisches oder hasserfülltes Denken, werden die Ängste, die Sorgen und der Hass im eigenen Leben Gestalt annehmen und sich manifestieren. Und bei entsprechendem Fördern seiner Wünsche durch ein optimistisches und freudiges Denken, werden diese Wünsche im eigenen Leben Gestalt annehmen und sich manifestieren. Der Ablauf von Ursache und Wirkung ist ein Naturgesetz, wobei wir immer genau das anziehen, was wir selber sind. Da kommt kein physisches oder geistiges Lebewesen in diesem Universum drum herum. Basta!

**„Genau das, worauf man seine Aufmerksamkeit richtet,
wird weiter wachsen."**

Unser Leben wird immer in die Richtung verlaufen, auf die wir uns gedanklich fixieren beziehungsweise an der wir uns festdenken.

„Die Energie folgt der Aufmerksamkeit."

Das Unterbewusstsein ist neutral und führt aus, was wir ihm eingeben. Deswegen sollten wir auf die Qualität der Eingabe achten und das Unterbewusstsein nicht mit Mist füttern, den wir eigentlich nicht haben wollen. Man sollte seine Software (Denken) bewusst gestalten, so dass als Ausdruck (was im Leben geschieht) genau das geschieht, was man will und was einem gut tut. Wenn man nicht bewusst denkt, dann braucht man sich auch nicht zu wundern, wenn im Leben Murks rauskommt.

Dies bringt mich zu der Tatsache, dass wir das, was wir im Leben ernten wollen, zuerst einmal aussenden und anschließend bearbeiten müssen. Wollen wir Gutes erleben, so müssen wir einerseits „gut sein" andererseits aber auch Gutes *tun*. Wenn Sie Erfolg haben wollen, dann tun Sie gut daran, an den richtigen Stellen aktiv rein zu hauen. Das Denken ist nämlich das eine.

Das andere ist es zu handeln und zu machen. Wer im Sonnenstuhl mit einem Cocktail dasitzt und wartet, dass ihm mehrere Bündel Hundert-Euro-Scheine vom Himmel in den Schoß fallen, dem ist genauso wenig zu helfen wie jemandem, der sich sein Leben sprichwörtlich kaputt denkt. Ich möchte Ihnen klarmachen, dass der Weg zum persönlichen Erfolg nicht aus Zuckerschlecken und Beine hochlegen besteht, sondern unter anderem auch aus Antrieb und Fleiß. Nur durch eigenes Laufen können Sie sich und Ihr Leben auch erst bewegen.

Man muss dem Universum durch eigenes Zutun möglichst viele Gelegenheiten geben, zu einem kommen zu können: *„Hilf dir selbst (sich selbst verändern und TUN), dann hilft dir Gott (Wunsch- und Zielerfüllungen)."* Nur innerlich in Bewegung zu sein und äußerlich stillzustehen, bringt einen nicht weiter. Sowohl die innere als auch die äußere Dynamik ist vonnöten, damit das Leben in Bewegung gerät. Auch wenn es so manchen Schweiß hervorruft, am Ende lohnt sich die Mühe.

Ich frage Sie nun: Welche Möglichkeiten werden wir als Menschheit nutzen können, wenn dieses Wissen bei den Einzelnen auf breiter Basis angewendet wird? Denn es werden immer mehr...

Gehören Sie auch dazu???

Kapitel 9
Lass es krachen!

Kapitel 9.1
Die allgemeine Grundformel der Realitätsgestaltung

In meinem eigenen Umkreis habe ich mit Menschen zu tun, die der Meinung sind, dass das ganze Gerede mit dem richtigen Denken Humbug ist und dass das Einzige, was zählt, das „Machen" ist. Sicher ist das situationsspezifisch angepasste Machen ein nicht zu unterschätzender Punkt bei der richtigen Realitätsgestaltung, doch: Wie erklären es sich diese Menschen, dass es Leute gibt, die sich halb zu Tode abrackern und sich gerade so über Wasser halten können, während andere mit einem Einsatz, der sich in Maßen hält, in fast jeder Hinsicht im eigenen Leben steil nach oben schießen – Leute also, die mit minimalem Einsatz Maximales rausholen? Ist vielleicht das System schuld an solchen „Ungerechtigkeiten"? Liegt es vielleicht an den Politikern, an den Wirtschaftsmanagern oder gar an Gott?

Meinen Sie, dass Glück, Pech oder Zufall bei diesen Dingen am Werk sind? Oder etwas drastischer ausgedrückt: Glauben Sie an Todeszonen, in denen es keine Naturgesetze gibt?

Während viele beim Thema des persönlichen Erfolgs über Glück, Zufälle und Ungerechtigkeiten sinnieren – oft ohne auch nur *daran zu denken*, selbst das eigene Leben zu reinigen und nach oben zu befördern –, wird parallel dazu oft auch genereller Neid und Missgunst an erfolgreichen Menschen ausgelassen. Dass es dabei auch genügend Menschen gibt, die eben nicht durch Lug und Betrug, sondern durch ihre richtige Einstellung und die gezielte Nutzung der eigenen Fähigkeiten sich und ihr Leben auf Vordermann gebracht haben, blendet man stolz und mit leicht angehobener Brust aus – Hauptsache man muss keine Verantwortung für den selbstgewählten Zustand des eigenen Lebens übernehmen.

Im Gegenzug dazu haben es diejenigen, die ihre Energie nicht in Gejammer, sondern in die bewusste Verbesserung der gegenwärtigen Inkarnation gesteckt haben, oft alles andere als leicht. Wehe man ist selbst in irgend etwas weiter als der andere, dann klopft auch schon der Neidhammel an der Tür, nach dem Motto: *„Was ich nicht kann, das darfst du auch nicht können, und was ich nicht habe, das darfst du auch nicht haben."* Dabei ist dies ja nur eine unsportliche und eigentlich lächerliche Reaktion auf die Differenz zwischen dem Wohlergehen anderer und dem eigenen Wohlergehen. Das bewusste Wahrnehmen dieser Differenz verursacht beim Neidhammel die Unzufriedenheit, da das Ego des Neidhammels immer königlich über anderen stehen möchte. Der Neid des Neidhammels ist aber ein „Eigentor" und eigentlich zu bemitleiden, da der Neidhammel versucht, die eigene Unfähigkeit, etwas zu erreichen, durch Eifersucht zu überdecken.

Durch den Neid drückt man nämlich das, was man beneidet, von sich weg. Man wendet sich also von dem, was man beneidet, ab, was zur Folge hat, dass man durch so ein Verhalten selbst einen Schritt in Richtung Misserfolg macht. Oder anders betrachtet: Da der Neid eine negative Energie ist, belädt man das Thema, welches man beneidet (z. B. der Reichtum anderer Leute), mit negativer Energie. Da man das Beneidete also mit negativer Energie belädt, wird es nach dem Gesetz der Resonanz auch in negativer Form im eigenen Leben Gestalt annehmen. Man konzentriert sich also selbst auf den Mangel, was logischerweise zur Folge hat, dass der Mangel größer und stärker wird und somit diese Art von Mangel eine große und starke Bedeutung für einen haben wird. Beim Thema Reichtum bedeutet dies, dass man weiterhin jeden Euro umdrehen müssen wird, wenn man ständig die beneidet, die mehr haben als man selbst. Außerdem haben Neidhammel oft noch die Einstellung, dass alle anderen die Verantwortung für die eigenen Lebensumstände zu tragen haben (Opferhaltung) sowie die Haltung, dass man sich selbst und seinen eigenen Lebensstil auf andere projiziert und erwartet, dass andere so zu sein haben, wie man es sich selbst vorstellt.

Die Kernproblematik in solchen Situationen ist meist ein auf dem Boden liegendes Selbstwertgefühl, was sich aber durch rigorose Selbstüberwindung und schonungslose Arbeit an sich selbst jederzeit umwandeln lässt.

Wirklich entwickelte Menschen mit einem gut ausgebauten Selbstbewusstsein freuen sich über den Erfolg des anderen mit, was bedeutet, dass diese Menschen sich selbst dem Erfolg zuwenden und auf diesen zugehen.

Der Erfolg des anderen ist für sie ein Ansporn, selbst im Leben Gas zu geben. Durch diese Reaktion bringt der Erfolg der anderen diese Menschen auch ein Stück weiter.

Ich kenne Leute, die vielleicht nicht den allerschnellsten Superrechner im Hirn haben, aber durch die richtige Einstellung und ihre Kämpfernatur einiges im Leben erreicht haben. Im Gegensatz dazu kenne ich auch Leute, die sich, aufgrund ihrer Faulheit und des „sich hängen lassens", ihr großes Potential versaut haben (was aber jederzeit umkehrbar ist!). Einer hätte das Potential zum Top-Wissenschaftler, hängt aber nur rum. Der andere hätte es sicher drauf, ein Unternehmer im Elektronikbereich zu werden. Stattdessen hat er es vorgezogen, von Sozialhilfe zu leben und zwischendurch auch einmal obdachlos zu sein. Wieder ein anderer macht seine Aufgaben mittelmäßig, hat keine Ziele und kommt gerade so durch. Wenn ich dann unvorsichtigerweise etwas von meinen eigenen Zielen raus lasse, dann ist die Reaktion „Das schaffst du nie" oder „Das ist doch unmöglich", und wenn ich von aufregenden persönlichen Erlebnissen erzähle, dann badet er im Neid. Schade eigentlich, denn prinzipiell ist fast jeder zu fast allem in der Lage.

Wenn jemand findet, wie furchtbar und ungerecht die Welt doch ist und dass alle anderen es besser haben, so kann ich nur antworten: „Bitte, wenn man es selbst so will..." Anstatt immer nur eifersüchtig auf den Erfolg anderer zu starren, gäbe es natürlich noch die Möglichkeit, des eigenen Glückes Schmied zu werden. Doch da hört für die Meisten oft schon der Spaß auf, denn dies würde bedeuten, die bisherige eigene Unfähigkeit sich und anderen eingestehen zu müssen und was noch viel schlimmer ist: Es würde *Änderungen* im eigenen Leben nach sich ziehen.

Ich möchte Sie, liebe Leserinnen und Leser, fragen:
Soll es so bleiben, dass Sie anderen Menschen, die von ihren spannenden Erlebnissen und Erfolgen berichten, nur zuhören, oder wollen Sie Erfolg und Freude, auf Ihre eigene Persönlichkeit zugeschnitten, auch selbst erleben???

Wie wäre das Gefühl für Sie, wenn Sie sagen könnten: „Mögen die nächsten neun Jahre genau so schön und lehrreich sein wie die letzten neun Jahre." Wäre es nicht eine feine Sache, mit diesem Gefühl den Tag zu beginnen? Ob es nun so weit kommt oder nicht, liegt aber *an Ihnen!* Es liegt an Ihnen, wie Sie Ihr Leben gestalten, genau so wie es am Künstler liegt, wie er sein Bild gestaltet. Irgendwann ist das Bild, das Sie in Ihrem Leben geliefert haben, fertig, und Sie treten vom Atelier der Erde wieder die Heimreise ins Jenseits an. Stellen Sie sich heute mal vor, wie Sie kurz vor dieser Heimreise stehen und auf das zurückblicken, was Sie tatsächlich bis jetzt gelebt und erlebt haben. Würden Sie sich dann sagen können: „Ich habe dieses Leben erfüllt, glücklich und wirklich bereichernd gelebt. Zu mindestens 95 Prozent bin ich froh, dass ich so gelebt habe, wie ich es tat. Es hat sich wirklich gelohnt!" Wenn Sie dies nicht von sich behaupten können, dann ändern Sie sich!

„Träume nicht dein Leben, sondern lebe deine Träume!"

Auch wenn es noch so unbequem sein sollte, ändern Sie sich, damit Ihre noch zur Verfügung stehende Zeit so wird, wie sie eigentlich sein sollte. Dass die zur Verfügung stehende Zeit bei vielen nicht das ist, was sie sein sollte, erkennen wir daran, dass sich viele über den Alltagstrott beschweren (oft aber nicht einmal das...). Es ist derzeit nämlich leider eine Tatsache, dass bei viel zu vielen Menschen das Leben zu dem eines Wiederkäuers geworden ist. Man verschmäht Risiken jeder Art, und Möglichkeiten, wirklich bereichernde Erfahrungen zu machen, geht man oft bequem und erhaben aus dem Weg. Derzeit verschmäht man es vielleicht noch, doch wenn es irgendwann fünf vor zwölf wird, denkt man möglicherweise etwas anders darüber. Hierzu zitiert Andrew Matthews in seinem Buch „So geht's dir gut" einen fünfundachtzigjährigen Mann, der folgenden Text schrieb als im bewusst war, dass er im Sterben lag:

„Wenn ich mein Leben noch einmal leben könnte, würde ich versuchen, das nächste Mal mehr Fehler zu machen. Ich wäre nicht so perfekt, würde die Dinge leichter nehmen und lockerer leben. Ich würde mehr Dummheiten machen als auf dieser Reise. Tatsächlich gibt es nur weniges, was ich wirklich ernst nehmen würde. Ich wäre viel verrückter und weniger hygienisch.

Ich würde mehr riskieren und mehr reisen. Ich würde mehr Berge ersteigen und in mehr Flüssen schwimmen, mehr Orte besuchen, an denen ich nie gewesen bin. Ich würde mehr Eis essen und weniger Bohnen.

Ich würde mehr in tatsächliche Schwierigkeiten geraten und weniger eingebildete Probleme haben!

Sehen Sie, ich war einer von denen, die vorbeugend leben und immer vernünftig sind und Stunde um Stunde, Tag für Tag normal. Es gab schon besondere Augenblicke, und wenn ich es noch einmal tun könnte, hätte ich mehr solcher Augenblicke – einen nach dem anderen.

Ich war einer von denen, die immer mit Thermometer, Wärmflasche, Gurgelwasser, Regenmantel und Fallschirm reisten. Wenn ich es noch einmal zu tun hätte, würde ich das nächste mal leichter reisen.

Wenn ich es noch einmal zu tun hätte, würde ich im Frühjahr früher barfuß gehen und im Herbst länger draußen bleiben. Ich würde mehr Karussell fahren, mehr Sonnenaufgänge beobachten, mehr mit Kindern spielen, wenn ich mein Leben noch einmal leben könnte.

Aber sehen Sie, das kann ich eben nicht." [12, S. 51]

Genau das ist es, was ich meine! Als Kinder haben wir Waghalsiges ausprobiert, sind Risiken eingegangen, haben dadurch unwahrscheinlich viel in kürzester Zeit gelernt und ein immens spannendes Leben gehabt. Immens spannend und lustig kann das Leben aber auch heute noch sein – wenn man will und tut.

„Du kannst alles machen, doch du musst es richtig machen."

Erzählen Sie mir nun aber nicht, dass Erfolg, Reichtum (ohne anderes Leben auszunutzen!) und ein erfülltes Leben nicht natürlich wäre. Überall in der Natur sprießt und wächst es üppig und vielfältig. Doch wir Menschen mit unserem „freien Willen", sind in der Lage, das Ganze umzukehren und unnatürlich werden zu lassen. Dies nennt sich dann Erfolglosigkeit, Armut und ein trauriges depressives Leben. Hier würde ich sagen, dass die Eigenschaft des freien Willens beim Menschen nicht genutzt worden, sondern nach hinten losgegangen ist. Die Natur, die nicht diesen ausgeprägten freien Willen des Menschen besitzt, lebt jedenfalls nach allen Gesetzen der Kunst in Reichtum und Schönheit. Doch der wahre Reichtum beim Menschen bedeutet nicht zwangläufig, ausschließlich ein schweres Portmonee zu haben und so richtig schnieke zu sein. Die Anwendung der geistigen Gesetzmäßigkeiten sollte nämlich nicht zu einer noch stärkeren Fixierung auf nur materielle Werte führen, sondern die Machtlosigkeit beenden, die viele derzeit im eigenen Leben umgibt.

Trotz des inzwischen öffentlich verfügbaren Wissens über die Gesetzmäßigkeiten, die zu Erfolg führen, bleibt es einem nicht erspart, sich selbst in die Augen zu schauen. Für viele, die in einer problematischen Situation stecken, liegt der Knackpunkt nämlich darin, dass sie erst mal erkennen müssen, dass sie es selbst waren, die sich in diese Situation gebracht haben und dass sie sich teilweise gewaltig selbst ändern und in die Hände spucken müssen, damit sie selbst vom Schein zum Sein werden. Erst wenn man Verantwortung für die eigenen Taten übernehmen kann, kann man mit dem Verbessern dieser Taten, aus denen dann die Reaktionen im Leben entwachsen, loslegen. Ist der Grundstock der völligen Eigenverantwortung vorhanden, so kann man sich ans Eingemachte begeben und sich daran verköstigen.

Das Interessante beim Umgang mit unserem gegenwärtigen Leben und dem, was wir wollen, ist, dass diese Bereiche klaren Gesetzmäßigkeiten unterliegen und wir es selber zu 100 Prozent in der Hand haben, wie wir mit den Gesetzmäßigkeiten, nach denen das Leben verläuft, umgehen – ob nun sinnvoll oder sinnlos.

Soll in Ihrem Leben etwas werden, was noch nicht ist, dann müssen Sie sich so justieren, dass Ihr Leben im entsprechenden Bereich nicht mehr so wie bisher, sondern gemäß den neuen Vorgaben verläuft. Hierzu sind aber ausschließlich Sie in der Lage, denn für alles, was in Ihrem Leben geschieht, sind Sie voll und ganz verantwortlich (auch wenn manche Ursachen aus vorherigen Leben stammen und damit nur für mediale Menschen voll ersichtlich sind). Ganz grundlegend betrachtet, sind es immer die folgenden drei Punkte, um die es sich dreht:
1. Richtiges Definieren, was wie werden soll
2. Richtiges inneres Fortschreiten zu dem, was werden soll
3. Richtiges äußeres Fortschreiten zu dem, was werden soll

Es ist klar, dass zuallererst genau definiert sein muss, wie Ihr entsprechender Bereich aussehen soll. Ist dies erst mal geklärt, muss sowohl das innere als auch das äußere Fortschreiten *gemeinsam* auf eine bestimmte Art und Weise angewendet werden, damit wird, was werden soll. Nur innerlich fortzuschreiten, gleichzeitig aber im Äußeren zu stagnieren, führt sicher nicht zu dem, was Sie wollen, und kann sogar brandgefährlich werden.

Ob diese drei Punkte nun aber richtig oder wahllos ausgelebt werden, eines steht so oder so fest: Es sind immer diese drei Parameter, die unsere Ergebnisse im Leben bestimmen. Etwas ansehnlicher gestaltet, zeigt sich diese Systematik im Gewand der allgemeinen Grundformel der Realitätsgestaltung:

> **Absicht + Erwartung + Tat = Resultat**

Diese Formel beschreibt aber nur übergeordnet das Verhältnis von den selbst eingebrachten Ursachen zur daraus entstehenden Wirkung. Die Sache geht nämlich noch weiter.

Falls Sie selbst schon ein paar Bücher zur Realitätsgestaltung gelesen haben sollten, so ist Ihnen vielleicht ein markanter Widerspruch aufgefallen. In den einen Büchern steht, dass man sich geistig so viel wie möglich mit dem auseinandersetzen sollte, was man will. Andere Bücher behaupten wiederum das Gegenteil, nämlich dass man loslassen sollte und sich geistig überhaupt nicht mit dem beschäftigen sollte, was man will. Welche Bücher haben nun recht?

Die Antwort: Beide, denn es gibt bei der Realitätsgestaltung, in Bezug auf Dinge, die noch geschehen sollen, zwei verschiedene Fälle, zwischen denen klar unterschieden werden muss. Leider wird in der gängigen Literatur zu diesem Thema aber nicht klar zwischen diesen beiden Fällen differenziert, weshalb bezüglich der „do's" und „don't"s eine ziemliche Verwirrung herrscht und dies nicht selten zu unnötigen Schwierigkeiten führt, was im schlimmsten Fall sogar das Vertrauen in die gesamte Realitätsgestaltung lahmlegen kann. Damit es so weit nicht kommt, möchte ich im Folgenden Klarheit in die Verwirrung bringen und Ihnen die zwei Fälle vorstellen, zwischen denen klar unterschieden werden sollte:

- Dinge, bei denen man sich selbst zu etwas bewegen muss
- Dinge, die zu einem kommen müssen

1. Ziele:

Etwas, bei dem Sie selbst Leistung vollbringen müssen
(Sich selbst etwas annähern)

Hier wollen Sie irgendetwas *aus eigener Kraft* schaffen. Dies könnte beispielsweise eine schwierige Prüfung, eine Berufsausbildung, eine Expedition oder auch eine sportliche Leistung sein. Sie haben gar keine andere Möglichkeit, als durch eigenes Bewegen zum Ziel zu kommen, da es in diesem Fall ohne eigenes Zutun schlichtweg unmöglich ist, dorthin zu gelangen wo man hin will. Die Punkte, die hier zum Erfolg führen, sind im *Zielpfeil* dargestellt:

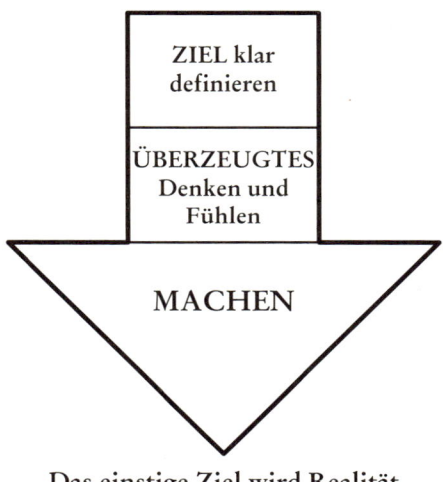

Das einstige Ziel wird Realität

Bild 2: Der Zielpfeil

Weshalb es gerade diese Punkte sind, die den Erfolg beim Erreichen von Zielen ausmachen, werde ich in den nächsten Unterkapiteln etwas detaillierter beschreiben. Eines sollte aber jetzt schon klar sein: Sämtliche Möglichkeiten, irgendetwas zu erreichen, sind in uns vorhanden und lagern nicht bei den Eltern, beim Chef, in Monaco oder beim Gönner in der Villengegend. Wir selbst sind der einzige und alleinige Chef unseres Lebens.

Im Autorennsport ist es so, dass selbst die besten Fahrer im Kleinwagen des Baujahrs 1982 kaum richtig vorwärts kommen. Der Ferrarifahrer, der auf der Rennstrecke seinen lockeren Sonntagsstil raushängen lässt, wird aber auch keine Rennen gewinnen können. Beides muss stimmen: sowohl der Wagen (richtige Voraussetzungen schaffen) als auch der Fahrer (tatkräftiger Einsatz). Wieder übertragen auf unser Thema heißt dies, dass wir ein der Situation entsprechend optimiertes Denken brauchen, das dann als die bestmögliche Voraussetzung für unser eigenes tatkräftiges Machen dient. Sowohl die selbst gewählten Voraussetzungen als auch der eigene Einsatz sind für das Erreichen unserer Ziele unentbehrlich.

Das, was ich soeben grob umrissen habe, gilt wohlgemerkt aber nur für diejenigen Dinge, bei denen wir uns dem gewollten Zustand annähern müssen. Soll etwas zu uns kommen, so sollten wir ein wenig anders vorgehen, falls wir auch in dieser Disziplin erfolgreich sein wollen.

2. Wünsche:

Dinge, die von außen auf Sie zukommen sollen
(Etwas anziehen)

Bei einem Wunsch soll irgendetwas in Ihr Leben kommen. Dies könnte Ihr idealer Partner, Ihr ideales Haus, Ihre ideale Arbeitsstelle oder Ihr ideales Sonstwas sein. Da sich der Wunsch so oder so *zu ihnen bewegen* muss, müssen Sie entsprechende Vorkehrungen treffen, damit Sie den Wunsch *an sich ziehen*. Die notwendigen Maßnahmen hierzu sind im *Wunschpfeil* dargestellt:

Bild 3: Der Wunschpfeil

Auch auf diese Punkte werde ich später noch genauer eingehen. An dieser Stelle möchte ich jedoch schon einmal klarstellen, dass die eben vorgestellten Schritte beim Wünschen und Bezielen keine aus der Luft gegriffenen Phrasen, sondern differenzierte Formen der bereits vorgestellten allgemeinen Grundformel der Realitätsgestaltung sind, in welcher die optimalen Variablen für den spezifischen Fall stecken. Es gilt also nicht nur bei den Zielen, sondern auch bei der Erfüllung von Wünschen die Formel *„Absicht + Erwartung + Tat = Resultat"*, jedoch mit der Besonderheit, dass man hier unter der „Tat" eine „Antitat", sprich ein Freimachen vom Wunsch, einsetzt, was jedoch zusammen mit dem Resonieren der eigenen Schwingung zu der Schwingung des Wunsches geschieht. Beim Wünschen unternimmt man nämlich keinerlei Eigenanstrengung, um etwas zu erreichen, weil es beim Wünschen nichts zum Erreichen gibt – nur etwas zum Anziehen. Wünsche sind eben keine Ziele!

Wie nun die beiden spezifischen Wege zum eigenen Glück mit der allgemeinen Grundformel harmonieren, sehen Sie hier:

ZIELE	GRUNDFORMEL	WÜNSCHE
Ziel klar definieren	ABSICHT	Wunsch klar definieren
+	+	+
Überzeugtes Denken und Fühlen	ERWARTUNG	Von Herzen kommende Wunschbegierde
+	+	+
Machen	TAT	Loslassen
=	=	=
Das Ziel wird erreicht	RESULTAT	Der Wunsch erfüllt sich

Neben dem gezielten spezifischen Agieren in der Gegenwart in Bezug auf Dinge, die noch werden sollen, ist auch ein generelles *sinnvolles Management der Gegenwart* einerseits als Grundbasis zum erfolgreichen Bearbeiten von Zielen und Wünschen und andererseits für ein generelles glückliches und selbstermächtigtes Leben notwendig. Das sinnvolle Management der Gegenwart stellt bei der erfolgreichen Realitätsgestaltung den eigentlichen Urkern dar, ohne den eigentlich nichts richtig läuft. Generell gilt, dass dieses Grundfundament zu veredeln ist, bevor man beginnt, seine Ziele und Wünsche erfolgreich zu bearbeiten.

Zusammenfassend kann man nun sehen, dass die erfolgreiche Realitätsgestaltung nicht ein einziges Gebiet darstellt, sondern eigentlich drei verschiedene Gebiete umfasst, mit denen man teilweise völlig unterschiedlich umgehen muss, damit sich der Wirkungsgrad des eigenen Lebens in Richtung der 95 Prozent Marke bewegt:
- Sinnvolles *Management der Gegenwart*
- Richtiger Umgang mit *Zielen*
- Richtiger Umgang mit *Wünschen*

Oft ist es aber so, dass alle drei Gebiete der Realitätsgestaltung miteinander verwoben sind und es daher nicht immer möglich ist, hundertprozentige Abtrennungen zwischen den drei Bereichen zu machen. Beispielsweise überschneidet sich das sinnvolle Management der Gegenwart stark mit dem Umgang mit Zielen und Wünschen.

Generell möchte ich aber zwischen der erfolgreichen Behandlung von Zielen und der erfolgreichen Behandlung von Wünschen differenzieren, da sich diese in Bezug auf die Eigenaktivität völlig unterscheiden. Daher werden wir in den folgenden Kapiteln Ziele und Wünsche beim Thema der Eigenaktivität getrennt voneinander behandeln.

Beim Punkt der richtigen gedanklichen und emotionalen Einstellung zu den eigenen Zielen und Wünschen, ist der richtige Umgang hierbei jedoch ähnlich. Nahezu völlig gleich ist der erste Punkt im Ziel- und Wunschpfeil – die klare Formulierung von Zielen und Wünschen –, weshalb wir im nächsten Unterkapitel diesen Punkt für beide Gebiete gemeinsam behandeln.

Es gibt im Folgenden also einiges zu differenzieren, doch gerade weil Ziele und Wünsche von vielen bisher in einen Topf geschmissen worden sind, aber tatsächlich so unterschiedlich behandelt werden müssen, klappt es zum Teil mit der Realisierung nicht richtig. Ein weiterer Grund, warum sich trotz Anstrengung nichts bewegt, kann darin liegen, dass man entweder nur innerlich (Erwartung) oder nur äußerlich (Tat) fortschreitet.

Die beiden größten strukturellen Fehler bei der Realitätsgestaltung sind also:
- Nicht zwischen den beiden Fällen der Realitätsgestaltung zu unterscheiden
- Entweder nur das innere oder nur das äußere Fortschreiten zu praktizieren

Hinzu kommt, vor allem bei Erwachsenen, die sich durch die „bittere Realität" von ihren Lebenserfahrungen haben verunreinigen und mitreißen lassen, oft noch die Unfähigkeit, an ein schönes Ziel überhaupt glauben zu können oder sich etwas Schönes unbefangen wünschen zu können. Damit ist dann für viele der Kompott komplett und man wirft – wie schon so oft im Leben – das Handtuch und meint, der Zug sei abgefahren. Damit in so einem Fall das Leben nun doch wieder richtig abgefahren wird, wird man sich ans Eingemachte begeben müssen: SICH ÄNDERN. Sollte man aber lieber irgendwelchen lauwarmen Bequemlichkeiten den Vorzug geben, so wird man früher oder später das bekommen, was man braucht: DEN SCHMERZ – der einem aber in so einem Fall gut tun wird und den man in vollen Zügen genießen sollte, da dieser einem wieder helfen wird, sein Leben zu verbessern. ☺

Neben der Kenntnis und dem bewussten Anwenden der Unterscheidungsmerkmale der drei Säulen der Realitätsgestaltung ist es so, dass man auf verschiedene Feinheiten achten muss, welche einige unbewusst beachten, andere bewusst verachten und hoffentlich bald mehr Menschen nicht mehr missachten. Was man alles bei den einzelnen Vorgängen beachten, und wo man überall aufpassen muss, werde ich in den folgenden Unterkapiteln an verschiedenen Stellen erklären. Bei der erfolgreichen Realitätsgestaltung gibt es nämlich vielerlei „Kleingedrucktes", was zu beachten ist und ohne dessen Kenntnis und Beachtung sich böse Fallen auftun können. Generell geht es beim Beachten des Kleingedruckten darum, dass der Energiefluss zwischen uns und dem, was wir wollen, nicht durch Blockaden, die meist durch falsche Verhaltensweisen aus der Vergangenheit oder in der Gegenwart ausgelöst werden, ins Stocken gerät.

Falls Ihnen die bewusste Realitätsgestaltung noch völlig fremd sein sollte, dann fühlen Sie sich bitte nicht gleich erschlagen angesichts all der Punkte, die ich Ihnen im Folgenden erklären werde. Dieses Buch soll zwar sämtliche aus meiner Sicht relevanten Punkte zur erfolgreichen Realitätsgestaltung klar und prägnant beschreiben, doch niemand erwartet von Ihnen, dass Sie nach dem Lesen dieses Buches sofort von heute auf morgen zur Weltspitze der Realitätsgestalter gehören. Picken Sie sich daher zuerst den Punkt heraus, der Sie am meisten fasziniert oder bei dem Sie noch am meisten Nachholbedarf haben, und gehen Sie bei der Umsetzung Schritt für Schritt vor. Sich selbst zu ändern, braucht eben genügend Zeit, doch wer die Spielregeln des Lebens wirklich finden und anwenden will, der wird unwiderruflich darauf zusteuern.

Kapitel 9.2
Das sinnvolle Management der Gegenwart

Bevor wir uns mit der Anwendung der beiden spezifischen Fälle aus der Grundformel der Realitätsgestaltung auseinandersetzen, möchte ich erst einmal auf die darüber stehende Grundbasis eingehen, ohne die ein allumfassend sinnvolles Management des eigenen Lebens nicht durchzuführen ist. Wünsche und Ziele lassen sich nämlich nur schwer bearbeiten, wenn wir mit der Gegenwart nicht sinnvoll umgehen können. Wir können da noch so tolle Kerne in uns einpflanzen – wenn wir uns im Alltag regelmäßig Jammerhymnen auf höchstem Niveau vorsingen, dann werden die Kerne durch einen alltäglich aufgebauten verseuchten Nährboden vergiftet. Und Kerne in einem verseuchten Nährboden wachsen nun mal nicht zu den Früchten heran, die sie eigentlich liefern sollten, sondern mutieren oder sterben, bevor sie wachsen können. Daher braucht es eine grundlegend freudige und positive Sichtweise sowie einen sinnvollen Einsatz der eigenen Kräfte, um den richtigen Nährboden für die herbeigesehnten Wünsche und Ziele zu bereiten.

**Die richtige Grundeinstellung im Alltag ist die Basis
für jegliche Verbesserung und Optimierung unseres Lebens.**

Bevor wir unseren Weg im Leben gehen, entscheiden wir bewusst oder unbewusst, was es für ein Weg sein soll beziehungsweise wie der Kurs sein soll, der den Weg festlegt. Fällt unsere Entscheidung positiv und erfolgreich aus, wird es ein positiver und erfolgreicher Weg sein. Fällt unsere Entscheidung negativ und pessimistisch aus, wird es ein negativer und erfolgloser Weg sein. Aufgrund dessen möchte ich hier noch einmal betonen, dass *die Aufmerksamkeit die Energie lenkt*. Eine Gedankenkonzentration zu einem bestimmten Bereich bewirkt immer eine Erfahrungskonzentration in diesem Bereich. Die Essenz dessen ist, dass wir selbst zu jeder Zeit unsere eigene Realität bestimmen:

**Wir bestimmen immer selbst,
worauf wir unsere Aufmerksamkeit legen.**
↓
Unsere Aufmerksamkeit lenkt unsere Energie.
↓
**Das Gebiet, welches unsere Energie bekommt, wird wachsen
und zu unserer Realität werden.**

Fakt ist, dass wir uns in der Außenwelt auf das zubewegen, womit wir uns in der Innenwelt beschäftigen. Ob das Jeweilige, auf das wir uns so fixieren, nun (nach unserem eigenen Urteilen) gut oder schlecht ist, spielt keine Rolle, denn Sie bewegen sich durch Ihre Aufmerksamkeit ganz einfach auf das Jeweilige zu. Ob Sie mit Ihrem Körper auf einen Massenmörder oder auf Ihre Lieblingskantine zulaufen, ist ja auch Ihre Entscheidung und nichts weiter als eine Tatsache, die sich durch die entsprechende Wahl auf das, was man zuläuft, immer ändern lässt. Das Interessante ist nun, dass Sie mit Ihrem Körper wohl nie bewusst auf einen Massenmörder zulaufen würden, wohl aber unbewusst durch Sorgen, Ängste, Eifersucht und was es sonst noch so an grauem und schwarzem Gedankengut gibt aus eigener Kraft (!) in Ihr eigenes Verderben rennen würden. Doch genau so, wie es vermeidbar ist, einem Massenmörder bewusst in die Arme zu laufen, lässt es sich durch Bewusst-werdung auch vermeiden, unbewusst sein Schicksal zu besiegeln. Das Ziel sollte daher sein, sich bei allem, was zukünftig ansteht, schon *im Voraus* klar zu sein, was man wirklich will, es sich dann in der Gegenwart auch so vorzustellen, wie man es wirklich will und sogar davon auszugehen, dass es so werden wird, wie man es will.

**„Sorge dafür, dass das kommt, was du liebst,
andernfalls musst du lieben, was kommt."**
Erhard F. Freitag

Wenn man nun doch irgendeinen Mist verursacht hat, den man hätte besser machen können und sollen, dann ist meine Meinung die, dass man nach vorne sehen und sich am möglichen Erfolg orientieren sollte, um es eben beim nächsten Mal besser zu machen (=erfolgsorientiert). Bei der **erfolgsorientierten** Sichtweise konzentriert man sich auf das, was gut ist, und bei Dingen, die in der Gegenwart noch nicht ausgereift sind, sieht man schon in der Gegenwart die kommende Verbesserung. Kurz: *Man sieht den Erfolg.*

Es muss ja nicht sofort beim nächsten Mal völlig perfekt werden, doch wenn sich das Problem bessert, dann ist ein Schritt in die richtige Richtung getan, und die Lebensqualität hat sich schon mal ein Stück verbessert.

Das Gegenteil, was sich leider allzu häufig beobachten lässt, ist die **misserfolgsorientierte** Herangehensweise bei einem Problem. Man orientiert sich für die nächste Handlung an einem schon geschehenen Problem und versinkt dadurch oft noch mehr. Oder anders ausgedrückt: Selbst wenn man keine ehemaligen problematischen Bezugspunkte hat, auf die man sich fixiert, so sieht man bei der misserfolgsorientierten Herangehensweise grundsätzlich ein schlechtes, negatives, dunkles oder problematisches Ergebnis vor sich – oft auch das schlechtest mögliche Ergebnis. Doch gerade solch eine Reaktion auf etwas Problematisches ist das eigentliche Problem – und nicht das Problem selber. X-mal dürfen Sie raten, was man durch diese Art der Energielenkung selbst erzeugt.

Da unsere Aufmerksamkeit die *Richtung* entscheidet, in die wir unsere Energie lenken, ist es eben so wichtig, bewusst die richtigen Steuersignale zu setzen – erfolgsorientiert anstatt misserfolgsorientiert. Daher sollten wir nicht darauf aus sein, irgendwelche hypothetischen Unglücke zu vermeiden (es lässt sich jederzeit irgendein hypothetisches Unglück erfinden), sondern stets die Aufmerksamkeit auf das legen, was wir wirklich wollen.

> **„Ob du es glaubst oder nicht, dass es dir gelingt,
> du wirst immer Recht behalten."**
> *Henry Ford*

Ein erfolgsorientierter Mensch lenkt die Energie zu seinem Ziel: dem Erfolg. Ein misserfolgsorientierter Mensch lenkt auch seine Energie – nur eben zum Misserfolg. Ich sehe öfters, wie man sich schon von vornherein darauf festlegt, dass sich ein Misserfolg beim zukünftigen Ergebnis einstellen *muss*. Wenn man sich so sicher ist, dass ein rabenschwarzes Ergebnis kommen wird, dann kommt es auch so. Es *kann* ja auch nicht anders geschehen, da der Beschluss fest und sicher sitzt. Falls Ihnen beispielsweise eine Milchflasche auf den Boden gefallen sein sollte, der Boden darauffolgend strahlend weiß ist und Sie meinen „das kann ja nur mir passieren", dann bitte! Mit dieser Einstellung werden Sie auch weiterhin tragische Ereignisse in Ihrem Leben selbst erzeugen – immer und immer wieder. Solange bis Sie lernen, Ihre Realität vernünftig zu steuern.

Es muss hier allerdings auch gesagt werden, dass die erfolgsorientierte Sichtweise in der Realität verankert sein muss und nicht ein völlig irreales Luftschloss darstellen sollte. Wenn beispielsweise jemand meint, sich in der derzeitigen Situation (Stand 2009) geistig auf eine allgemeine Wirtschaftswunderzeit einstellen zu müssen, dann ist diese Einstellung nicht nur blind und irreal, sondern auch gefährlich. Ich denke, dass hier das dicke Ende erst noch kommt, da sich die Auswüchse des gegenwärtig installierten Finanzsystems wie auch die Auswirkungen der weitflächig um sich greifenden Unfähigkeit beim Umgang mit Geld nicht mehr aufhalten lassen. Nichtsdestotrotz kann und sollte man seine eigene Realität so gut es geht durch die gegenwärtige Umbruchsphase steuern, denn rabenschwarze Kollektiverfahrungen müssen nicht automatisch rabenschwarze privatpersönliche Erfahrungen bedeuten.

Ein anderes Thema ist der Umgang mit eigenen „Fehlern". Jeder macht sie, niemand will sie, doch jeder braucht sie. Warum?

Nun, gerade durch Fehler lernen wir am meisten. Es sind die problematischen Zeiten in unserem Leben, durch die wir am meisten Erfahrung gewinnen und die uns stärken, damit wir später richtig handeln können. Solche schmerzlichen Erfahrungen sind der Preis, den wir manchmal zahlen müssen, um soweit zu reifen, damit wir in der Lage sind, einen bestimmten Erfolg im Leben zu erlangen. Man sagt ja auch: *„Das, was uns nicht umbringt, macht uns nur noch stärker."* Erlauben Sie sich deshalb einfach, solange Sie daraus lernen, Fehler machen zu dürfen, denn Sie können nur dazulernen. Vergessen Sie aber nicht die Lektionen der ehemaligen Fehler, denn sonst kann und wird es leicht passieren, dass Sie die Lektion noch mal machen dürfen. Fixieren Sie sich jedoch bloß nicht von vornherein darauf, dass Fehler so oder so passieren werden, denn sonst werden Sie in Ihrem Leben das Wunder der selbsterfüllenden Prophezeiung erleben.

Eine solche selbsterfüllende Prophezeiung ist auch das Sorgen machen. Durch das *Sorgen – machen* (man „macht" sich die Sorgen selber!) kann man schnell in einen Teufelskreis kommen, da durch real gewordene frühere Sorgen noch mehr Sorgen aufkommen können. Anstatt im Sessel zu sitzen und seine Zeit mit Sorgen zu verplempern, sollte man lieber aktiv und tatkräftig an Lösungen arbeiten, welche die jeweiligen Sorgen erst gar nicht entstehen lassen. Nur das bringt auch wirklich etwas! Daneben ist es von immenser Bedeutung, in der Gegenwart zu leben, denn wenn man in der Gegenwart lebt, hat man keine Möglichkeiten mehr, auf die zerfressenden Sorgen zu kommen. Außerdem kann man nur in der Gegenwart etwas verändern oder machen. Ein zu starkes Leben, oder besser gesagt „Träumen", in der Vergangenheit oder in der Zukunft, ist pure Energieverschwendung, da sich in diesem Falle überhaupt nichts anstellen lässt. Dies möchte ich mit dem folgenden, nicht ganz aus der Luft gegriffenen, Beispiel demonstrieren:

Im Kindergarten freut man sich auf die Schule.
In der Schule freut man sich auf die Berufsausbildung.
Während der Berufsausbildung freut man sich auf die Arbeit.
Während der Arbeit freut man sich auf das Haus, die Kinder, das Auto, die Reise oder sonst was.
Gegen Ende der Arbeit freut man sich auf die Zeit als Rentner.
Als Rentner sehnt man wieder die Zeit herbei, als man tagsüber so beschäftigt war, dass man nicht wusste, wie man alles schaffen sollte (oder man ist so kaputt, dass man keine Kraft mehr hat um noch Halli Galli zu machen).
Und dann?
Dann ist's vorbei!

**„Wer den Augenblick nicht erfüllt,
erfüllt das Leben nicht."**
Marion Musenbichler

Wer mit dem Leben im Jetzt Schwierigkeiten hat, dem kann ich empfehlen, des öfteren mit Kindern oder mit Tieren zu spielen. So lernt man, wieder im Augenblick zu leben und damit seine Zeit und Energie im Alltagsleben optimal einzusetzen. Um nicht in irgendwelchen imaginären Spinnereien festzuhängen, hilft aber genauso ein Aufenthalt in der Natur. Durch bloßes Beobachten dieser, wird einem schnell ein Licht aufgehen.

Nach dem Lernen, wieder in der Gegenwart zentriert zu sein, liegt der nächste Schritt darin, die Gegenwart zu säubern und zu verfeinern, was weitreichende Auswirkungen hat. Wenn man nämlich die Qualität der Gegenwart verbessert, dann verbessert sich auch automatisch die Zukunft, denn die Zukunft wird durch die Gegenwart gebildet.

„Willst du wissen, wer du warst, so schau, wer du bist.
Willst du wissen, wer du sein wirst, so schau, was du tust."
Buddha

Ein Nicht-Leben in der Gegenwart hat übrigens noch ganz andere Konsequenzen. Da man viel zu wenig aus seiner Zeit „macht", wenn man geistig entweder zu sehr in der Vergangenheit oder in der Zukunft zentriert ist, nimmt man die gegenwärtige Zeit überhaupt nicht mehr richtig wahr. Die Folge ist, dass die Zeit für einen wesentlich schneller vergeht. Und was ist es, worüber sich fast alle beklagen, die älter werden?

Dass die Zeit so schnell vergeht!

Als Kind war das noch anders. Da sind wir im Augenblick richtig aufgegangen. Wir lebten im Hier und Jetzt – ohne implantierte Ängste und ohne in einer vergangenen oder zukünftigen irrealen Subrealität zu stecken. Wir staunten über das Wunder einer fliegenden Hummel, waren begeistert davon, wie sich die Blätter im Baum wiegten, und jeden Tag gab es jede Menge Neues zu entdecken. Wir steckten bis zum Hals im Abenteuer Leben.

Wie Sie wahrscheinlich merken, ist das heute nicht mehr so. Wie oft quälen wir uns doch morgens aus dem Bett, um dann unsere Runden im Hamsterrad zu laufen. Kaum mehr etwas Neues zu entdecken, und alles ist gleich, jahrein – jahraus, jahraus – jahrein. Was für ein feines Leben, in dem wir da eingesperrt sind, nicht wahr!

Ausweglos ist so eine Situation aber niemals. Man selbst muss jedoch Veränderungen ankurbeln, damit auch Neues im Leben entstehen und kommen kann. Dann rast die erlebte Zeit nämlich auch nicht mehr so schnell davon. Doch genau das ist es, wovor sich viele fürchten: vor Neuem und vor Veränderungen. Gleichzeitig wird dann aber geschimpft, dass die Zeit so schnell vergeht, was für mich unverständlich ist, denn beides hängt stark miteinander zusammen.

Neben Veränderungen im Alltagsleben, gibt es noch weitaus stärkere Möglichkeiten, die gefühlte Zeit wieder langsamer ablaufen zu lassen. Bei Expeditionen erlebt die Qualität der erlebten Zeit neue Höhenflüge. Man überwindet sich, bricht zu neuen Ufern auf und wächst über sich selbst hinaus. Jeden Tag kommen neue Herausforderungen, und man beginnt wieder, wie einst in der Kindheit, jeden Tag das Neue zu entdecken.

Wie schon erwähnt, reicht auch ein bloßer Aufenthalt in der Natur, um von der Zeit wesentlich mehr mitzubekommen als bei den täglichen Runden im Hamsterrad. Man kommt auch nicht mehr so leicht auf „krumme Gedanken", wie die heutzutage leider allseits beliebten Sorgen.

Beim Thema Sorgen machen, sollte man sich aber auch die Frage stellen, welchen Sinn es denn hat, sich über Dinge Sorgen zu machen, die noch nicht eingetreten sind? Neben der Energieverschwendung verdirbt man sich durchs „Sorgen machen" nur die eigene Lebensfreude. Ich sehe, wie sich Menschen durch eine sorgenvolle und misserfolgsorientierte Sichtweise selbst kaputt machen und sich damit ein solches Ergebnis, wie man es sich ausmalt, geradezu aufdrängt. Wenn man schon denkt: „Na, das wird doch eh nichts", dann kann es doch auch nichts werden, oder?

„Wer sich mit Verlusten identifiziert, der wird Verluste erleiden, wer sich mit Gewinn identifiziert, der wird Gewinne machen."
Peter Kummer

Das Ergebnis bestimmt man selbst – ob nun positiv oder negativ. Und wenn man zu denen gehört, die sich auf gar kein Ergebnis festlegen, dann gehört man wohl zu denen, die vor sich hinleben und bei Reaktionen im eigenen Leben den berühmten „Zufall" anhimmeln. Das einzige, was das schöne Wort „Zufall", aber auch „Pech" und „Glück" beinhalten, ist die Unkenntnis über die geistigen Gesetzmäßigkeiten beziehungsweise die Unkenntnis darüber, aus welcher Ursache die jeweilige Wirkung entsprungen ist. Die Menschen, die über Glück, Pech und Zufall sinnieren, sind nur in der Lage, die offensichtliche Wirkung, nicht aber die ursprüngliche Ursache dahinter zu sehen. Beim „Zufall" bleiben die Ursachen und die verkettete Abfolge der Ereignisse ungesehen, und beim „Pech" bleiben die ehemaligen Auslöser auf der Strecke. Genauso werden all die Kämpfe und Entbehrungen, die zu „Glück" geführt haben, nicht gesehen.

Wenn man die Gesetzmäßigkeit kennt und die richtigen Ursachen setzt, dann kann man die erwünschte Wirkung *vorprogrammieren*. Im Gegenzug dazu ist es auch möglich, mit der Kenntnis der Gesetzmäßigkeiten von einer vorhandenen Wirkung auf die einstige Ursache zu schließen.

> **„Das, wobei unsere Berechnungen versagen, nennen wir Zufall."**
> *Albert Einstein*

Nun möchten mir vielleicht ein paar Leser einen Stein an den Kopf werfen und sagen: „Ich habe diese und jene bedeutenden Schwierigkeiten, die mit einem Würgegriff drohen, mein Leben zum Erliegen zu bringen. Das ist Faktum. Das ist einfach so! Und dann kommen Sie daher und sagen, dass ich mich zusammenreißen soll???"

Die erste Antwort von mir hierzu lautet: „Au! Machen Sie das mit dem Stein nicht noch mal!" Sie sagten, dass das Ihr Zustand „einfach so ist", aber wissen Sie, warum Ihr Zustand *einfach so ist* und nicht anders? Nun, die Antwort ist eigentlich ganz einfach! Wenn es anders wäre, dann wäre es nicht so, wie es ist, und dann könnten Sie auch nicht mehr im Selbstmitleid baden gehen...

Falls Sie ähnliche Gedanken wie die obigen bekommen haben, bleibt mir als einzige und wirklich ehrliche Antwort nichts anderes übrig als Ihnen zu sagen, dass Sie in diesen Schwierigkeiten feststecken, weil Sie sich womöglich *jede Möglichkeit selbst verbauen*, um wieder raus aus den Schwierigkeiten zu kommen. Da Sie tagtäglich immer wieder beständig Ihr großes Problem betrachten und analysieren, lenken Sie durch diese Aufmerksamkeit Ihre Energie dauerhaft zu Ihrem Problem, damit dieses auch ja erhalten bleibt und sogar wächst. Verstehen Sie nun vielleicht, dass es auf diese Art und Weise ganz und gar nicht möglich ist, aus dem Schlamassel rauszukommen, um Ihr großes Problem nicht mehr existenzfähig zu machen?

Da Ihr Problem Ihnen Sorgen macht und für unbequeme Stunden sorgt, erregt es immer und immer wieder Ihre Aufmerksamkeit. Und durch diese Aufmerksamkeit lenken Sie Ihre Energie zum Problem, was zur Folge hat, dass das Problem genährt wird und wächst. Da das Problem nun noch größer ist, haben Sie noch größere Sorgen mit dem Problem. Durch Ihre noch größeren Sorgen, lenken Sie Ihre Aufmerksamkeit noch mehr auf Ihr Problem, damit es noch mehr Energie erhält und so weiter.

Merken Sie etwas? Sie stecken in einem Teufelskreis. Doch Sie sind es, der den Teufelskreis erzeugt hat, und Sie sind es, der das Problem nährt. Wenn Sie der Sache ständig Energie zuführen, dann wird die Sache auch ständig am Laufen gehalten. Wo liegt nun die Lösung, um aus diesem Schlamassel rauszukommen?

Da Sie bisher das Problem ernährt haben, damit es groß und kräftig wird, können Sie folglich auch das Gegenteil, nämlich *das Problem entnähren*, damit es erst immer schwächer auf den Beinen wird, bis es am Ende verhungert und aus Ihrem Leben verstorben ist. (Gehen Sie dann aber bitte nicht auf die Beerdigung, denn da warten die Freunde des gestorbenen Problems.) So, und wie macht man das mit dem Ent-nähren des Problems? Das Ent-nähren geschieht, indem man nur noch den Gegensatz des Problems fördert. Man muss geistig bereits völlig in der Situation leben, wie man die Situation eigentlich haben möchte (die Lösung). Indem man sich immer und immer wieder vorstellt und daran denkt, wie der gewünschte, geheilte und gute Zustand ist, lenkt man durch diese Art der Aufmerksamkeit seine Energie beständig zur Lösung beziehungsweise zum geheilten Zustand. Selbstverständlich muss dieses innere Fortschreiten auch mit einem passenden äußeren Voranschreiten kombiniert werden, doch generell gilt, dass Sie ein Feuer nicht löschen können, indem Sie kontinuierlich Brennholz ins Feuer schmeißen. Doch mit Wasser, dem Gegenteil vom Feuer, können Sie das Feuer löschen.

„Du wurdest dazu erzogen, die Realität anzuerkennen, bevor dir klar war, dass du die Realität erschaffst... erkenne keine Realität an, außer es ist eine Realität, die du erschaffen möchtest – da jede Realität nur deswegen existiert, weil jemand sie herbeigedacht hat."
[13, S. 100] (vom Autor frei übersetzt)
Esther and Jerry Hicks

Wenn man keinen gezielten Einfluss auf die eigene Realität ausübt, dann können, wie oben beschrieben, im Nu Teufelskreise entstehen, die das persönliche Leben in Windeseile zersetzen können. Ohne bewusste Steuerung können sich temporäre miese Laune Stimmungen, bescheidene Erlebnisse oder auch nur kleine störende Impulse zu gewaltigen Ungetümen hochschaukeln. Das folgende Schema wird einem in so einem Fall zum Verhängnis:

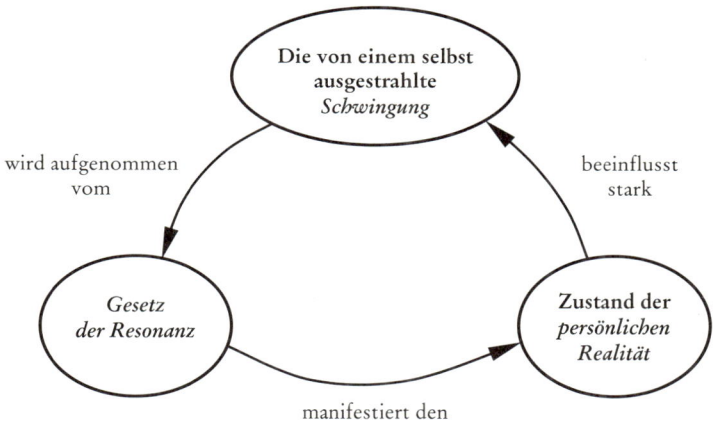

Bild 4: Die wechselseitige Beeinflussung von Ursache und Wirkung

Natürlich fungiert dieser Kreislauf auch bei freudigen Erlebnissen. Wer kennt es nicht, wenn etwas wirklich Grandioses geschehen ist und danach alles wie am Schnürchen läuft? Oft ist dieser Zustand aber nur von kurzer Dauer, denn in unserer „freudestrahlenden", „herrlichen" und „durch und durch positiv ausgerichteten", „tollen" Zivilisation braucht oft nur ein Funke des Alltagszustandes gezündet zu werden, und das Ende der Freude ist erreicht. Da es heutzutage fast schon an allen Ecken und Enden „funkt", bleiben einem nur zwei Möglichkeiten, auf diese Problematik zu reagieren. Entweder man wandert aus und versteckt sich tiiiief im Wald, in den Bergen oder in der Wüste, oder man greift gezielt in den Kreislauf ein und optimiert ihn nach den eigenen Bedürfnissen. Das Ende der Freude ist nämlich nur dann erreicht, wenn man den Kreislauf ohnmächtig ablaufen lässt, ohne zu bestimmen, welche äußeren Einflüsse Zutritt und welche keinen Zutritt zu einem haben dürfen.

Wie immer bei der Realitätsgestaltung, muss man sich auch hier zuallererst fragen: *Was will ich, beziehungsweise wie will ich mich fühlen?* Wenn dies klar ist, dann sollte man aus eigener Kraft gezielt auf den Kreislauf einwirken, so dass sich dieser gewünschte Zustand mehr und mehr im eigenen Leben realisiert und dann auch stabilisiert. Dies geschieht einerseits dadurch, dass man sich generell mit dem auseinandersetzt und beschäftigt, was man will. Andererseits sollte man sich alles, was in der eigenen Realität vor sich geht und nicht mit dem gewollten Zustand übereinstimmt, so wenig wie möglich zu Herzen nehmen, sprich den Dingen, die nicht mit dem Ideal der eigenen Realität übereinstimmen, *keine energetische Beachtung schenken* – wohl aber dessen Existenz zur Kenntnis nehmen!

Es nützt weder Ihnen noch anderen etwas noch bringt es allgemeine Verbesserungen, wenn Sie über die Krankheit eines Verwandten oder Bekannten ständig rumwinseln; das Design eines bestimmten Autos, das Ihnen beim Weg zur und von der Arbeit täglich begegnet, Ihren Blutdruck steigen lässt; Sie auf Menschen eingehen, die meinen, sich, ihr Weltbild und ihren eigenen Entwicklungsstand ständig auf andere projizieren zu müssen; Sie sich an schlechten Erinnerungen an Menschen, die nicht mehr Teil Ihres Lebens sind, „ereifern"; oder wenn Sie über irgend einen parteispezifischen Wahnsinn, den ein Kollege in den Raum wirft, mit allen anderen „mitfiebern". Sie mögen meinen, dass solch kleine Dinge nicht viel ausrichten können, doch seien Sie da nicht voreilig. Diese mittlerweile zumindest in Mitteleuropa zum Standard gewordene Art und Weise, wie man auf störende Einflussfaktoren, die von außen kommen, reagiert, wird sich in Ihnen festfressen, wenn Sie nicht gezielt an den richtigen Stellen sinnvoll eingreifen. Ist dieser Umgang mit störenden Dingen erst einmal zum festen Bestandteil Ihrer eigenen Lebensweise geworden, dann werden zusammengenommen die vielen kleinen Dinge, über die Sie sich in Rage ärgern oder die Sie zur Verzweiflung bringen, Ihr Leben in der Gesamtheit völlig zerfressen und zerstören. Erfolg und Lebensfreude ade, heißt es dann.

Die störenden Dinge werden für Sie erst durch Sie selbst schlimm werden; indem Sie sich auf die störenden Dinge einlassen.

Mit den „störenden Dingen" meine ich unschöne Ereignisse, die von außen auf Sie einströmen und die nicht wirklich etwas mit Ihnen zu tun haben – also negative Dinge, die an Ihnen vorbeiziehen und die von Ihnen nicht wirklich geändert und verbessert werden können. Wenn Sie sich beispielsweise bei einer Kunstausstellung über ein schlechtes Gemälde eifrigst auslassen, anstatt das schlechte Gemälde einfach als solches zur Kenntnis zu nehmen und dann weiterzuziehen, dann zieht nicht der Künstler des schlechten Bildes den Kürzeren, sondern Sie. Um bei solchen Dingen nun nicht ständig in einen Teufelskreis zu gelangen und sich selbst auszulaugen, kann ich nur die Empfehlung aussprechen, gewisse Dinge von sich aus in den Kreislauf zu leiten und gewisse Dinge, die von außen auf einen zukommen, abzuleiten:

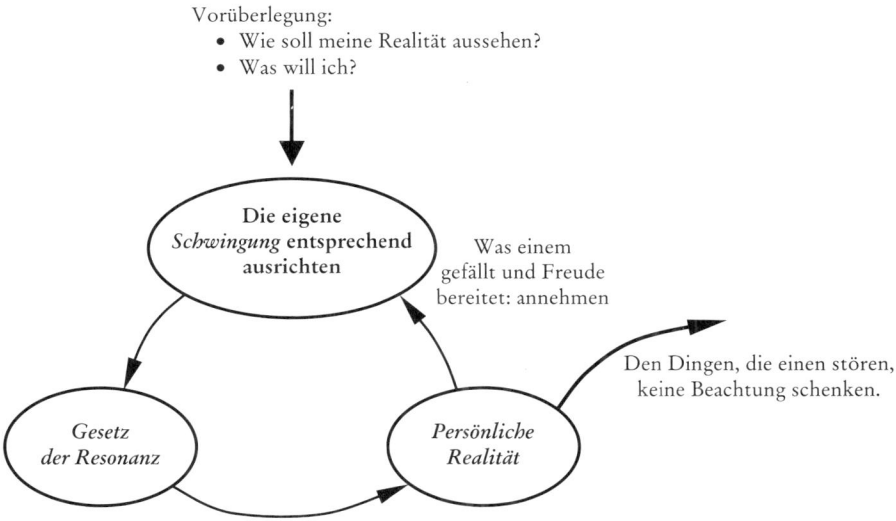

Bild 5: Der eigene Einfluss auf die wechselseitige Beeinflussung

Falls sich also irgendwann wieder ein negativer Teufelskreis anbahnen sollte, dann denken Sie daran, bewusst einzugreifen und gezielt auf etwaige runtermachende Erlebnisse oder störende Einflussfaktoren nicht einzugehen. Gleichzeitig müssen Sie aber ihre Aufmerksamkeit innerlich auf den Zustand einstellen, den Sie eigentlich erleben und erfahren wollen.

„Von wesentlicher Bedeutung ist..., dass wir einen kontinuierlichen Fokus auf das richten, *was wir erwarten*, und nicht auf das, was wir sehen!" [11, S. 190]

Morpheus

Wenn Sie störende äußere Einflussfaktoren zwar zur Kenntnis nehmen, aber energetisch nicht darauf eingehen, dann können Sie endlich aufkommende Abwärtsspiralen wirkungsvoll im Keim ersticken und sich stattdessen den Richtungen zuwenden, in die Sie insgeheim blicken wollen. Ich muss an dieser Stelle jedoch noch anmerken, dass das Abblocken von störenden äußeren Einflussfaktoren um so besser umsetzbar ist, je ausgeglichener man lebt. Erich Rauch schreibt zu dieser Thematik:

„Neigen wir nicht dazu, oft schon bei kleinsten Anlässen über Angehörige, Nachbarn, Bekannte, über Geschäftspartner, Vorgesetzte, Mitarbeiter, Konkurrenten oder über Autofahrer, Fußgänger, Juristen, Ärzte, Politiker usw. unverhältnismäßig zu schimpfen? Über noch ungeklärte Mißstände loszulegen und sie zu verurteilen? Ereifern wir uns nicht unnötig über das Wetter, das Fernsehprogramm oder alles andere, das nicht unseren Wünschen entspricht?... Vielen ist es geradezu eine Lust oder Sucht geworden, Negatives überall zu wittern und alles Ungünstige gleich in alle Welt hinauszuposaunen. Aber schon das Suchen nach dem Schlechten, das Hegen liebloser, ätzender oder zersetzender Gedanken und das Sprechen deprimierender, angekränkelter, morbider oder hasserfüllter Worte, oder alles unnötige Kritisieren, Schimpfen und Verurteilen bringt niemandem Gutes, während positive Autosuggestionen mit ihren schöpferischen Entfaltungsimpulsen segensreich wirken...

Konsequenz: Man entschließe sich ernsthaft, sich von der Sucht des Schimpfens, Nörgelns und Verurteilens freizumachen. ...dies gelingt nicht durch Selbstzwang und direktes Bekämpfen, sondern durch

1. *Erkennen des ersten Auftretens negativer Impulse schon an der Schwelle der Bewusstwerdung*
2. *Bewusstes Ignorieren*
3. *Erfüllen unseres Bewusstseins mit einer Armee guter, aufbauender und erfreulicher Gedanken, wie sie jeder Mensch als ständigen Besitz in sich beherbergen sollte"* [14, S. 76 und 77]

> „Es ist besser, ein kleines Licht zu entzünden,
> als über große Dunkelheit zu fluchen."
> *Konfuzius*

Ich hoffe, dass Ihnen langsam bewusst wird, dass es das A und O ist, den Alltag richtig zu managen, bevor man sich ins stille Kämmerlein verzieht und anfängt, an sich zu arbeiten. Viele machen es leider umgekehrt und wundern sich dann, warum trotzdem alles so bleibt, wie es ist. Diese Betrachtungen sollen nun aber als Grundbasis für die Realitätsgestaltung genügen. Im Folgenden geht es darum, wie wir und unser Leben zu dem werden können, wie wir es gerne hätten.

Kapitel 9.3
Ziele und Wünsche klar definieren

> „Es ist schon viel zu wissen, was ich nicht will.
> Es ist alles zu wissen, was ich will."
> *Hans A. Pestalozzi*

Ich habe in Kapitel 8 geschrieben, dass die Aufmerksamkeit die Energie lenkt. Bevor wir aber anfangen zu lenken, brauchen wir ein Ziel, zu dem wir überhaupt hinsteuern wollen. Wir müssen uns darüber klar sein, welche Früchte wir im Leben überhaupt ernten wollen. Ohne diese Basis brauchen wir gar nicht anfangen, sinnvolle Denk- und Verhaltensmuster zu entwickeln, denn: *„Wer kein Ziel hat, braucht sich nicht zu wundern, wenn er nicht ankommt."* Oder: *„Wer keine Wünsche hat, braucht sich nicht zu wundern, wenn sich im Leben nichts erfüllt."*

Bei der Definition dessen, was noch werden soll, liegt es ausschließlich an einem selbst, ob man aus Selbstbeschränkung sein Leben lang nur kleine Brötchen backen will oder ob man nach Innen hört und die Projekte, die im Herzen nach Umsetzung schreien, im tatsächlichen Leben angeht. Auch hier herrscht die völlige Freiheit der Wahl. Ob Sie sich nun für einen Wunsch, ein Ziel oder für beides entscheiden – die Regeln für die richtige Definition sind eigentlich immer gleich. Daher behandle ich in diesem Unterkapitel Wünsche und Ziele gemeinsam, obwohl entweder nur von Zielen oder nur von Wünschen die Rede sein wird. Die Regeln gelten aber wie gesagt für beide Fälle.

Wenn ich selbst ein Ziel definieren oder eine Wunschbestellung aufgeben möchte, dann gehe ich erst mal in Gedanken durch, was ich wirklich will und beabsichtige. Dabei orientiere ich mich so gut es geht daran, was sich am besten für mich anfühlt. Wenn mein Entschluss einmal feststeht, dann schreibe ich das Ziel oder den Wunsch auf. „Warum aufschreiben?", mag sich der eine oder andere denken. Das Aufschreiben ist aus dem Grund von Vorteil, da sich durch das Aufschreiben das, was man will, als *physisches Konzept manifestiert*, anstatt nur im Geistigen rumzuschwirren.

Es hört auf, nur eine fixe Idee zu sein und fängt an, zur festen Bekundung dessen zu werden, was man im Leben will.

Falls Sie es mal eilig mit der Wunscherfüllung haben sollten, dann können Sie Ihren Wunsch natürlich auch geistig fixieren. Hierbei ist mir mal etwas Lustiges passiert, was auf einer langen Fahrradtour durch die westliche Hälfte von Australien geschah. Ich war im nordaustralischen Outback, und die Regenzeit hatte gerade begonnen. Mittags herrschten Temperaturen bis zu 43°C, und durch die Unwetter, die durchs Land zogen, herrschte zeitweise eine lähmende Schwüle. Ich war schon mehrere Wochen ohne eine richtige Pause unterwegs, und sowohl meine Kräfte als auch meine Motivation waren auf einem tiefen Tiefpunkt. Die Ernährung der letzten Wochen war nicht gerade ausgewogen, und zu trinken gab es, außer bei den Versorgungsstationen, mal besseres und mal schlechteres Wasser. Als ich auf meinem Fahrrad meinen Gedanken nachging, bekam ich plötzlich eine nicht zu bändigende Lust auf eine kühle Cola – weit weg von jeglicher Versorgungsstation! Ich hatte so eine Lust darauf (ich muss wohl unterzuckert gewesen sein), dass mir alles egal war und ich mich gezwungen sah, partout beim Universum eine kühle Cola zu bestellen, die möglichst schnell geliefert werden sollte. Keine zehn Minuten später überholt mich ein Lastwagen und hält 100 bis 200 m vor mir auf dem seitlichen Schotterstreifen an. Der Lastwagenfahrer steigt aus und stellt irgend etwas auf die Fahrbahn. Er winkt mir zu, steigt wieder ein und fährt weiter. Und was stand da mitten auf dem Highway irgendwo im Nirgendwo? *Eine kühle Coladose!!!* Die Freude für mich war natürlich immens (wobei ich sonst kein großer Anwender und Vertreter von solchen Getränken bin). Das war jetzt zwar nichts Weltbewegendes, doch ein sehr lustiges Beispiel, das ich nie vergessen werde.

Wenn man die Wünsche so allgemein wie möglich und so spezifisch wie nötig formuliert, dann kann das Universum darauf hinwirken, dabei den bestmöglichen Wirkungsgrad zu erreichen. Der Radius dessen, was wir in der Lage sind zu erkennen, ist bei uns wesentlich geringer als bei unseren Helfern und Helfershelfern, die uns aus dem geistigen Milieu zur Seite stehen. Indem wir nun möglichst allgemein formulieren, erlauben wir es unseren geistigen Mentoren, dass diese uns zum für uns insgesamt absolut Bestmöglichen hinbringen. Unter diesem Gesichtspunkt ist es auch wichtig zu sagen, dass man nicht einen bestimmten „Weg zum Wunsch" bestellen sollte, sondern den Wunsch selbst. Der Wunsch sollte klar feststehen, doch der Weg sollte immer offen bleiben.

Hier ein Beispiel dazu: Sie wollen unbedingt nach Vanuatu. Nicht so toll wäre es zu bestellen, dass man das Geld (Weg) für einen Flug nach Vanuatu (Wunsch) will. Wesentlich besser ist es zu bestellen, dass man dann oder dann in Vanuatu *ist*. Vielleicht bekommt man von irgendwoher, von wo man es nie erwartet hätte, das Geld für den Flug nach Vanuatu. Oder man trifft einen Segler, der auf dem Weg nach Vanuatu ist und verzweifelt nach einem solchen Reisegefährten wie Sie sucht. Ihre Helfer aus der geistigen Welt sind in dieser Hinsicht geschickter als Sie denken.

Wenn man etwas weiter geht, kann man aber auch solche Formulierungen etwas optimieren. Diese eben erklärte Art der Bestellung ist zwar gut, aber sie stellt noch nicht **die vollendete Art der Bestellung** dar. Optimal zur Befriedigung Ihrer Reiselust wäre in diesem Falle folgender Wunsch: „Ich reise gern und viel zu den Plätzen, die mir am besten gefallen." Sie mögen nun vielleicht einwenden: Wäre ja schön und gut, wenn es so wäre, wie ich es gerne haben würde, aber es IST gegenwärtig nicht so. Meine Antwort: Es IST für Sie gerade deshalb nicht so, weil es für Sie „wäre schön, wenn" ist!

Stellen Sie sich vor: „*...Sie hätten Ihr Ziel bereits erreicht. Dadurch erzeugen Sie eine Spannung, ein ‚energetisches Gefälle' zwischen der inneren und der äußeren Wirklichkeit, das Ihr Unterbewusstsein früher oder später überbrücken wollen wird.*" [15, S. 63]

Die Ziele und Wünsche beim Aufschreiben in der Gegenwart zu formulieren, verstärkt diese noch mehr, weil damit das Aussäen des Samens nicht aufgeschoben wird, sondern jetzt in der Gegenwart beginnt. Das Unterbewusstsein erkennt dadurch den sofortigen Handlungsbedarf, und dementsprechend wird es auch sofort loslegen. So erreichen wir schnellstmöglich, dass wir unsere Früchte im Leben ernten können. Wenn man jedoch etwas in der Zukunftsform formuliert, bewirkt das wenig, weil man damit aussagt, dass die andauernde Gegenwart („Alle Zeit ist jetzt.") nicht verändert werden muss, und so bleibt in diesem Falle alles, wie es ist.

Wichtig beim Setzen unserer Saat ist es zudem, in Bejahungen und nicht in Vereinungen zu formulieren. Also: „Ich *bin* kerngesund und topfit" anstatt „Ich bekomme *keine* Krankheiten und körperliche Probleme"; „Mein Reichtum *nimmt zu*" anstatt „Ich will *nicht mehr arm sein*"; oder „Ich *lebe* in einem *wunderschönen Haus*", anstatt „Ich kann diese Wohnung *nicht mehr ausstehen*". Warum ist das so wichtig?

Nun, ich denke es ist verständlich, dass man nicht etwas erschaffen kann, was *nicht existenzfähig* ist. Es kann nur etwas erschaffen werden, was auch *existenzfähig* ist. Eine „keine Krankheit" kann man nicht erschaffen. Nur eine „Krankheit". Die Krankheit ist es aber, die man in diesem Fall vermeiden will. Achten Sie deshalb auf Ihre Gesundheit und nicht auf Krankheiten. Beim Erinnerungsvermögen sollten wir beispielsweise nicht darauf achten, dass wir „nicht vergessen", sondern uns auf das „Erinnern" konzentrieren. „Nicht" und „kein" müssen aufgrund der Naturgesetze bei der Wunschbearbeitung und Wunscherfüllung ausgeblendet werden. Wenn wir uns sagen: „Dies oder das will ich nicht", dann nähern wir uns dem Jeweiligen trotzdem an, da der Geist keinen Rückwärtsgang hat und sich genauso wie die Zeit, die wir erleben, nur nach vorne, also auf das Jeweilige zu, bewegen kann. Falls man das, was man nicht haben will, nun doch haben will, kann man aber ruhig mit „nicht" und „kein" arbeiten. ☺

Bedenken Sie bei Ihrer Bestellung auch, dass jede Sache nicht nur Vorteile, sondern auch Nachteile hat. So kann es passieren, dass man sich in einer Beziehung danach sehnt, eine Weile niemanden um sich herum zu haben, der ersehnte „sportliche Mann" kann einen körperlich fix und fertig machen, der schnelle Sportwagen kann einen zum Außenseiter machen, und wenn man generellen Erfolg hat, dann kann es (gerade in Deutschland) leicht passieren, dass sich gierige Neidhammel über einen hermachen. Alles hat seine Vor- und Nachteile. Bedenken Sie bei einem Wunsch also auch die andere Seite der Medaille und ob Sie damit leben wollen.

**„Bedenke wohl, worum Du bittest,
denn es könnte dir gewährt werden."**

Weiterhin sollten Sie nicht für andere wünschen, denn Sie kennen den Lebensplan und die wirklichen Wünsche und Ziele des anderen nicht, und grundsätzlich ist jeder für sich selbst verantwortlich. Der freie Wille des Einzelnen steht in jedem Falle über unserer eigenen Entscheidungsgewalt. Dass das Wünschen „für" andere brandgefährlich ist und oft mehr schadet als nutzt, hat eine gute Bekannte von mir – die Verena, die eine unersetzliche Hilfe beim Erstellen dieses Buches gewesen ist – erfahren dürfen. Sie meinte, dass sie ihrer Tochter etwas Gutes tun würde, wenn sie ihr eine *gute* Note bei einer Prüfung wünschen würde. Die Prüfung wurde geschrieben und irgendwann kam dann ihre Tochter sauer und enttäuscht mit einem *gut* (Note 2) nach Hause, wo sie doch so sehr auf ein „sehr gut" spekulierte. Die Moral von der Geschichte: Niemals für andere etwas wünschen. Und auch von Wünschen *gegen* andere kann ich abraten, denn diese Verwünschung wird am Ende zu Ihnen zurückkehren und Sie selber treffen. So will es actio = reactio.

Wenn wir hier schon über „die anderen" reden, dann kann ich Ihnen bei der Gelegenheit noch empfehlen, dass Sie darauf verzichten sollten, anderen Leuten zuviel von Ihren Zielen, Plänen und Wunschbestellungen kundzutun. Je mehr Sie über solche Dinge reden, desto weniger Energie haben Sie, um diese umzusetzen und desto mehr werden diese zerredet. Die Erwartungshaltungen von anderen werden Sie, wenn Sie den anderen ausgiebig von Ihren Zielen und Wünschen erzählen, vielleicht gar nicht erfüllen können, da die bewussten und unbewussten Sorgen darüber, die Erwartungshaltungen der anderen zu erfüllen, den Großteil Ihrer zur Verfügung stehenden Energie benötigen werden. Auch der hierdurch ausgelöste Neid und die Missgunst werden Sie möglicherweise energetisch zermürben. Besser ist es also, über seine eigenen Ziele und Wünsche zu schweigen, denn so bleibt das eigene Selbstbewusstsein und das Vertrauen in das, was zukünftig werden soll, gewahrt.

Nun möchte ich Ihnen noch ein allgemeines Beispiel dafür in die Hand geben, wie man einen kosmischen Vertrag verfassen kann. Einen Teil davon habe ich aus dem Buch „Hände weg von diesem Buch" von Jan van Helsing sowie aus den Büchern von Peter Kummer übernommen. Den Rest habe ich mir selbst aus den Fingern gesaugt. Falls Sie so einen kosmischen Vertrag für sich selbst verfassen möchten, dann schreiben Sie nur das hinein, was *Sie selbst* auch wirklich wollen. Schicke Massentrends sollten darin keine Erwähnung finden.

Ich bin bereit, meine Lebensaufgabe anzunehmen.

Ich komme so schnell wie für mich möglich so weit wie nur irgend möglich, und mir geht es in jeder Hinsicht von Tag zu Tag besser. Ich bin für alles offen, was zu mir gehört, und mit Leichtigkeit fließt alles Gute zu mir. Von überall strömt immer das zu mir, was mich gerade am meisten weiterbringt. Ich höre so gut wie nur möglich auf mein Gefühl und meine innere Stimme, lebe andauernd im Hier und Jetzt und bin zur richtigen Zeit am richtigen Ort.

Ich tue generell am liebsten das, was ich am besten kann und was mir am meisten Freude bereitet. Was ich auch immer tue, genieße ich von ganzem Herzen, und meine Handlungen werden mehr und mehr zu Gold. Alles Wissen, das zum jeweiligen Zeitpunkt wichtig für mich ist, ist mit Leichtigkeit bei mir.

Beruflich mache ich, mit dem größtmöglichen Erfolg in allen Bereichen, das, was ich am besten kann und was mir am meisten Freude bereitet. Es ist immer mehr als genügend Geld da, damit ich all das machen kann, was ich will und soll.

Ich wohne in dem Haus beziehungsweise der Wohnung, die mir am besten gefällt und in der ich mich am wohlsten fühle. Bei mir ist der Partner, der am besten zu mir passt und zu dem ich am besten passe, und wir sind grenzenlos glücklich.

Datum, Unterschrift

Was auch immer Sie in Ihren persönlichen kosmischen Vertrag reinschreiben, Sie müssen es von ganzem Herzen wollen, sonst funktioniert es nicht. Das gilt natürlich nicht nur für den kosmischen Vertrag, sondern generell für Ziele und Wünsche. Man sollte Ziele und Wünsche immer so definieren, dass mit der jeweiligen Definition ein gutes Gefühl einhergeht, sprich: Es wird nur das als Ziel oder Wunsch definiert, was wir auch *wirklich* wollen und uns echte Freude bereitet.

Je nachdem wie gesund oder krank Sie Ihr Leben derzeit führen, bringt dieser persönliche kosmische Vertrag aber auch mit sich, dass sich Ihr Leben ändert und möglicherweise eine Reinigung durchläuft. Vertraute Menschen werden vielleicht aus Ihrem Leben verschwinden, weil diese nicht mehr zur Ihrer veränderten Situation passen, doch neue Menschen werden kommen. Vielleicht steht dann auch ein Arbeitsplatz oder gar ein Berufs- und Wohnortwechsel an. Dies wird dann möglicherweise als großer Verlust empfunden, und man versteht die Welt plötzlich nicht mehr. Wenn solche Veränderungen bei Ihnen beginnen, dann stürzen Sie sich nicht in Trauerdepressionen, sondern vertrauen Sie. Jede kleine und große Reinigung bedeutet, erst mal Veränderungen durchzumachen, bei denen man oft erst später erkennt, warum die Veränderungen notwendig waren. Es ist grundsätzlich ganz einfach so, dass das Alte zuerst verschwinden muss, damit der verbesserte Zustand überhaupt kommen kann. Solche Veränderungen sind also insgesamt gesehen nicht furchtbar und schlimm, denn nach der Umwandlung wird sich Ihr Leben strahlender und schöner gestalten, als Sie es sich je zu träumen gewagt hätten.

**„Wenn irgend etwas aus Ihrem Leben verschwindet,
ist es immer ein Zeichen dafür,
dass etwas Besseres unterwegs ist."**
Catherine Ponder

Sie glauben mir nicht, dass das Aufschreiben der Ziele und Wünsche hilft? Na, dann schauen wir mal, was Peter Kummer über die Einstellung, wie viele sich treiben lassen, schreibt:

„In meinen diversen Seminaren staune ich immer wieder darüber, wie ziellos viele Menschen durch ihr Leben ‚stolpern', frei nach dem Motto: ‚Wir haben zwar keine Ahnung, was wir wollen, aber das mit unserer ganzen Kraft.'...

Um ein Bild zu benutzen: Sie treiben wie ein Schiff auf dem Ozean, ohne Kompass, Ruder und Motor, schimpfen aber wie die Rohrspatzen und beschweren sich vehement darüber, dass sie in keinen sicheren Hafen kommen. Jeder Windstoß wirft sie aus der Bahn, verändert ihren Kurs, und so schlingern sie hilflos und verzweifelt im Ozean des Lebens umher und fragen sich,

warum andere mit einem klaren Ziel, Kompass, Außenborder und einem stabilen Ruder mühelos an ihnen vorbeiziehen...
Wissenschaftler haben in diesem Zusammenhang Folgendes festgestellt:

1. *Von 100 Personen haben ganze drei Prozent ein klares Ziel schriftlich fixiert in der Schublade; diese drei Prozent erreichen allesamt ihr Ziel, und zwar deshalb, weil es klar definiert und schriftlich festgehalten ist.*
2. *30 Prozent von 100 Personen haben ihr Ziel zwar nicht schriftlich fixiert, aber zumindest klar definiert im Kopf. Davon erreichen es immerhin noch 70 Prozent.*
3. *Der Rest, also das Gros der Menschen, sprich etwa zwei Drittel, hat schlicht und ergreifend kein festes Ziel, glaubt an Zufälle und wartet ein Leben lang auf ein Wunder wie zum Beispiel den berühmten Lottogewinn. Ihr Lebensmotto lautet: Ich weiß zwar nicht wo es hingeht, aber ich werde mich trotzdem beeilen! ...*

Wie Sie ... erfahren haben, ist der persönliche Zielplan deshalb so wichtig, weil Ihre gesamten positiven Energien dadurch gebündelt und auf einen einzigen zentralen Punkt, nämlich Ihr Ziel konzentriert werden...

Vor einigen Jahren fand ich in einem Buch über Bruce Lee, den Karate-König Hollywoods, dessen eigenen, ganz persönlichen Zielplan, den er 1969 verfasst hatte und der knapp zehn Jahre danach in fast allen Punkten erfüllt war. Sein größter Wunsch war es gewesen, der bekannteste und bestbezahlte Superstar in den USA zu werden: Und er wurde es auch! Frei übersetzt hatte dieser Zielplan den folgenden Wortlaut:

Mein persönliches Hauptziel

Ich, Bruce Lee, werde der erste höchstbezahlte asiatische Superstar in den Vereinigten Staaten sein. Als Gegenleistung werde ich die aufregendsten Vorstellungen geben und Höchstleistungen als Schauspieler vollbringen. Anfang 1970 werde ich Weltruhm erlangen und von da an bis Ende 1980 netto zehn Millionen Dollar besitzen. Ich werde so leben, wie es mir gefällt, und ich werde innere Harmonie und Glück erreichen.
Bruce Lee, Januar 1969" [16, S. 101-107]

Na, das ist doch faszinierend, nicht wahr? Wie wir inzwischen wissen, hat sich der kosmische Vertrag von Bruce Lee auch erfüllt. Was nun Bruce Lee geschafft hat, zustande zu bringen, das können Sie, in den Bereichen die für Sie geschaffen sind beziehungsweise für die Sie geschaffen sind, auch. Wichtig ist es aber erst mal, dass man den richtigen Anfang findet. Der Beginn aller Unternehmungen bei der Realitätsgestaltung ist nämlich immer eine Analyse des momentanen Zustandes:
1. Wo stehe ich gegenwärtig in meinem Leben?
2. Wo will ich eigentlich hin?

Das mag zwar recht banal klingen, doch viele wollen sich nicht der Tatsache stellen, dass sie ein Leben führen, welches oftmals ganz und gar nicht dem entspricht, wie sie das eigene Leben eigentlich haben wollen. Doch wegschauen wird nie etwas helfen, sondern das Problem nur weiter verschärfen, da ohne das Bewusstsein, dass das Problem existent und real ist, das Problem weiter völlig ungeschoren wachsen kann. Damit dies nicht geschieht und leb- und sinnlose Zustände sich auflösen, gilt es, sich selbst zu stellen und sich selbst zu hinterfragen:
1. Welche Programme laufen in mir ab?
2. Welche Programme sollen es sein, damit das derzeitige Kapitel der eigenen Existenz so wird, wie es werden soll?
3. Die Programme, die aus dem leblosen Zustand rausführen, konsequent umsetzen.

Nicht selten entspricht die Art und Weise, wie man mit der Gegenwart umgeht, nicht dem, wie es sein soll, damit das entsteht, was es werden soll. Hier heißt es, das Fundament zu reinigen, denn ohne eine saubere Basis lassen sich keine Keime anpflanzen, die im Laufe der Zeit das Leben in Richtung Paradies bringen sollen.

Kapitel 9.4
Zielerfüllungen

Kapitel 9.4.1
Überzeugtes Denken und Fühlen

Wie wir gelernt haben, ist die generelle Basis für die Realitätsgestaltung die, dass das, was tagtäglich in unserem Kopf so rumbrutzelt, in die *richtigen Wege* geleitet wird und wir uns somit geistig nur mit dem beschäftigen, *was wir selbst wollen*. Dabei müssen wir „sauber" im Kopf bleiben, denn alle gutgemeinten Arbeiten an uns selber werden sonst durch den geistigen Schmutz des Gewohnheitsdenkens wieder versaut und zunichte gemacht.

Im Übrigen macht es in der Gesamtenergiebilanz keinen Sinn, wenn der Kopf verschmutzt ist. Die Energie, die man aufwenden muss, um sich mit den Auswirkungen von negativem Gedankengut auseinanderzusetzen, ist insgesamt weitaus größer als die Energie, die man aufwenden muss, um positiv zu denken und sich seine Wünsche und Ziele damit zu erfüllen. Warum ist das so?

Nun, die Energiemenge, die man aufwendet, wenn man graues, depressives Gedankengut kreiert, ist in etwa gleich der Energiemenge, die man mit positivem und konstruktivem Gedankengut kreiert, jedoch mit dem Unterschied, dass das graue und schwarze Gedankengut schlicht und ergreifend keinen Spaß macht! Jetzt kommt aber das Entscheidende: Nach dem negativen Denken muss man noch *zusätzlich Energie aufwenden*, um sich mit den daraus entstandenen Problemen auseinanderzusetzen, während man nach dem positiven Denken durch all die guten Ziel- und Wunscherfüllungen noch *zusätzlich Energie bekommt*. Daher braucht mir niemand zu erzählen, dass das erfolgsorientiert-positive Denken zu anstrengend wäre. Wirklich anstrengend ist nur das Sorgen machen, das Ausleben von Ängsten und das kontinuierliche Reinsteigern in Heißwutvorstellungen.

Lässt man sich nun mehr und mehr auf das ein, was man wirklich will, so ist ein erster und bedeutender Schritt getan. Das Ende ist damit aber noch nicht erreicht, denn würden die geistigen Gesetzmäßigkeiten ausschließlich entsprechend unserem Willen ihre Dienste verrichten, dann ginge es uns allen heute in jeder Hinsicht blendend. Da dies aber nicht der Fall ist, muss man folgern, dass es noch weitere Faktoren geben muss, von denen die Zielerfüllung abhängig ist.

Die zweite Runde auf der Reise zum Ziel läutet *der Glaube an das Ziel* ein. Den Glauben kann man bei der Realitätsgestaltung als ein vollständiges Vertrauen und ein absolutes Überzeugtsein von der Zielerfüllung definieren. Sehen Sie es mehr als eine felsenfeste und unwiderrufliche Entscheidung, als eine unter Zwang hervorgerufene Großanstrengung an – oder als eine von uns erzeugte Kraft, die uns automatisiert vorwärts treibt. Automatisiert deshalb, da das, woran man wirklich glaubt, im Unterbewusstsein festzementiert ist und man das, was Teil des Unterbewusstseins ist, automatisch in der eigenen Realität ausführen wird.

> **„Nicht das, was du möchtest,**
> **nicht das, was du willst, geschieht,**
> **sondern das, was du glaubst."**
> *Erhard F. Freitag*

Es ist eines der wichtigsten Dinge für die Realisierung eines erfolgreichen Lebens, davon überzeugt zu sein, dass man das, was man will, schaffen *wird* und innerlich so zu leben, als ob es schon so *ist*. Es darf gar nicht anders möglich sein, als dass es zu Ihrem Ziel kommen wird. Und dann geschieht es auch. Sollten Sie zwar das jeweilige Ziel wollen, aber nicht im Geringsten davon überzeugt sein, es zu schaffen, dann haben Sie aus eigener Kraft von vornherein schon verloren.

Den Unterschied zwischen Glaube und Wille verdeutlicht Erich Rauch sehr gut in seinem Buch „Autosuggestion und Heilung":

„Man stelle sich einen langen und breiten Balken vor, der am Boden liegt. Jedermann, den man dazu auffordert, kann von einem Ende zum anderen, ohne daneben zu treten, darübergehen. Nun wird der Versuch verändert: Man soll über den gleichen Balken gehen, der jetzt statt am Boden liegend, hoch oben die Doppeltürme eines Domes als Steg verbindet. In diesem Falle werden sich alle – mit Ausnahme von Artisten – weigern, darüber zugehen. Mit Recht. Trotz stärkster Anspannung der Willenskräfte würden sie höchstwahrscheinlich abstürzen.

Man fragt sich: Warum fällt man nicht beim liegenden und warum beim hohen Balken?

Antwort: Weil man sich beim liegenden Balken vorstellt – und daran autosuggestiv glaubt (!) – die Aufgabe leicht zu meistern, während man beim hohen Balken an die Gefahr des Absturzes autosuggestiv glaubt. So geschieht eben nicht das, was man will, sondern das, was man glaubt." [14, S. 27]

Völlig verloren sind wir aber nicht, wenn wir nicht an unser Ziel glauben. Wollen wir an ein bestimmtes Ziel kommen, können aber nicht wirklich daran glauben, dieses Ziel zu erreichen, so können wir durch Arbeit an uns selbst zum notwendigen Glauben kommen. Dabei muss der Verstand, der uns von dem Glauben an unser Ziel wegleiten will, überwunden werden und das, was wir wollen, anschließend ins Unterbewusstsein eingepflanzt werden. Um dies zu erreichen, ist eine ständige Wiederholung des Ziels vonnöten. Diese Technik heißt Autosuggestion und kann auf zweierlei Art und Weise ablaufen – durch Gedanken oder durch Bilder:

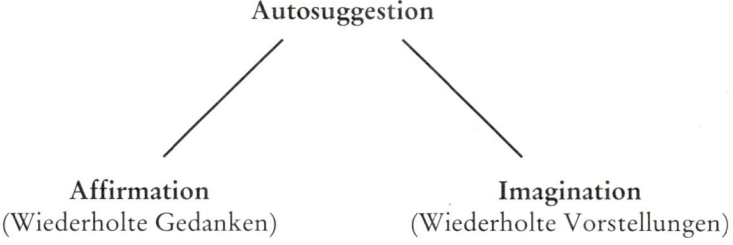

Bild 6: Grundtechniken zur Beeinflussung des Unterbewusstseins

Das Ganze funktioniert genau so wie in der Werbeindustrie (nur dass es dort zum Negativen eingesetzt wird). Ständig wird über Wochen und Monate das Jeweilige wiederholt und wiederholt. Irgendwann ist dann so lange und so stark auf den Verstand eingehämmert worden, dass der Verstand keine Kraft mehr hat, sich zu wehren. Schließlich kapituliert der Verstand, die Werbeformel gelangt ins Unterbewusstsein und der Mensch kauft anschließend das Produkt.

Da wir aber nun mittendrin in der Meisterung und Lenkung unseres eigenen Lebens sind, wollen wir nicht mehr von außen beeinflusst werden, sondern uns selbst im Griff haben. Wenn jemand Zugriff auf unser eigenes Leben und unsere Gedanken hat, dann sind wir das und sonst niemand! Den gezielten Zugriff auf unser Unterbewusstsein bekommen wir durch die Techniken der Affirmation und der Imagination. Haben Sie keine Angst vor diesen beiden Begriffen. Sie wenden diese Techniken mit Sicherheit jeden Tag unbewusst an, doch dies leider oft ungelenkt und hin und wieder vielleicht auch in die selbstzerstörerische Richtung.

Die Affirmation und Imagination sorgen dafür, dass die Aufmerksamkeit gebündelt wird und als Brennpunkt auf das Ziel gerichtet wird. Durch das ständige Einhämmern des Ziels wird der Verstand, der uns zur „Vernunft" zwingen will, damit wir ja ein bescheidenes kleines Opferleben führen, mürbe gemacht und das Unterbewusstsein ausgeschmückt. Je öfter man dies tut, desto mehr wird man von seinem Ziel überzeugt, und das ist es, worum es bei dieser Arbeit geht. Autosuggestionen sind aber absolut keine Pflicht für die Zielerfüllung. Genauso gut können wir uns entscheiden, auf der Stelle von einer durchdringenden Überzeugung erfüllt zu sein. Es liegt nur an uns, ob wir uns dafür entscheiden.

Affirmation (Wiederholte Selbstsuggestion):

Bei der Affirmation wiederholt man immer wieder in kurzen, knappen und prägnanten Sätzen das, was man als nächstes machen will. Sehr wirkungsvolle Ergebnisse erzielt man mit dieser Technik wie auch mit der Imagination, wenn man sie beim Meditieren anwendet, da man beim Meditieren in einem bewusstseinsmäßig etwas tieferen Zustand ist als sonst und man so leicht seine Ziele und Vorstellungen in das Unterbewusstsein einpflanzen kann. Natürlich kann man die Affirmation auch im ganz normalen Alltagsleben anwenden, wie beispielsweise in der U-Bahn oder morgens auf dem Weg zur Arbeit, denn Affirmationen sind ja nichts anderes als wiederholte Gedanken. Dabei muss man aber unbedingt beachten, dass man kein generell schlechtes Gefühl für sein Ziel hegt (z. B. man will finanziell gut ausgepolstert sein, aber man lebt mit einem bettelarmen Gefühl).

Durch die Affirmation haben schon unzählige Menschen das umgesetzt, was sie zuvor wollten. (Beispiele hierzu finden Sie unter anderem in den Büchern von Peter Kummer, Dr. Murphy und Erich Rauch.) Wiederholen Sie einfach immer wieder mit Ihrer eigenen sprachlichen Ausdrucksweise über einen langen Zeitraum einen kurzen, knappen, prägnanten und gut überlegten Zielsatz, der genau das ausdrückt, was Sie wollen – den Sie aber auch eins zu eins fühlen sollten. Durch dieses stetige Wiederholen erschaffen Sie eine Art Programm, welches sich mehr und mehr in das Unterbewusstsein einlagert, da die Menge und die Regelmäßigkeit der Autosuggestionen dafür sorgen, dass das Bewusstsein durch die vielen immer wiederkehrenden Tropfen ausgehöhlt wird, bis die Botschaft das Unterbewusstsein erreicht. Dabei ist es wichtig, einen auf die eigene Persönlichkeit zugeschnittenen Satz zu finden. Patentsätze, die auf alle gleich gut ansprechen, gibt es hier nicht. *„Suche dir einfach diejenigen Affirmationen heraus, die sich für dich am besten anfühlen und bei denen du am wenigsten Widerstand spürst. Jede Affirmation sollte dir ein warmes, angenehmes und sicheres Gefühl schenken. Wenn du merkst, dass Ängste hochkommen oder du dir selbst nicht glaubst, ändere deinen Wunschsatz so lange ab, bis du ihn widerstandslos denken und sagen kannst.“* [17, S. 135]

Wenn sich die Affirmation nach einer gewissen Zeit „verselbständigt" hat, also innerlich vorgesagt wird, ohne dass bewusst daran gedacht werden muss – was sich erfahrungsgemäß erst nach vielen Wochen bewusster Affirmation einstellt –, dann befindet man sich klar und deutlich auf dem Weg zum Ziel. Nach der vorhergehenden intensiven Heranreifung wird es dort dann seinen aktiven Dienst tun und Sie nun gemäß dem fest installierten Programm so durchs Leben lenken, damit Sie dort ankommen, wo Sie sein möchten.

Während meines Studiums ging es in den Wochen vor den Prüfungen hierzu rund in meinem Kopf. Von meiner Wohnung bis zur Hochschule bin ich damals jeden Tag eine Stunde hin und eine Stunde zurück gefahren. Gebetsmühlenartig manifestierte ich oft den Satz „Ich schaffe die Prüfung optimal" (nicht „perfekt" – nobody is perfect!) oder andere persönlich wichtige Tatsachen in mein Leben hinein. Die Ergebnisse nach den Prüfungen können sich sehen lassen, und im Gegensatz zu allen mir bekannten Mitstudenten, musste ich nicht eine einzige Prüfung wiederholen. Ich mache dafür nicht irgendeinen hypothetischen und nichtssagenden IQ verantwortlich, sondern die gezielte Lenkung meiner Energie – in Gedanken und Tat. Selbstverständlich habe ich während des Studiums auch sehr viel für meine Prüfungen getan. Doch nur das alleinige Machen genügt eben nicht für den umfassenden Erfolg.

Ein anderer Student, der während der Prüfungsvorbereitung eifriger bei der Sache war als ich und auch vieles schneller verstand, hatte trotzdem innerlich vor den meisten Prüfungen Ängste und große Bedenken, ob er es wohl schaffen würde. Das Ergebnis war, dass er im überwiegenden Teil der Prüfungen um ein bis zwei Noten schlechter war und er sogar ein paar Prüfungen wiederholen musste. Wäre seine Einstellung eine andere gewesen, so hätte er sich eine Menge Stress erspart.

Ich muss zu meiner persönlichen Situation noch anmerken, dass ich während meiner Schulzeit, aufgrund meiner damaligen extremen Unausgeglichenheit im System *„Körper-Leistung-Kultur-Gemeinschaft"* (Erklärung hierzu folgt später) und wegen meinem grauen inneren Zustand, in den letzten sieben Schuljahren fast immer um meine Versetzung arg kämpfen musste und ich meinen Schulabschluss gerade noch schaffte. Es kam dann aber immer mehr die Zeit, ab der es mir restlos reichte, im Leben nur vor mich hin zu siechen und mein Leben selbst hin zu richten. Ab einem bestimmten Punkt hatte ich es endgültig satt, solch ein besch... Leben zu führen und fing an, in den meisten Bereichen meines Lebens zur Tat zu schreiten. Dabei war es aber nicht nur von Bedeutung, die richtige Vorstellung von besseren Zeiten zu haben, sondern die Vorstellungen auch kompromisslos durch eigene Taten umzusetzen.

Imagination (Wiederholte bildliche Vorstellung des Zieles):
Lassen Sie, wie beim Tagträumen auch, regelmäßig immer wieder das, was Sie wollen, bildlich ablaufen. Schmücken Sie diese Vorstellung mit möglichst vielen Details aus und fühlen Sie Ihr Ziel. Erfreuen Sie sich immer wieder daran und verinnerlichen Sie dieses Gefühl mit der Zeit. Dadurch wird die Überzeugung gestärkt, das Ziel zu erreichen, und unser Verstand kann uns nicht mehr so leicht um den Finger wickeln. Je stärker das Gefühl für das jeweilige Ziel nun ist, desto stärker ist die Kraft, die einen zum Ziel bringt.

Wenn Sie nicht genau wissen, wie Sie die Imagination durchführen sollen, dann machen Sie es doch so wie beim Tagträumen, nur eben diesmal gezielt, bewusst und wiederholt auf Ihr Ziel ausgerichtet. Hilfreich ist es auch, sich das Jeweilige vorzustellen, wenn man abends ins Bett geht und dann einschläft. So wird das Ziel automatisch mit ins Unterbewusstsein transportiert und kann dort wachsen und sprießen.

Bei der Autosuggestion gibt es verschiedenste Arten und Möglichkeiten, nach denen man vorgehen kann. Generell gilt aber bei allen Techniken und Methoden, dass man nur diejenigen anwenden sollte, die einem gefallen und die sich gut anfühlen.

Nun möchte ich Sie noch auf ein paar Dinge aufmerksam machen, die selten genannt werden, aber doch von großer Bedeutung sind. Es gibt Dinge, die sich zusammen mit der Autosuggestion multiplizieren und ein gemeinsames Produkt ergeben. Passt man hierbei nicht auf, so kann als gemeinsames Produkt ein negativer Wert rauskommen, was bedeutet, dass der Schuss nach hinten losgegangen ist.

Wenn Sie etwas Neues in Ihrem Leben erschaffen wollen, dann muss nicht nur Ihr Denken, sondern auch Ihr **Gefühl** mit dem übereinstimmen, was Sie wollen. Nicht jeder Gedanke hat nämlich gleich große Auswirkungen auf unser Leben, da der Grad des Energiegehalts des Gedankens die Stärke der Auswirkung auf unser Leben bestimmt. Gerade Gedanken, die mit besonders starken Emotionen verbunden sind, ob nun positiver oder negativer Art, verwirklichen sich besonders schnell aufgrund ihrer Stärke. Ganz wichtig ist also, dass immer eine *echte Freude* in Bezug auf das Ziel vorherrscht. Wenn wir irgendwo im Hinterkopf doch noch ein Mangelgefühl haben, dann ziehen wir diesen Mangel an, so dass unsere insgeheimen Ängste wahr werden. Es gibt nämlich nur das „Anziehen" von Dingen, und wir legen durch unser Denken und unser Gefühl fest, ob wir das anziehen, was wir *wirklich wollen* oder ob es die offenkundigen beziehungsweise insgeheimen Ängste und Zweifel sein sollen, die wir wahr werden lassen. Durch Ängste und Zweifel setzt unsere Aufmerksamkeit einen völlig anderen Kurs als zum Gewollten – hin zum Misserfolg.

Wenn Sie etwas wollen, was noch nicht ist, dann dürfen Sie unter keinen Umständen das Gefühl des Mangels erzeugen. Sonst tut sich nämlich nichts. Wenn das in Ihr Leben eintreten soll, was Sie wollen, dann müssen Sie bereits *im Vorfeld* mit dem Gefühl der Zielerfüllung durchdrungen sein und den Weg zur Zielerfüllung mit Freude genießen. Sie müssen fühlen, dass es schon so ist, wie es werden soll.

Dies ist so, da sich Ihre persönliche äußere Realität in ständiger Resonanz mit dem Zustand Ihres persönlichen Energiefeldes (Ihrer Ausstrahlung) befindet. Daher ist es ohne Sinn, auf Biegen und Brechen alles Mögliche in Gang setzen zu wollen, wenn Ihr Energiefeld nicht schon im Voraus das ausstrahlt, was Ihre äußere Realität werden soll.

Ihre äußere Realität kann nur dann so werden, wie Sie es gerne hätten, wenn sich Ihre Ausstrahlung, die vor allem von Ihrem Gefühl erzeugt wird, sich schon in dem Zustand dessen befindet, was erst noch werden soll. Kurz und gut: Zuerst ändern Sie Ihr Gefühl so, dass es das ausstrahlt, was Sie gerne hätten, und dann erst wird das real, was Sie wollen – nicht umgekehrt.

Sie können beispielsweise nicht finanziell reich *sein*, wenn Sie mit dem Gefühl des Armseins durchs Leben gehen. Dies beweisen zahlreiche Lottokönige, die wenige Jahre nach ihrem Millionengewinn ärmer sind als vor dem Millionengewinn. Da sich diese Menschen nicht wirklich reich gefühlt haben, konnten diese auch nicht reich bleiben.

Die Schlussfolgerung aus dieser Tatsache lautet nun, dass schnell das Gegenteil entstehen kann, wenn man sich immer wieder einen kommenden Reichtum denkt und vorstellt, aber insgeheim die Armut ständig fühlt. *Plus* (Reichtum denken) *mal minus* (Armut fühlen) *ergibt minus* (=Reale Verschlimmerung der Armut)! Beachten Sie deshalb, dass beim bewussten Gestalten Ihrer Realität Ihr Herzensgefühl dem Gedachten entspricht, denn erst wenn sich ihre Vorstellungen im Kopf wahr anfühlen, erzeugen Sie das Gefühl, welches mit der Realität in Resonanz geht, die Sie haben wollen.

Sollte sich eine Affirmation oder Imagination für Sie also nicht gut und wahr anfühlen, dann arbeiten Sie erst mal daran, Ihr Gefühl in Bezug auf das, was Sie wollen, auf Vordermann zu bringen. Sollte dies nicht klappen, weil sich vielleicht zerfressende Überzeugungen mit einer langen Halbwertszeit in Ihnen eingenistet haben, so können Sie einen kleinen Trick anwenden, der auch bei der subtilen Gestaltung des Weltgeschehens eine bedeutende Rolle spielt.

Wenn das Ziel zu stark von Ihrem gegenwärtigen Zustand abweicht und Sie deswegen die Affirmation oder Imagination nicht wirklich fühlen und glauben können, dann ist es besser, sich nicht das Endziel, sondern die Verbesserung Ihres gegenwärtigen Zustandes in Richtung Ziel einzuprogrammieren. So kann man das Ganze besser glauben, und es entstehen keine zielvernichtenden Gefühle. Man kann in diesem Fall das, was noch werden soll, viel besser integrieren, da man sich in stetigen und kontinuierlichen Einzelschritten auf das (in diesem Fall wohl etwas ferne) Ziel hinbewegt. Das Aufteilen eines sehr großen Schrittes in viele kleine Schritte kann auf längere Sicht jedenfalls eine Menge bewirken, wie Sie an dem Weltgeschehen der letzten Jahrhunderte sehen können, falls Sie in der Lage sind, hinter das farbenprächtige Tuch des Scheins zu blicken.

Die Tatsache, dass es für den Erfolg von Unternehmungen einer echten, überzeugten Einstellung bedarf, bedeutet nun aber nicht, dass man völlig blauäugig rangehen und mögliche oder reale zukünftige Abgründe ausblenden sollte. Wenn Sie beispielsweise in einer heiklen Expedition stecken und – ob nun aufgrund einer falschen Einschätzung der realen Gegebenheiten, einer unzureichenden körperlichen Vorbereitung oder einer mangelhaften generellen Planung – merken, dass dies eine Reise in den Abgrund wird, dann sollten Sie selbstverständlich nicht an Ihrer Überzeugungskraft feilen, sondern sich zurückziehen.

Ein weiterer Punkt, bei dem man auch leicht ins Minus abrutschen kann, ist die Sache mit der **Lockerheit**. Ins Minus geht es bei der Lockerheit, wenn man dem gegenwärtigen Leben den Kampf ansagt und geistig manisch an dem rumturnt, was noch werden soll. Will man mit einem Maximum an Aufwand, Eile und Tam Tam in Richtung Ziel aufbrechen, so wird dieser Feldzug schnell in eine Sackgasse münden. Sie machen in diesem Fall nämlich das Gegenteil von dem, was Sie tatsächlich tun sollten: Sie holen mit einem maximalen Einsatz Minimales raus, weil Sie in einem zwanghaften Wollen und Müssen drinstecken und dadurch eine Mauer aufbauen. Und aufgrund dieser Mauer wird nichts mehr von Ihrer Energie zum Ziel gelangen können.

Sie sollten sich zwar schon mit Ihrem Ziel auseinandersetzen, jedoch nur solange es locker und nicht zwanghaft ist. Spüren Sie einen Energiestau, so fließt die Energie nicht mehr zum Ziel, sondern sie hängt fest – und zwar an einer Blockade. Die Energie stärkt nun nicht mehr das Ziel, sondern stärkt die Blockade. Die Blockade wird somit wachsen, und das Ziel wird dort bleiben, wo es ist: in der Ferne. Anstatt einem „zwanghaften Müssen" ist hier also ein „lockeres Werden" als Ausgangsbasis empfehlen, bei dem man sich locker und mit Freude mit seinem Ziel auseinandersetzt, ohne sich in mit Kampf und Krampf an seinem Ziel festzubeißen. Erfolgsorientiert *sein*, ohne darum zu kämpfen, es zu *werden* – so erreicht man mit einem minimalen Zeit- und Energieaufwand Maximales.

Was also hilft, ist eine Autosuggestion, die mit Leichtigkeit, Lockerheit und ohne Anspannung durchgeführt wird sowie *„die gelassene unerschütterliche Zuversicht...*

Wir dürfen Verbesserungen nicht ‚er-wollen' sondern nur ‚er-glauben'!
Man vergesse nicht den Lehrsatz, dass nicht das geschieht, was wir wollen." [14, S. 61]

„Bewusste Autosuggestion betreiben heißt,
sich dazu erziehen, an die Verwirklichung dessen zu glauben,
was man erreichen will."
F. Lambert

Bevor wir mit der dritten Variable beim Umgang mit Zielen weitermachen, möchte ich Sie erst einmal beglückwünschen. Wenn Sie es bis hierher geschafft haben, dann hat viel auf Sie eingewirkt. Für den einen oder anderen vielleicht zu viel. Nun, ich möchte Ihnen hier aufgrund der vielen besprochenen Punkte auf keinen Fall den Mut nehmen, in der Richtung des bewussten Erschaffens aktiv zu werden, doch gibt es einige Spielregeln, die man allesamt kennen sollte, um wirklich effektiv mit den geistigen Gesetzen arbeiten zu können. Wie ich in einem vorherigen Kapitel schon erwähnt habe, möchte ich in diesem Buch einen Gesamtüberblick über alle Bereiche der Realitätsgestaltung bieten, damit ein möglichst allübergreifender Blick über dieses Themenfeld geboten wird. Diejenigen, die bei der bewussten Realitätsgestaltung erst am Anfang stehen, bitte ich daher nochmals, sich erst das Grundskelett anzutrainieren und etwaige Details fürs Erste außen vor zu lassen.

Kapitel 9.4.2
Machen

Der nächste Baustein für den Erfolg bei unseren Zielen ist das dauerhafte Tun sowie Disziplin und Durchhaltevermögen, indem man den Bereich, den das Ziel betrifft, mit beiden Händen anpackt und bearbeitet. Wenn es Menschen gibt, die auf Expeditionen fast schon Übermenschliches erreichen können, und die gibt es weltweit zur Genüge, dann können wir alle auch unsere eigenen herausfordernden Bereiche angehen – jedoch nur mit der Grundformel, welche alle erfolgreichen Menschen beherrschen müssen: *mit vollem Einsatz.*

Mit dem Satz „*Hilf dir selbst, dann hilft dir Gott.*" ist im Grunde schon alles gesagt, denn ohne Eigeninitiative von unserer Seite aus werden uns weder die geistigen Gesetzmäßigkeiten nützen können, noch unsere geistigen Helfer zur Tat schreiten. Ohne eine bewusste „Aktion" von unserer Seite, wird es auch keine beabsichtigte „Reaktion" in unserem Leben geben. Wenn Sie beispielsweise schon seit langem in ein bestimmtes Land auswandern wollen, dann können Sie noch viele weitere Jahre „wollen", „probieren" und „versuchen", oder Sie kommen in die Gänge und „machen" es. Je nachdem in welches Land Sie wollen, kann es einfacher sein oder auch einen gewaltigen Aufwand bedeuten, dorthin zu kommen. Doch nur wer „macht", der „wird". Wer nur hofft und probiert, bei dem bleibt alles so, wie es ist. So ist es nicht nur bei Auswanderungsprojekten, sondern bei allem, was als Idee für zukünftige Ziele in unserem Kopf rumschwirrt.

Wie bereits erwähnt, ist der entscheidende Knackpunkt beim Erreichen von Zielen, dass *wir* uns zum Ziel hinbewegen müssen. Die von uns ausgehende eigene Bewegung zum Ziel hin, also das „Machen", ist der essenzielle Punkt, ohne den beim Erreichen von Zielen überhaupt nichts geschehen kann. Das eigene „Machen" steht über dem „überzeugten Denken und Fühlen", da die tatsächliche Bewegung entscheidend ist, damit man selbst zu dem kommt, was noch werden soll. Natürlich ist auch das überzeugte Denken und Fühlen wichtig, doch ohne die Eigenaktivität geht bei der Zielerfüllung überhaupt nichts.

Hierzu ist mir ein Beispiel zu Ohren gekommen, welches die Bedeutung des Machens hervorragend aufzeigt. Irgend ein Schüler soll von den

Möglichkeiten Wind bekommen haben, die sich durch Affirmationen ergeben können. Dieser Schüler war schnell vom großen Potential, welches darin liegt, überzeugt und dachte sich: „Das mache ich auch! Das Lernen war eh nie was für mich, und so affirmiere ich mir einfach die gewünschte Note, ohne einen Finger dafür krumm machen zu müssen." Vor einer Prüfung setzte er sein Vorhaben mit Eifer um und fiel mit Saus und Braus durch die Prüfung.

Was ich Ihnen damit sagen möchte ist, dass bei der Zielerfüllung das überzeugte Denken und Fühlen nur in Kombination mit dem eigenen tatkräftigen Machen zu sehen ist. Das überzeugte Denken und Fühlen muss also realitätsbezogen sein. Konzentriert man sich nur auf das überzeugte Denken und Fühlen, so wird man nicht nur sein Ziel verfehlen, sondern man läuft sogar Gefahr, sich sein Ziel zu „zerdenken". Warum das so ist, verraten uns Jan van Helsing und Dr. Dinero:

*„...mit dem positiven **Denken** alleine ist es nicht getan, das muss nun auch in die Tat, in eine **Handlung** umgesetzt werden. Wenn ich vor dem Spiegel stehe und sage: ‚Ich bin gesund und attraktiv', rasiere mich aber nicht, lasse die Nagelpflege aus und zünde mir danach eine Zigarette an, um auch richtig gut aus dem Hals zu riechen, dann kann ich weder gesund sein noch werden und auch nicht der Schönste sein...*

Wir beweisen uns täglich, ob unser Denken mit unseren Handlungen übereinstimmt oder nicht. Wenn nun unser Denken nicht mit der Handlung übereinstimmt, dann ist das natürlich auch ein Beweis, allerdings dafür, dass wir in diesem Falle anders handeln als denken – also positiv denken, jedoch nicht entsprechend handeln. Für die entstandene neuronale Verknüpfung ist das vollkommen egal. Wenn jetzt also zum Beispiel jemand am Morgen seine positive Eigenmotivation beginnt mit den klassischen Suggestionsformeln, die da lauten: ‚Ich kann, was ich will; ich werde jedem Menschen mit Freundlichkeit begegnen; ich werde alle meine Ziele erreichen' und sich dann anschließend im Laufe des Tages das Gegenteil beweist, indem er vielleicht gerade seinem besten Mitarbeiter mit Unfreundlichkeit oder Unmut begegnet oder auf eine andere Weise negativ handelt, dann hat sich diese bedauernswerte Person den Beweis erbracht, dass Denken und Handeln nicht übereinstimmen. Wenn er dann auch noch lange genug auf genau diese Art und Weise vorgeht, dann dauert es mit Sicherheit nicht lange, bis er sich folgendes Programm, folgende neuronale Verbindung programmiert hat: ‚Jedes Mal, wenn ich morgens mei-

nen positiven Eigendialog mache, dann kann ich überhaupt nicht anders, als negativ zu handeln.'

Auf diese Weise kann also der Schuss gewaltig nach hinten losgehen. Irgendwann merkt er das natürlich, versteht die Welt nicht mehr, warum positives Denken bei ihm zum Beispiel überhaupt nicht funktioniert, und wird unglücklich. Darum ist positives Denken aber noch lange nicht schlecht...

Viele Menschen unterstellen, dass sie, wenn sie mit dem positiven Denken beginnen, automatisch auch in eine positive Handlung hineingeraten. Sicher kann das passieren, das ist jedoch ... nicht immer der Fall. Sollte diese positive Handlung sich nicht anschließen, dann kann, wie bereits erklärt, der Schuss nach hinten losgehen. Darum ein konkreter Tipp für alle Menschen, die positives Denken praktizieren möchten, den Gefahren allerdings gezielt aus dem Wege gehen wollen:

...Beginnen Sie mit dem Handeln, und Sie gehen der Gefahr der versehentlichen falschen Programmierung aus dem Weg. Nach einem Zeitraum von vier bis sechs Wochen können Sie wieder mit all den tollen Suggestionen weitermachen. Aber jetzt stimmt das Denken mit dem Handeln überein...

Positives Denken ist also nicht gut und nicht schlecht. Hat jemand 20 Jahre geraucht oder gesoffen, dann altert er auch schneller. Es ist also nicht damit gedient, nur zu denken: ‚Ja, ich sehe toll aus, mir geht es prächtig!' Das stimmt einfach nicht. Und man wird es auch nicht durch die Selbstsuggestion erreichen. Wenn die Person aber, nachdem sie mit dem Rauchen und Trinken aufgehört hat, damit beginnt, den Körper zu entgiften, zu entsäuern, ab sofort täglich Sport treibt, die Körperpflege intensiviert und sich dann positiv programmiert: ‚Ja, ich schaffe das, ich habe die Kraft und Ausdauer', dann wird auch was daraus." [18, S. 95-99]

Man darf aber nicht vergessen, dass auch das tatkräftige Machen auf einer bestimmten Geisteshaltung basiert, denn es ist hier der **Elan** und der tiefgreifende Wille, etwas Bestimmtes zu erreichen, welche den Strom unseres Antriebsmotors darstellen. Bestimmte Muster im Denken erschaffen hier gewählte Formen der Tat.

Das Aufgeben eines Ziels, das man sich vorgenommen hat, muss kategorisch ausgeschlossen sein. Auch wenn man wesentlich mehr Zeit benötigt als gedacht, so muss man doch immer auf das eingestellt sein, was man wirklich will. Wenn wir nämlich das, was wir wirklich wollen, aufgeben, dann geben wir uns selbst auf und leben mehr oder minder wieder nur eine vorgefertigte Rolle der künstlichen Matrix. Etwas anderes ist es natürlich, wenn wir auf dem Weg zu einem Ziel merken, dass wir hier wirklich auf dem falschen Dampfer sind und deswegen die Unternehmung abbrechen. Doch wenn wir das Gefühl haben, dass etwas Bestimmtes unser Ding ist, dann gibt es kein Pardon.

Ich möchte mich in diesem Buch sicher nicht als den supertollen Klugsch..... darstellen, der fast alles besser weiß und fast alles besser kann – auch bei mir gibt es genügend, was noch richtig umgesetzt werden muss –, doch ist bei vielen Menschen die Selbstaufgabe aufgrund der eigenen Trägheit gang und gebe, und gesellschaftlich gesehen ist diese Selbstaufgabe ein gern gesehener und allgemein akzeptierter Standard. „Ich würde ja gerne..., aber...", heißt es da.

Vor kurzem wurde mir wieder einmal solch ein Jammerlied vorgespielt. Da meinte Person X, dass er gerne ein Buch über Computerspielsucht schreiben würde. „Und?", meinte ich. Er würde aufgrund seiner eigenen Computerspielsucht nicht dazu kommen, meinte er. Als ich dann noch über den Entstehungsprozess von diesem Buch hier erzählte und erwähnte, dass ich seit über drei Jahren kontinuierlich an diesem Buch arbeite, kam die Aussage: „Da hätte ich längst aufgegeben."

„Die größten Plätscherer sind die schlechtesten Schwimmer."

Schade, dass es Leute gibt, die ihr Leben so herunterfahren. Es wäre schön, wenn sich diese Person voll in dieses Projekt reinhängen würde, aufgrund der eigenen Erfahrungen sowohl die Fallen, die einen in diese Sucht treiben, das ganze Krankheitsbild und vor allem sinnvolle Wege raus aus dem Wahn beschreiben würde und das Buch dadurch zu einem echten Erfolg werden würde. Doch wenn in so einem Fall doch wieder nur rumgeredet und rumgejammert wird, anstatt eine gute Idee mit Begeisterung und ohne großes Gerede umzusetzen, dann wünsche ich weiterhin eine gute Zeit in der Computerspielsucht – einem der vielen gezielt installierten Programme der künstlichen Matrix. Wenn Sie meinen, dass dies zu hart klingt, so kann ich dazu nur sagen, dass mir nicht daran liegt, auf der Beliebtheitsskala möglichst weit oben zu stehen, sondern die Wahrheit laut und deutlich auszusprechen, denn nur aus der Wahrheit können Verbesserungen hervorgehen.

Sicher ist es nicht einfach, eine größere Unternehmung durchzuziehen. Gerade am Anfang, wenn man noch vor dem gesamten zu bewältigenden Berg steht, kann es schnell passieren, dass sich vor einem eine große Mauer aufbaut. Man meint dann oft, dass mit dieser Mauer nicht zu scherzen sei und tritt „vorsichtshalber" den Rückzug an. ☺

Dieses Schema sehe ich oft, manchmal auch bei mir. (Wie schon gesagt möchte ich mir als Autor das Recht nehmen zu sagen, dass auch ich nicht alles hier Geschriebene optimal anwende, doch ich arbeite kontinuierlich an der Verbesserung.) Ich kann bei vielen Menschen in meinem Umkreis sehen, dass diese sich über ihr „schlechtes" Leben beklagen, doch gleichzeitig nicht gewillt sind, sich zu überwinden. Tja, darin kann man die Problematik der Probleme erkennen: die Faulheit und Trägheit, sich zu überwinden, und der damit zusammenhängende mangelnde Ehrgeiz, auch wirklich dorthin zu kommen, wo man *selbst* eigentlich hin will. Dies kommt sowohl von der Angst davor, über sich selbst hinauszuwachsen, als auch von der Dynamik der Masse. Viel zu oft gliedert man sich in Reih und Glied in ein vorgefertigtes Schablonenmuster ein, weil es ja so gut tut, nicht anders zu sein und jede Individualität im Keim zu ersticken. Gleichsein mit den anderen verschafft schließlich Akzeptanz...

Wer jedoch seine Persönlichkeit nicht aufgeben will und innerhalb der künstlichen Matrix nicht mit den anderen Variablen von einem gesteuerten Massenwahn zum nächsten rennen will, der muss sich warm anziehen und eine dicke Haut entwickeln.

Børge Ousland, einer der größten Polarabenteurer aller Zeiten, schreibt:

„Die meisten Menschen wissen nicht, was in ihnen steckt, und geben auf, bevor sie es wissen. Im sicheren Rahmen der Zivilisation wird man selten auf die Probe gestellt, alle sollen so gleich wie möglich sein. Dass man seine eigenen Wege geht, wird erst dann akzeptiert, wenn man Erfolg hat. Aus dem vorgefertigten Muster auszubrechen ist das Schwierigste. Es erfordert einen ungewöhnlich starken Willen und viel Selbstsicherheit, gegen den Strom zu schwimmen." [19, S. 252]

So schwer es auch sein mag, fest steht, dass nur der aufhört, seine Funktion als Bioroboter der künstlichen Matrix zu erfüllen, der sein eigenes Ding macht. Sollte trotz aller Einschüchterungsversuche innerhalb der künstlichen Matrix der Wille dazu da sein, mit zur künstlichen Matrix nicht kompatiblen Projekten zu beginnen, dann sollte man sich schon mal auf mehr oder minder schwere Zeiten einstellen, die aber alle überwunden werden können. Doch nicht nur der Sog der Masse, sondern vor allem auch die persönlichen Grenzen können einem leicht zu schaffen machen. Wollen wir nämlich dorthin kommen, wo wir hin wollen, dann gilt es, sich zu überwinden und die Grenzen zu sprengen, die uns bisher daran gehindert haben, dorthin zu kommen, wo wir eigentlich hin wollen. Dass dies nicht immer ohne Mühe geht, ist klar und auch gut so. Ich habe jedenfalls lieber für einen kurzfristigen Zeitraum Angstschweiß auf der Stirn als dass ich dauerhaft in einem kräfteraubenden depressiven Opferzustand durchs Leben sieche.

Dieses Überwinden wird niemand anderes für Sie machen können. Nur Sie sind dazu in der Lage, dies zu bewerkstelligen, und wenn Sie es wirklich wollen und sich auch von noch so vielen kleinen Rückschlägen, die manchmal aus heiterem Himmel herabstürzen, nicht niedermachen lassen, dann wird Ihr Weg auch tatsächlich dorthin führen, wo Sie hin wollen.

„Hinfallen darf man, nur liegen bleiben ist verboten!"
Peter Kummer

Kampfgeist und Überwindungskraft hängen eng mit dem Selbstbewusstsein zusammen, denn wer über ein hohes Selbstbewusstsein verfügt, den werden auch dicke Mauern, die auf ihn zukommen, kaum aufhalten können. Im Umkehrschluss bedeutet dies aber auch, dass man sein eigenes Selbstbewusstsein stärken und erhöhen kann, wenn man sich bewusst und absichtlich ran macht, eigene Grenzen zu sprengen. Dies bedeutet, dass man vor den Schwierigkeiten nicht mehr wegrennt, sondern dass man sich ihnen stellt, sich zusammenreißt und hindurchgeht. Ist man noch nicht fit im Überwinden, so tut man gut daran, sich diese Fähigkeit anzueignen. Man sollte beim absichtlich gewollten Hindurchgehen von Schwierigkeiten klein anfangen und die Herausforderungen mit der Zeit in ertragbaren Schritten vergrößern.

In meinem privatpersönlichen Leben waren die bisherigen bewusst aufgebauten Herausforderungen vor allem meine vielen mehrmonatigen Fahrradexpeditionen, bei denen ich lernte, mich sowohl bei Kälte als auch bei sengender Hitze zu überwinden und in diesen Zuständen zu leben. Es waren keine Leistungen, von denen die ganze Welt spricht, doch das soll sie auch nicht, denn diese Leistungen und Erfahrungen dienen einzig und allein mir selber. Doch nicht nur mein Leben als Fahrradnomade, sondern auch alle anderen durchstandenen Schwierigkeiten (egal welcher Art) haben meine Überwindungskraft gestärkt. Und diese Überwindungen haben meinen geistigen Horizont in dem Maße erweitert, dass ich angefangen habe, verschiedenste Zusammenhänge so zu erkennen, wie ich sie hier beschreibe.

Für mich sind große Herausforderungen, wie für jeden anderen auch, sicher auch nicht einfach. Auch bei mir gibt es Verzweiflungsgefühle, wenn ich vor neuen persönlichen Mauern stehe. Doch ich lasse die Verzweiflung nicht Herr werden und gebe nicht auf! Wenn ich merke, dass die Mauer wirklich größer ist als meine derzeitigen Möglichkeiten und Kräfte, dann ziehe ich mich für eine Weile zurück, um weitere Erfahrungen und Kräfte zu sammeln, damit ich später, wenn ich so weit sein werde, die einst nicht überwindbare Mauer dann doch überwinden kann.

Dieses „Prickeln" beim Durchschreiten einer bisher nicht überwundenen Grenze ist es, was dem Leben die wahre Farbe und Würze gibt. Solche Erfahrungen gehören meiner Meinung nach zu den Juwelen des Lebens. Das hat nichts mit Leidenslust zu tun, sondern damit, dass wir hier inkarniert sind, um uns zu entwickeln und um über uns selbst hinauszuwachsen. Die neuen inneren Landschaften, die man während des Überwindens durchlebt, geben dem Leben strahlende Schönheit und Wahrhaftigkeit. Wie schon erwähnt, muss man sich aber beim Überwinden in ertragbaren Schritten vorwärts bewegen, denn Sie würden ja sicherlich auch kein Kind ans Steuer eines Jumbo Jets setzen.

Sehen Sie Herausforderungen und Schwierigkeiten also nicht mehr mit Scheuklappen an, sondern werden Sie sich der ganzen Tragweite einer persönlichen Grenzerfahrung bewusst. Ist es nicht so, dass uns unsere schlimmsten Zeiten zu unserer heutigen Größe verholfen haben?

„Ich bat um KRAFT...
Und mir wurden Schwierigkeiten gegeben, um mich stark zu machen.

Ich bat um WEISHEIT...
Und mir wurden Probleme gegeben, um sie zu lösen und dadurch Weisheit zu erlangen.

Ich bat um WOHLSTAND...
Und mir wurden ein Gehirn und Muskelkraft gegeben, um zu arbeiten.

Ich bat um MUT...
Und mir wurden Hindernisse gegeben, um sie zu überwinden.

Ich bat um LIEBE...
Und mir wurden besorgte, unruhige Menschen mit Problemen gegeben, um ihnen beizustehen.

Ich bat um ENTSCHEIDUNGEN...
Und mir wurden Gelegenheiten gegeben.

Ich bekam nichts, was ich wollte, aber ich bekam alles, was ich brauchte."

Mit genügend Elan an seine Unternehmungen ranzugehen und aus dem bisherigen Zustand herauszubrechen, ist für den allumfassend persönlichen Erfolg unabdingbar, doch müssen wir diese Kraft auch in die richtige Richtung steuern. Damit wir uns nämlich bei unserem Tun nicht verzetteln und unsere Möglichkeiten sinnlos verstreuen, sollten wir uns auf das konzentrieren, was *wichtig* für uns ist. So bündeln wir unsere Energie und unsere Möglichkeiten auf ein Ding. Dieses Ding sollte aber nicht irgendein Ding sein, sondern *unser eigenes Ding*. Jeder Mensch hat absolut die gleichen Möglichkeiten wie jeder andere auch, jedoch eine ganz spezielle und einzigartige Kombination der eigenen Talente und Interessen. Nur wenn wir uns auf die persönliche Mixtur unserer einzigartigen Talente und Interessen konzentrieren, dann werden wir auch echte Freude und echten persönlichen Erfolg erleben.

Wenn wir uns langfristig auf unser eigenes Ding konzentrieren, dann ist auch eine starke Beharrlichkeit vonnöten. Auf Dauer beharrlich werden Sie aber nur bleiben können, wenn Sie das, was Sie tun, *aus voller Freude* machen. Das Tun aus Freude lenkt Ihre Aufmerksamkeit konstant auf Freude, was somit noch mehr freudige Erlebnisse in Ihr Leben ziehen wird. Mit „Qual" und „Zusammenreißen" werden Sie jedenfalls keine effektive Beharrlichkeit im Leben entwickeln und somit auch nicht zu durchschlagenden Erfolgen kommen können.

Wir sollten beim „Machen" auch nicht vergessen, dass eine Ursachensetzung durch irgend eine Tat jedes Mal auch eine aufeinanderfolgende Kette an Reaktionen (Kettenreaktionen) auslöst. Nicht allen Menschen scheint nämlich klar zu sein, dass all die Taten, die wir tun, auch Reaktionen auslösen und immer auch Folgen haben. Unsere Entscheidungen und Taten breiten sich immer wie eine Welle auf dem Meer des Lebens aus und wirken somit immer auf mehr Dinge und Menschen ein als wir es in der Gegenwart sehen können. Eine Form der Ursachensetzung ist übrigens auch das Nichtstun, indem man Gelegenheiten vorbeisausen lässt oder auch ein willkürliches Handeln, ohne zu überlegen, was für Wirkungen das Handeln später für einen selbst oder für andere haben könnte. Wir sollten uns daher bei jeder Ursachensetzung genau Gedanken machen, welche einzelnen Schritte die Ursachensetzung auslösen wird, denn die Naturgesetze hören nicht auf Sätze wie „Huch, was ist denn jetzt los? Hätte ich mir damals mein Handeln nur genau überlegt."

Aktiv handeln können Sie nur *jetzt* und nicht früher oder später. Deswegen ist es so enorm wichtig, in der Gegenwart zu leben und nicht in der Vergangenheit oder Zukunft. Nur in der Gegenwart – und wirklich nur dort – können wir etwas machen, bewirken und verbessern, und nur in der Gegenwart können wir wörtlich genommen „leben". Das alles ist in der Vergangenheit und Zukunft nicht möglich. Daher haben wir auch überhaupt keinen Nutzen davon, wenn wir uns über angebrannte oder verpasste Gelegenheiten zugrunde jammern oder wenn wir uns kaputt planen. Je mehr Zeit und Energie wir in die nicht reale Vergangenheit oder Zukunft investieren, desto geringer wird unser Einsatz für die Gegenwart sein und desto schlechter wird folglich unser *tatsächliches Leben* ausfallen. Natürlich sollte man auch die Vergangenheit und die Zukunft im Blickfeld haben, um beispielsweise bestimmte Fehler nicht noch mal zu machen oder um sich eine Grundstrategie festzulegen. Dies jedoch nur mit dem grundsätzlichen Standpunkt im Jetzt.

Damit wir nun in der sich ständig verändernden Gegenwart stets das Richtige tun, stehen uns zwei Hilfen zur Seite. Einmal die Zeichen von innen und einmal die Zeichen von außen.

Die Zeichen von innen:
Hören Sie nach innen, um zu wissen, was Sie zu tun haben, damit Sie Ihr Ziel erreichen oder auch einfach nur, um zu wissen, was für Ziele und Wünsche Sie wirklich haben. Werden Sie sich erst mal darüber bewusst, was für ein Gefühl vorliegt, und handeln Sie dann danach. Fühlen Sie, was für Sie richtig ist. Wenn sich etwas für Sie gut anfühlt, dann sollten Sie es machen. Wenn sich etwas schlecht anfühlt, dann sollten Sie es lassen. Das Gefühl ist eine Art Steuersignal, das uns zu dem Gewollten hindurchschleust, uns aber auch vor Gefahren warnt. Man kann es auch so sagen, dass wir um so glücklicher werden, je mehr wir nach unserem Gefühl hören.

Ich meine mit „dem Gefühl" übrigens nicht ein Gefühl, das man sich selbst aufgrund der Bewertung einer Situation macht, sondern ein inneres energetisches Signal, *das einfach kommt* – ohne Eigeninitiative. Manche nennen es auch: „*Das Wissen, ohne es tatsächlich zu wissen.*" Beim Gefühl, das ich im vorigen Unterkapitel erwähnt habe, habe ich das Gefühl, das wir selbst erzeugen – also der Gegensatz zum Gefühl das einfach kommt – gemeint.

Dieses innere Steuerungssystem lenkt Sie nun, wie beim Navigationssystem im Auto auch, auf dem besten Weg zu Ihrem Ziel. Auch wenn sich für Sie die Anweisungen Ihres Gefühls manchmal als komisch erweisen sollten, richtig bleiben sie trotzdem. So zeigt Ihnen dieses „Navigationssystem" an, wenn Sie sich von dem, was Sie wollen, wegbewegen, was sich durch ein schlechtes Gefühl äußert. Im Gegensatz dazu haben Sie ein gutes Gefühl, wenn Sie auf dem richtigen Weg sind. Insgesamt betrachtet gehen wir also wesentlich müheloser, leichter und lockerer durchs Leben, wenn wir auf unser inneres Gefühl hören. Es erfordert jedoch bei dem heutigen von außen einströmenden gedanklichen Lärm ein wenig Übung, die Stimme des eigenen inneren Steuerungssystems zu finden. Mit ein wenig Erfahrung ist dies aber genauso machbar wie das Erlernen von allen anderen Dingen.

Manche mögen sich nun fragen, wie es denn sein kann, dass das Gefühl mehr erfassen kann als der Verstand. Dies möchte ich an einem Beispiel erklären. Stellen Sie sich mal vor, dass Sie in einem kleinen Kanu sitzen und damit auf einem großen Fluss im Amazonasgebiet unterwegs sind. Während Sie so vor sich hin rudern, nehmen Sie alles um sich herum auf zwei Arten wahr. Die eine Wahrnehmungsform wäre die durch den Verstand. Nehmen wir für dieses Beispiel als Vergleich einmal an, dass der Verstand das wahrnimmt, was Sie mit Ihren eigenen Augen sehen, wenn Sie im Kanu sitzen. Die zweite Wahrnehmungsform wäre die durch Ihr Gefühl. Als weiteren Vergleich für dieses Beispiel nehmen wir an, dass das Gefühl in der Gestalt eines Adlers über Ihnen fliegt und Ihr Gefühl mit den Augen des Adlers die Umgebung wahrnimmt.

Unter dieser Annahme erkunden Sie nun den Fluss stromabwärts, und Ihre physischen Augen nehmen all das wahr, was sich bis zur nächsten Flussbiegung abspielt. Nach einiger Zeit macht plötzlich Ihr Gefühl mit dem Adlerblick Rumor. Kurz und gut: Ihnen ist nicht wohl, und Sie fühlen, dass eine Weiterfahrt nichts Gutes bringen wird. Doch dann funkt, wie so oft, wieder der Verstand dazwischen und meldet, dass doch alles in Ordnung ist. Überall um Sie herum können Sie mit Ihren eigenen Augen nichts Ungewöhnliches entdecken, und alles scheint bestens zu sein.

Doch der Schein trügt, denn nur einen Kilometer weiter wartet direkt nach einer Kurve ein haushoher Wasserfall auf Sie. Zeit zum Reagieren bleibt dort kaum mehr, da die Strömung schon vor der Kurve zu kräftig ist, um wieder zurück zu paddeln. Ihr Gefühl mit dem Adlerblick sieht dies und warnt Sie. Ihr Verstand mit dem begrenzten Erkennungsbereich wehrt sich jedoch gegen diese Warnung, weil da nichts zu sein scheint.

Sie haben nun zwei grundsätzliche Möglichkeiten, auf diese Situation zu reagieren. Falls Sie sich voll und ganz auf Ihr Gefühl verlassen, so gehen Sie an Land, lassen Ihr Kanu am Flussufer und inspizieren zu Fuß vom Ufer aus den weiteren Flussverlauf. Zumindest aber sollte Ihr Gefühl Sie so weit geweckt haben, dass Sie nun vorsichtiger weiter paddeln, die Strömung beobachten und gegebenenfalls eine neue Entscheidung treffen. Wenn Ihre Logik der ausnahmslose Häuptling Ihrer Entscheidungen ist und Sie keine Lust darauf haben, zuerst zu Fuß vom Ufer aus den weiteren Flussverlauf zu inspizieren, dann lassen Sie es bleiben. Das Risiko, dass diese Fahrt „etwas turbulenter" werden könnte, müssen Sie dann aber eingehen.

Was wir aus dieser Geschichte lernen ist, dass unser Gefühl nicht nur den räumlichen, sondern auch den zeitlichen „Adlerblick" hat. Das Gefühl kann Dinge wahrnehmen und analysieren, zu dem unser bewusstes Denken nicht in der Lage ist. Da wir in unserer derzeitigen Zivilisation in einer fast ausschließlichen Verstandeswelt leben, haben wir somit reichlich Herausforderungen, an denen wir üben können, das wahrzunehmen und zu erkennen, was aus unserem Unterbewusstsein entspringt.

**„Deine Augen zeigen dir, was du sehen willst.
Deine Ohren sagen dir, was du hören willst.
Dein Verstand rät dir, was du wissen willst,
aber nur dein Herz kann dir sagen, wie die Dinge wirklich sind."**

Die Zeichen von außen:

Hier haben wir es mit Signalen aus unserer Außenwelt zu tun. Sie und Ihr Leben stehen in einer andauernden wechselseitigen Kommunikation. Ihr Leben kommuniziert mit Ihnen und gibt Ihnen hier und da Hinweise darauf, wie Sie bei gegenwärtigen Problemen zu Lösungen kommen können. Meist merken Sie dies aber nicht.

Wenn Ihnen aus heiterem Himmel irgend jemand begegnet, der „zufälligerweise" genau das parat hat, was Sie gerade brauchen, dann ist dies so ein Zeichen. Oder vielleicht zeigt Ihnen jemand durch seine Handlungen unbewusst etwas, was ein sehr nützlicher Hinweis für Sie ist. Wenn Sie diesen Dingen mehr Beachtung schenken, dann wird vieles wesentlich müheloser und einfacher vonstatten gehen. Fangen Sie aber bloß nicht an, manisch jede Regung um Sie herum zu beobachten und deren Bedeutung für Sie zu analysieren. Sonst werden Sie wirr im Kopf und es entstehen nur wieder Druckblockaden. Seien Sie wach in Ihrem Leben, aber suchen Sie nicht bewusst nach äußeren Zeichen. Machen Sie es einfach wie bei allem, locker und zwanglos.

Kapitel 9.5
Wunscherfüllungen

Nach dem richtigen Gegenwartsmanagement und dem erfolgsorientierten Umgang mit Zielen, gehen wir nun auf die Dinge ein, die zu uns kommen sollen. Wie ich es beim Wunschpfeil bereits dargestellt habe, sind für die erfolgreiche Wunscherfüllung folgende Dinge von Bedeutung:
- WUNSCH klar definieren
- Von Herzen kommende WUNSCHBEGIERDE
- LOSLASSEN

Der erste Schritt liegt darin, seinen Wunsch erst einmal klar und auf die richtige Art und Weise zu definieren und dann möglicherweise auch zu Papier zu bringen. Im Grunde reicht es aber aus, den Wunsch im Kopf zu definieren. Das zu Papier bringen des Wunsches hat nämlich zwei Seiten. Einerseits wird der Wunsch hier zwar in Materie definiert, doch andererseits wird man als nicht geübter Besteller ohne genügend Erfahrung leicht in Versuchung geführt, sich zu sehr auf den Wunsch zu fixieren, was sicher nicht das notwendige Loslassen erzeugt. Fühlen Sie hier in sich rein, was das Richtige für Sie ist.

Bei den darauffolgenden Schritten gilt es, dafür zu sorgen, möglichst gute Rahmenbedingungen dafür zu schaffen, dass der Wunsch von sich aus zu einen kommt. Es hat keinen Wert zu versuchen, sich auf etwas zu zu bewegen, was man durch Suchen nie wird finden können. Die einzige Möglichkeit, von außen etwas in unser Leben zu holen, bei dem das Suchen von vornherein versagen wird, ist es, das Jeweilige *anzuziehen*. Bei der Umsetzung hiervon gibt es zwei verschiedene Arten von Anziehungskräften, die beide *gleichzeitig* wirken sollten, damit Sie von der Wucht, mit welcher der Wunsch bei ihnen eintrifft, fast schon erschlagen werden. Dementsprechend möchte ich den Weg zur Wunscherfüllung in zwei verschiedene Phasen aufteilen.

1. **Die Phase des Zulassens:**
   Erzeugung einer Anziehungskraft durch ein persönliches Wunschresonanzfeld

Hier gilt es, sich durch eine *von Herzen kommende Wunschbegierde* in den zuvor definierten Wunsch einzuschwingen, bis man selbst so schwingt wie der Wunsch. Dieses Einschwingen erzeugt ein Wunschenergiefeld, welches sich mit dem Wunsch in Resonanz befindet und den Wunsch durch das Naturgesetz „Gleiches zieht Gleiches an" zu einem befördert. Sie mögen vielleicht meinen, dass man automatisch so schwingt wie das, was man will, doch dem ist oft nicht so.

Da gibt es Dinge, die wir vordergründig vorgeben zu wollen, doch in Wahrheit mögen wir diese nicht, da sie uns nicht interessieren. Dies sind meist Dinge, bei denen wir mit irgend einem Trend mitgehen (egal ob durch Freunde, Kollegen oder einfach nur durch Manipulation von außen). Wenn solche aufgeschwatzten Wünsche entdeckt werden, dann ist es besser, diese loszulassen, in den Bereich des Unsinns zu deponieren und zu sich selbst und seinem von Herzen kommenden Lebensstil zu stehen, denn hier geht es um viel: um die Qualität und Unabhängigkeit des eigenen Lebens. Also: nicht vorgeben, dass man dies oder jenes will, wenn man es selbst in Wahrheit nicht will – nur weil andere meinen, einem die eigenen Wünsche andrehen zu müssen. (Dies gilt zum Beispiel auch für die in Mode gekommene Bestellung von freien Parkplätzen, wenn dies in der eigenen Realität keine Bedeutung für einen hat.) Es kann aber auch sein, dass wir uns selbst unbewusst hinters Licht führen und wir uns selbst einen Wunsch einreden, obwohl wir im tiefsten Herzen eigentlich etwas anderes wollen. In so einem Fall sollte man den selbst eingeredeten Wunsch auf Eis legen und den wirklichen Wunsch durch richtigen Umgang real werden lassen.

Ein weiterer Punkt ist die Kontinuität des Wunsches. Da gibt es Dinge, die wir urplötzlich wollen, dann zwei Tage wieder nicht, bis wir dann wieder der Meinung sind, dass es eigentlich doch gut für uns sein könnte. Schwammige Dinge können aber keine stabile Wunschenergie erzeugen, die für die Manifestation des Wunsches unabdingbar ist.

Dann kann es natürlich auch sein, dass man sich sagt, dass man dies oder jenes zwar eigentlich will, man in Wirklichkeit aber noch nicht richtig bereit dafür ist und tatsächlich noch Zeit benötigt, bis man selbst so weit ist. Manche innere wie auch äußere Parameter, die entscheidend für die Erfüllung des Wunsches sind, müssen sich nämlich möglicherweise erst noch ausreichend entwickeln, damit der Wunsch aufblühen kann. Doch wenn die Voraussetzungen erst richtig gesetzt sind und wenn Zeit und Raum in der richtigen Position stehen, dann geht der Wunsch ganz automatisch auf. Hierauf gilt es zu vertrauen, ohne sich selbst bezüglich der räumlichen und zeitlichen Erfüllung des Wunsches unter Druck zu setzen.

Genau so ist das vor ein paar Seiten erwähnte „Gefühl" in Bezug auf den Wunsch ein entscheidender Parameter, der stimmen muss. Wie beim Bezielen muss nämlich auch beim Wünschen das Gefühl für das, was wir wollen, mit dem Wunsch übereinstimmen. Nur etwas bestimmtes gedanklich zu wollen, doch dann gleichzeitig mit dem Gefühl dass das doch eh nichts wird, durch die Welt zu laufen, bringt den Wunsch sicher nicht zu einem, da man in diesem Fall völlig anders schwingt als der Wunsch, was somit eine ganz andere Realität als die Wunscherfüllung für einen selbst erzeugt. Wenn man jedoch mit einer puren Herzensfreude den Wunsch erfüllt bekommen will, dann ist man auf dem richtigen Weg.

Im Großen und Ganzen sehen wir also, dass Wünsche nur dann in Erfüllung gehen können, wenn wir sie WIRKLICH *WOLLEN* und unsere innere Sonne konstant für den Wunsch leuchtet! Je größer nämlich die von innen kommende *gefühlte Begierde* hinter dem Wunsch ist, desto mehr Energie steht für die Sache zur Verfügung. Diese gefühlte Begierde wird aber nicht durch Einsatz – wie beim Erzeugen einer noch nicht vorhandenen Überzeugungskraft bei Zielen – aufgebaut, sondern entspringt einfach aus einem selbst, ohne dass man sich dafür anstrengen müsste.

Ob ihr Wunschwille nun rein ist und widerstandslos fließt oder durch Blockaden verfärbt beziehungsweise aufgehalten wird, können Sie an sich selber testen, indem Sie sich selbst fragen:
- *„Steht mir ...* [die Erfüllung des Wunsches] *... zu?"*
- *„Wäre ...* [die Erfüllung des Wunsches] *... mit das Beste, was mir derzeit passieren kann?"*

Wenn Sie mit einem reinen und ehrlichen „Ja" antworten, dann sind Sie dort, wo Sie sein sollten. Kommen jedoch Fragmente von unterdrückt gehaltenen Zweifeln und Hindernissen zum Vorschein, dann gilt es, Farbe zu bekennen – auch wenn man diese Farbe vielleicht nicht sehen oder anerkennen will.

Wenn wir nämlich ganz ehrlich zu uns sind, tritt bei dieser Frage oft ein zwar nicht zugegebenes, aber doch real existierendes „Nein" zu Tage. Die häufigsten Gründe für so ein „Nein" sind entweder das Vorhandensein einer oder mehrerer blockierender Überzeugungen oder die Existenz von Zweifeln. Ein Grund für solch aufkommende Zweifel können eindoktrinierte begrenzende Gesellschaftsnormen sein, die zum festen Bestandteil unseres Weltbildes geworden sind. Anstatt dass wir das, was wir im Grunde haben wollen, in unserem Leben einfach *zulassen*, geben wir dann oft lieber doch klein bei und meinen, dass uns so ein feines Leben – wie in der eigentlichen Wunschabsicht definiert – aus selbstbeschränkter Kleingeistigkeit nicht zusteht. Hauptsache wir sind der kleine Mann, der – wie jeder andere auch – kein vergoldetes Leben erleben darf, weil sich das in unserer heutigen feinen Gesellschaft einfach nicht gehört. Wie gut es doch tut, zur Masse der Erfolglosen zu gehören.

„Unsere größte Angst ist nicht, dass wir klein und unbedeutend sind. Unsere größte Angst ist, dass wir kraftvoller und strahlender sind, als wir es uns je zu träumen gewagt hätten."
Nelson Mandela

Nun, wie ich bereits erwähnt habe, liegt es ausschließlich an Ihnen, ob Sie Ihr Leben zu Grunde richten wollen oder nicht. Spätestens im Jenseits werden Sie aber Bilanz ziehen müssen. Dann können Sie sich nach dem selbstgewählten Opferleben zu Tode bereuen, was dazu führen wird, dass Sie im Jenseits sterben und im Diesseits wiedergeboren werden, um sich dann vielleicht doch selbst aufzuraffen.

Man sollte sich bei solchen Kollektivmustern fragen, welchen Sinn es macht, sich selbst das Bein zu stellen, wenn es einem durch richtiges Energiemanagement doch so gut gehen kann. Wozu soll man sich sein eigenes Leben aus eigener Kraft selbst schlecht machen? Warum soll man es sich nicht gut gehen *lassen*?

Der eingegliederte Otto-Normalverbraucher vertraut in der heutigen Welt darauf, dass Wünsche sich sowieso nicht realisieren, weil man in der künstlichen Matrix dazu erzogen worden ist, der kleine Mann zu sein. Wenn es einem jedoch gelingt, sich von diesem implantierten Blödsinn zu lösen und einerseits den zugrundeliegenden Gesetzmäßigkeiten beim Wünschen zu vertrauen sowie andererseits diese richtig anzuwenden, dann nimmt man sein Leben endlich selbst in die Hand, anstatt sich als Variable der künstlichen Matrix unten halten zu lassen.

Selbstbegrenzungen gehen aber nicht nur aus den Normen der künstlichen Matrix hervor, sondern auch aus eingefleischten blockierenden Überzeugungen, die man sich selbst oder die andere für einen in der Vergangenheit aufgebaut haben. Sind solche blockierenden Überzeugungen vorhanden, so ist man daran gehindert, eine allumfassende und bedingungslose Begierde für den Wunsch zu entwickeln. Das Resultat ist klar: Anziehungskraft ade, und die Erfüllung des Wunsches bleibt aus. Um richtig zulassen zu können, muss man manchmal den gesamten Ballast aus der Vergangenheit, bezogen auf den jeweiligen Bereich des Wunsches, von sich entfernen und frisch wie ein Neugeborenes rangehen. Wie sich nun blockierende Überzeugungen auflösen lassen, dazu kommen wir noch.

Alles in allem sind also folgende Punkte entscheidend, um den Wunsch richtig zulassen zu können:
1. Den Wunsch wirklich erfüllt bekommen wollen, ohne vorzugeben, es zu wollen.
2. Eine konstante und tiefgreifende Begierde für den Wunsch haben.
3. Wissen, dass die Erfüllung des Wunsches einem zusteht.

Erst indem Sie Ihren Wunsch vollständig annehmen können, darin aufgehen und den Wunsch wirklich lieben, lassen Sie den Wunsch auch wirklich zu.

2. <u>Die Phase des Loslassens:</u>
Erzeugung einer Anziehungskraft durch ein Sog-Feld um einen herum

Was im Gegensatz zum Erreichen von Zielen den Umgang mit Wünschen so einzigartig macht ist, dass man für die Erfüllung eines Wunsches –

bis auf das Auflösen von möglicherweise vorhandenen Blockaden und falls es notwendig sein sollte das eigene Einbringen in das Erfüllungsmöglichkeitsfeld (dazu gleich mehr) – **überhaupt nicht** bewusst agieren sollte. Wenn man will, dass ein bestimmter Wunsch *zu einem* ins Leben kommen soll, so muss man, wie bereits erwähnt, diesen Wunsch auch *anziehen*. Neben einer gesunden Einstellung zum Wunsch geht es nämlich darum, um sich selbst herum einen Unterdruck zu erzeugen und den Wunsch im wahrsten Sinne des Wortes an sich zu saugen. Dies bedeutet in der Praxis, dass Sie nach dem Setzen des Wunschenergiefeldes den Wunsch einfach loslassen – der Wunsch also von Ihnen freigelassen wird –, damit Sie Ihren Wunsch auch wirklich anziehen.

Wenn Sie sich nämlich dauerhaft mit gezielter Absicht und durch regelmäßige Autosuggestion wie besessen auf Ihren Wunsch konzentrieren und möglicherweise überall in Ihrem Alltag danach Ausschau halten, wo und wann die Erfüllung des Wunsches denn ist und bleibt, dann erzeugen Sie durch den so aufgebauten Druck um Ihnen herum einen Überdruck, durch den Sie Ihren Wunsch von sich weg drücken und sich Ihr Wunsch somit logischerweise von Ihnen entfernt. Ihr Wunsch wird in diesem Fall gar keine Möglichkeit haben, zu Ihnen durchzudringen und entfernt sich von Ihnen, gerade *weil* Sie sich so sehr anstrengen, dass er sich doch bitte, bitte erfüllen möge.

Jan van Helsing schreibt zu diesem Thema in seinem Buch „Hände weg von diesem Buch":

„*Es gibt das Druck-Prinzip und das Sog-Prinzip. Fast alle Menschen leben nach dem Druck-Prinzip, das auch mit dem Willen oder Eigenwillen verglichen werden kann, und merken es nicht einmal...*

Das feinstoffliche Sog-Prinzip ... bedeutet in einfachen Worten: **Je mehr ich vor etwas davonrenne, desto eher holt es mich ein, und je mehr ich etwas haben will, desto mehr entfernt es sich von mir.**

...ein Beispiel dazu im Verhaltensbereich:

Wir sind in einer Partnerschaft. Je mehr wir unseren Partner fragen, wo er hingeht, wann er endlich nach Hause kommt, mit wem er zusammen war... desto mehr erreichen wir dadurch, dass er sich innerlich von uns entfernt – warum? Weil er sich bedrängt fühlt. Es ist das klassische Thema der Eifersucht: Je eifersüchtiger wir sind und je mehr wir dadurch den Freiraum des Partners einschränken, desto eher können wir davon ausgehen, dass uns der Partner einen Grund dafür bieten wird, eifersüchtig zu sein, und sich – weil es ihn nervt – einen größeren Freiraum schafft. Er fühlt sich eingeengt.

Je mehr Freiheit wir dem Partner wiederum geben, desto mehr fühlt er sich zu uns hingezogen, da es ja diese Freiheit ist, die er schätzt...

Ich mache nichts anderes als die Flugscheiben: Ich schaffe ein Vakuum, in das, anstatt der Scheibe, Wissen oder Personen gezogen werden. Ich schaffe in meinem Energiefeld ein Vakuum, indem ich dort eine Leere schaffe und dem Universum sage, dass es diese Leere füllen soll. Wir kennen das aus dem Physikunterricht, wenn in einem Behältnis ein künstliches Vakuum erzeugt wird. Öffnet man dann dieses Behältnis, so hat das Universum die Eigenschaft, diese Leere automatisch wieder auszufüllen. Und nichts anderes mache ich...

Ja, aber wie? Nun, ich wünsche mir etwas. Doch nicht nur im Kopf, sondern auch im Herzen [Zulassen; Anm. d. Verf.]. Und dann versuche ich mit dem Thema nichts mehr zu tun zu haben. Ich renne mehr oder minder davon. Ich entwickle sozusagen einen Widerwillen gegen etwas, das ich eigentlich haben möchte und tue dabei so, als hätte ich nichts damit zu tun. Übersetzt: Ich lasse los! Und dann kommt das Gewünschte ganz automatisch zu mir.

Das können Sie genauso. Sie tun es sogar häufiger, als Sie sich darüber bewusst sind – nur eben im Negativen –, mit der Angst. Je mehr Sie vor etwas Angst haben, desto eher ziehen Sie es an.

Na, das kennen Sie doch auch. Je mehr wir bedrängt werden, zum Beispiel von einem Vertreter an der Haustüre, desto weniger wollen wir mit diesem etwas zu tun haben... Wissen Sie jetzt, was ich meine? Je mehr jemand Druck auf uns ausübt, desto mehr entfernen wir uns davon. Mit Druck arbeiten wir immer gegen die Schöpfung. Wir müssen uns nur zu unserem Resonanzfeld hinziehen lassen, den Sog zulassen (geschehen lassen), dann läuft es automatisch...

Wir können das Druck-Prinzip auf das Leben übertragen auch so ausdrücken: ‚Ich muss, muss, muss...' Und das Sog-Prinzip mit: ‚Ich lasse, lasse, lasse...'" [20, S. 391-394]

Also: Wenn etwas zu uns kommen soll, dann hat es keinen Wert, wenn wir uns verbissen in der großen, weiten Welt auf die Suche danach begeben, sondern wir sollten lieber – nachdem wir uns dazu entschlossen haben, den Wunsch von ganzem Herzen zu wollen und wir wirklich daran glauben, dass uns die Wunscherfüllung auch zusteht – den Wunsch einfach loslassen und uns nicht mehr damit beschäftigen.

„Die Kunst eines erfüllten Lebens ist die Kunst des Lassens: Zulassen – Weglassen – Loslassen"

Wer aber meint, dass das Loslassen nur mit einem Nichts-Tun für den Wunsch gleichzusetzen ist, begeht einen kardinalen Fehler. Nichts für den Wunsch aktiv zu tun, aber dann trotzdem insgeheim im Hinterkopf auf den Wunsch zu zu fiebern, hat für mich nämlich mit dem Loslassen genau so viel zu tun wie ein australisches Bergkänguru mit den klimatischen Bedingungen auf der Venus: GAR NICHTS!

Das Nichts-Tun mag zwar ein wichtiger Punkt beim Loslassen sein, doch sicher nicht der einzige. Das zentrale Element beim Loslassen ist nämlich, dass wir den Wunsch tatsächlich von uns los-lassen, also dass wir uns, obwohl wir den Wunsch aus tiefstem Herzen wollen, *vom Wunsch freimachen* und uns am Wunsch nicht energetisch festbeißen oder uns daran klammern. Die emotional starke Begierde ist zwar gut und richtig, doch es darf eben nicht passieren, dass wir daran festkleben – sei es durch Trauer, dass der Wunsch gegenwärtig noch nicht erfüllt ist, oder sei es durch Zwang, den Wunsch unbedingt erfüllt bekommen zu müssen.

Das Freilassen des Wunsches drückt sich außerdem darin aus, dass man *keinerlei Erwartungshaltungen* bezogen auf den Wunsch – „wie", „wann" und „wo" sich dieser erfüllen möge – hat. Selbst das „ob" es zur Erfüllung des Wunsches kommt, sollte nicht Gegenstand geistiger Konferenzen sein, da erstens hierdurch leicht Zweifel aufkommen können und zweitens durch diese Beschäftigung auch nur wieder Druck entsteht. Auch hier zeigt es sich, dass das Sein in der Gegenwart von großem Vorteil ist, damit ein entspanntes Loslassen überhaupt möglich ist.

Im Gesamten bedeutet das Loslassen sowohl seine eigenen Erwartungshaltungen als auch die Eigenaktivität bezüglich der Wunscherfüllung auf Null zu reduzieren. Erst wenn man selbst weder äußerlich noch innerlich unter (An-)Spannung steht, dann erzeugt dieses Null-Feld den notwendigen Sog.

Die (An-)Spannung ist die Todeszone, die in der einen Richtung vom Loslassen – dem eigentlichen Soll-Zustand – wegführt. Geht man aber weit genug in die andere Richtung, gerät man in eine ganz andere Todeszone, die den Wunsch auch hier nicht aufblühen lässt, sondern verschlossen hält.

Ganz allgemein gesagt ist es so, dass Wünsche meist etwas sind, was von der Außenwelt auf uns zukommen soll. Dies bedeutet, dass wir Teil der Außenwelt sein müssen, um den Wunsch überhaupt empfangen zu können. Wenn wir es mit dem Nichtstun nämlich so weit gehen lassen, dass wir uns von dem Bereich, in dem sich der Wunsch überhaupt erfüllen kann, zu sehr abkapseln und uns damit vor der Erfüllung des Wunsches verschließen, dann machen wir es dem Wunsch (unabsichtlich) so schwer wie möglich, zu uns zu kommen. Wenn da also Lebensgewohnheiten sind, die zwar ungewollt, aber doch durch Tat durchgeführt, zu einer unbewussten Verweigerungshaltung des Wunsches führen, dann sperren wir uns selbst vor der Erfüllung des Wunsches weg.

Worauf ich in dieser Sache hinaus will ist, dass es ein sogenanntes *Erfüllungsmöglichkeitsfeld* gibt, in dem sich der Wunsch realisieren kann und in dem man sich aufhalten sollte. Außerhalb dieses Erfüllungsmöglichkeitsfeldes ist es zwar nicht zur Gänze unmöglich, doch sehr unwahrscheinlich, dass sich der Wunsch erfüllt.

Wollen Sie beispielsweise den für Sie passenden Partner haben, mit dem Sie eine state-of-the-art Beziehung führen, weigern sich allerdings, das Haus zu verlassen, außer vielleicht für den Gang zum Supermarkt, dann ist das kein Loslassen, sondern ein striktes Verweigern.

Ich möchte damit sicher nicht dem in diesem Kapitel schon erklärten Wissen widersprechen und sagen, dass Sie in diesem Fall auf „Jagd" gehen sollen, doch sollten Sie sich hier definitiv keinen Hausarrest selbst auferlegen. Es ist nämlich äußerst unwahrscheinlich, dass Ihr non-plus-ultra Partner an Ihrer Türe klingeln wird. Besser ist es in so einem Fall, es so weit kommen zu lassen, dass man sich einfach mehr in der Außenwelt unter Leuten aufhält und dabei das tut, woran man Freude hat. Dies aber nicht, damit man den Wunsch erfüllt bekommt, sondern um dem selbst gewählten Wahnsinn ein Ende zu bereiten.

Überlegen Sie sich also, was das Erfüllungsmöglichkeitsfeld für Ihren Wunsch ist, halten Sie sich darin auf und lassen Sie den Wunsch einfach los. Ich selbst hätte damals meine kühle Coladose ja auch kaum bekommen können, wenn ich anstatt auf dem Highway zu sein, ein paar hundert Kilometer weiter weg eine Wanderung inmitten der Great Sandy Desert gemacht hätte.

Wir müssen uns also in dem Bereich aufhalten, in dem die Wunscherfüllung überhaupt möglich ist. Bei Parkplatzbestellungen müssen wir zum Parkplatz hinfahren und wenn wir ganz heiß auf ein bestimmtes Auto sind, das bei einem Gewinnspiel öffentlich ausgeschrieben steht, dann müssen wir auch am Gewinnspiel teilnehmen.

Bei reinen Wünschen ist der Aufenthalt im Erfüllungsmöglichkeitsfeld ohne großen Aufwand zu erreichen. Es gibt aber auch Wünsche, die sich durch ein sehr enges Erfüllungsmöglichkeitsfeld auszeichnen, was damit auch bedeutet, dass mehr Eigenaktivität erforderlich ist, damit man sich darin aufhält. Hier ist es angebrachter von **Wunschzielen** zu sprechen, da der Zielanteil im Wunsch (Aufenthalt im Erfüllungsmöglichkeitsfeld) in der Gewichtung in etwa den gleichen Anteil hat wie der Wunsch selber. Damit nun aber genug von strukturellen Analysen.

Zusammenfassend hier nun die Punkte, die zum erfolgreichen Loslassen gehören:
1. Tatenlosigkeit im Erfüllungsmöglichkeitsfeld.
2. Kein energetisches Festkleben am Wunsch.
3. Keinerlei Erwartungshaltungen in Bezug auf den Wunsch.
4. (Bestenfalls vergisst man den Wunsch ganz von alleine.)

Wünsche erfüllen sich dann am ehesten,
wenn wir am wenigsten damit rechnen,
dass sich erfüllt, was wir uns von ganzem Herzen wünschen.

Ich weiß, dass es ungewohnt ist, auf diese Art und Weise zu agieren und ein Vertrauen in die Wirkungsweise des Loslassens zu entwickeln, doch gerade durch den Spagat zwischen der reinen Lust auf den Wunsch einerseits und dem Nichtfesthängen am Wunsch andererseits erzeugt man eine Anziehungskraft, die den Wunsch mit naturgesetzmäßiger Sicherheit mit einem zusammenbringen wird. Rein theoretisch ist das Ganze nicht wirklich schwer, doch gerade in der heutigen Zeit ist die heiße Begierde für den Wunsch bei gleichzeitigem Loslassen für viele (mich eingeschlossen) nicht gerade einfach umzusetzen, weil in uns die Lebensweise so stark eingebrannt ist, dass wenn wir etwas haben wollen, wir dem Jeweiligen mit Haut und Haaren hinterher rennen müssen. Die eigentliche Kunst beim Wünschen besteht also darin, diese beiden scheinbaren Gegensätze – das Zulassen und Loslassen – gleichzeitig und konstant anzuwenden.

Ist die Anwendung dieses vordergründig widersprüchlich anmutenden Vorgehensschemas aber erst mal verinnerlicht, so verändert sich die eigene Einstellung zum Leben. Man fühlt durch die Anwendung der doppelt wirkenden Anziehungskraft eine noch nie da gewesene Freiheit, da die Abkoppelung der eigenen Wünsche, eine vollständige Befreiung und Loslösung von Zwängen und Ballast bewirkt. Man ist nicht mehr an seine eigenen Vorstellungen gebunden und kann sein Leben mehr genießen, da die Qualität der Gegenwart spürbar zunimmt. Es lohnt sich also, sich hierhingehend zu verändern.

Leicht wird uns die Veränderung aber nicht gemacht. Leider bekommen wir von allen Seiten in der heutigen Standardlebensweise beigebracht, dass wir allem hinterher zu rennen haben. Bei dieser Lebensweise ist es nicht einfach, so zu leben, dass man diese Gesetzmäßigkeiten für sich nutzt und nicht auf die gegenteilige und völlig falsche Lebensweise der Masse reinfällt. Um die notwendige Ausdauer zu entwickeln, kann ich Ihnen raten, gerade bei nicht so besonderen, alltäglichen Begebenheiten das richtige Wünschen zu praktizieren. Also bei Dingen, die für Sie nicht so wichtig sind. Gerade dort fällt es uns nämlich besonders leicht, den Spagat zwischen dem von Herzen kommenden Wunschwillen und dem Loslassen durch zu exerzieren. Nach den Erfolgen im Kleinen werden Sie in Bezug auf diese Methodik immer selbstsicherer, und Sie werden dann Schritt für Schritt auch fit darin, auf große Wünsche loszugehen, ohne allzu stark an der Erfüllung dieser zu zweifeln oder diese zu „bedrücken".

Zum Thema der Wunschzweifel fällt mir an dieser Stelle ein naheliegender Vergleich ein. Falls Sie ein bodenständiger Wunschzweifler sind, so frage ich Sie, ob Sie bei einem Restaurantbesuch nach der Aufgabe der Bestellung daran zweifeln, dass der Kellner Ihnen auch wirklich das liefert, was Sie bei ihm bestellt haben? Der ganze Vorgang, den ich mit dem Wunschpfeil und der Erfolgsformel beschrieben habe, lässt sich nämlich gut mit einer Bestellung im Restaurant vergleichen: Zuerst sagt man dem Kellner, was man essen und trinken will (Wunsch klar formulieren &

Wunschbegierde). Während dem nachfolgenden Warten auf Trank und Speise, beschäftigt man sich zumeist nicht mit seiner Bestellung, sondern man vertraut darauf, dass das, was man bestellt hat, kommen wird und redet über Gott und die Welt (Loslassen). Nachdem man alle diese Punkte locker vom Hocker durchgeführt hat, erfüllt sich die Bestellung, und der Schmaus kann beginnen. Bei einem größeren Gericht, kann es etwas länger und bei einem kleineren Gericht etwas kürzer dauern bis da ist, was man will, doch es wird das kommen, was man bestellt hat. (Falls einem statt dem ersehnten Kirschkernstrudel jedoch aus Versehen ein Fliegenauflauf serviert worden sein sollte, kann man natürlich seine Bestellung reklamieren.)

Zusammenfassend möchte ich die einzelnen Schritte, die zur Wunscherfüllung führen, an einem eindrucksvollen Beispiel aus dem Klassiker „Bestellungen beim Universum" von Bärbel Mohr darlegen. Einige werden den Vorfall sicher schon kennen, doch mit dem auf den letzten Seiten gesammelten Wissen im Hinterkopf kann einem leicht klar werden, warum es hier zur Wunscherfüllung kommen musste:

„Das Ganze fing vor einigen Jahren mit einem Streitgespräch mit einer Freundin an. Sie hatte ein Buch über positives Denken gelesen und schlug mir vor, mir einen Mann mit allen passenden Eigenschaften ‚herbeizudenken' und quasi beim Universum zu ‚bestellen'. Ich hielt damals noch nicht allzuviel von solchen Ideen und geriet im Laufe des Gesprächs ziemlich aus dem Häuschen. Ich meinte, meine Freundin vor der völligen Verdummung retten zu müssen.

Wir beendeten unseren Streit schließlich damit, dass ich eine Testbestellung aufgab, um ihr zu beweisen, was für ein totaler Humbug das ist. Eine 9-Punkte-Liste hatte ich damals: Vegetarier, Antialkoholiker, Nichtraucher sollte er sein, Tai Chi können usw. usf.

Um die statistische Wahrscheinlichkeit für einen Zufall möglichst gering zu halten, legte ich das Lieferdatum ebenfalls genau fest – nämlich innerhalb einer bestimmten Woche, die noch circa drei Monate weit weg lag. Damit war die Diskussion damals erst mal beendet.

Bis dann die besagte Woche kam und die Lieferung mit allen neun Punkten prompt erfolgte. Waaaahnsinn! dachte ich. Ich ließ mich ziemlich schnell überzeugen, dass diese Technik das Ausprobieren in jedem Fall wert ist, und geriet in einen Bestellrausch." [21, S. 8 und 9]

Wenn Sie dieses Musterbeispiel einmal betrachten, dann wird Ihnen auffallen, dass hier wirklich *alle* zuvor beschriebenen Punkte korrekt durchgeführt wurden:
- Der Wunsch wurde klar und eindeutig formuliert.
- Sie wollte das, was sie sich gewünscht hatte.
- Durch ihren Unglauben an die Wunscherfüllung hat Frau Mohr den Wunsch losgelassen, wie man es kaum besser machen kann: aufgeschrieben, beiseite gelegt und sich nicht mehr damit beschäftigt (weil sie dachte, dass sie nach den drei Monaten ihrer Freundin eh beweisen werde, was für ein Blödsinn das Ganze ist).

Bei meinem schon erwähnten Beispiel mit der Bestellung der kühlen Coladose mitten im australischen Nichts war es vom grundlegenden Ablauf her nicht anders:
- Ich wusste, genau was ich wollte.
- Meine Begierde, die kühle Coladose zu haben, war immens.
- Gleichzeitig hatte ich null komma gar keine Erwartungshaltungen, dass ich meine kühle Coladose bekomme. (Woher auch? Ich war schon mehrere tausend Kilometer mitten im Nichts unterwegs und hatte bisher nur ein mal ein kleines Getränk spendiert bekommen.)

An diesen Beispielen sehen Sie vielleicht auch, dass beim Wünschen dem Loslassen eine enorme Bedeutung zukommt. Ich möchte sogar so weit gehen zu sagen, dass das Loslassen beim Wünschen der essenzielle Punkt ist – genau so wie das Machen bei den Zielen. Die anderen Punkte sind schon auch wichtig, doch ein krampfhaftes Verbeißen in den Wunsch, was leider sehr leicht geschehen kann, bringt den ganzen Wunscherfüllungsprozess mit an Sicherheit grenzender Wahrscheinlichkeit zum Erliegen. Gerade indem man sich nicht mit dem „ob" (es zur Wunscherfüllung kommt) auseinandersetzt, erzeugt man durch das Freilassen des Wunsches den notwendigen Sog.

Kapitel 9.6
Fallen und deren Auswege

Nun mag der eine oder andere einwenden: „Das ist ja alles schön und gut, doch ist es nicht ungeheuer schwer, dies alles durchzuführen? Muss man da nicht besonders begabt sein?"

Nun, absolut schwer ist es nicht, dies alles umzusetzen, doch für viele von uns ist es sehr ungewohnt. Dies unter anderem, weil vieles davon gegensätzlich zu der heutigen Standardlebensweise ist und man sich so in einem ständigen Konflikt zwischen der uns umgebenden selbstentmächtigenden Kollektivrealität und der persönlichen Umänderung in Richtung eines konstruktiven, selbstgelenkten Lebens befindet. Doch: *Wenn wir es nicht machen, dann wird es niemand mehr machen!*

Probleme können zudem nicht nur bei der Differenz zwischen dem Zustand des Kollektivs und dem eigenen Zustand auftreten. Ohne Reibungsverluste verläuft nämlich nichts in der Welt der Materie. So auch bei den einzelnen Schritten zum Erfolg.

Die Schwierigkeiten, mit denen man sich manchmal auseinandersetzen muss, kann man in zwei Gruppen einteilen: einmal die Schwierigkeiten, die *von außen* kommen (destruktive Menschen) und einmal die Schwierigkeiten, die *von innen* kommen (eigene destruktive Angewohnheiten). Generell kann man sagen, dass man Schwierigkeiten nur dadurch auflösen kann, indem man sich den Schwierigkeiten stellt, durch diese hindurchgeht und nach der Lösung sucht, um diese dann anzuwenden. Vor den Schwierigkeiten wegzulaufen oder gar anderen die Schuld dafür zuzuschieben, verschlimmert nur das eigentliche Problem.

Schwierige Menschen & Fremdsuggestionen

Bei den äußeren Schwierigkeiten ist es vor allem der Einfluss der uns umgebenden Menschen, der uns bisweilen in Verzweiflung stürzen kann. Da arbeitet man an sich selbst, will sein Leben zu Glanz und Schönheit verhelfen und dann ist man von seinem Kollegen, dem Busfahrer oder sonst wem blöd angemacht worden, beim Spaziergang auf der Wiese hat ein Hund einen in Grund und Boden gebellt, der Verkäufer hat einem sinnloses Zeug aufgeschwatzt, und die Plakate für den Schundfilm X, die man nun wirklich an jeder Ecke der Stadt finden kann, machen einen langsam aber sicher wirr.

Wenn man sich dann noch privat mit Leuten umgibt, die voller unsicherer Zweifel und/oder Neid bezüglich der eigenen Pläne und Wünsche sind und die so mühsam erzeugten eigenen positiven Energiefelder mit ihrer eigenen Unterentwicklung und Schwäche, die sie auf einen projizieren, schwächen oder gar eliminieren, dann ist der Kompott im Komplott komplett.

Sie müssen zwar selbst wissen, was Sie wann machen, doch es stellt sich die Frage, warum Sie sich in so einem Fall mit Menschen umgeben, die Ihnen (bewusst oder unbewusst) regelmäßig das Bein stellen und sicher kein Interesse daran haben, dass es Ihnen richtig gut geht. Niemand zwingt Sie dazu, sich weiterhin mit solchen Plagegeistern zu umgeben. Sie haben jederzeit die Möglichkeit, dort wo es wirklich keinen Wert mehr hat „Adiós" zu sagen, den Plagegeist innerlich loszulassen und stattdessen nach und nach solche Menschen zu Ihnen zu ziehen, die Ihnen für Ihren Lebensstil und Ihre zukünftigen Pläne Respekt, Anerkennung und Mut geben und Sie auf Ihrem Weg unterstützen. Sollten Sie aber immer wieder die gleiche Art von Lausbuben anziehen, die Ihr Leben zu einer Rutschpartie machen, dann steckt irgend etwas in Ihrem Unterbewusstsein, was dort nicht sein sollte.

Den runterdrückenden Einfluss durch die Module der künstlichen Matrix können Sie sich „nur" so weit es geht entziehen und den Rest so gut es geht ignorieren, doch in Ihrem Privatleben haben ausschließlich Sie das sagen, und bei allen Dingen, die Ihnen Schaden, haben Sie jederzeit die Möglichkeit, es zu verändern. Die Frage hierbei ist: Tun Sie das auch?

Familienkarma

Etwas, was sehr bremsend wirken kann und leider in vielen Büchern nicht behandelt wird, ist sogenanntes *Familienkarma*. Dies sind negative und hemmende Schleifen, die von einer Generation zur anderen weiter gegeben werden und meist eine gewaltige Herausforderung darstellen. Man kommt oft nur mit einem eisernen Willen und durch jahrelanges zielgerichtetes Arbeiten aus so etwas heraus. Man wird gerade am Anfang bei solchen Situationen viele, viele Rückschläge erleben und sich immer wieder aufrappeln müssen. Das macht aber nichts, denn Hauptsache es sind Verbesserungen erkennbar – und wenn es nur leichte sein sollten. Das Wichtigste ist, dass *der Trend* kontinuierlich nach oben geht, die erfolgsorientierte Lebensweise Überhand nimmt und vor allem, dass die blockierenden inneren Überzeugungen aufgelöst und umgewandelt werden. Dazu später noch mehr.

Allerdings kann bei Familienkarma und traumatischen Erlebnissen der zu bewältigende Berg *zu* groß sein, als dass man den Unrat aus eigener Kraft wieder umwandeln und auflösen kann, da sich in diesem Fall der Energiegehalt des Problems extrem in einem eingebrannt hat. Hier ist gute therapeutische Hilfe oft unabdingbar.

So wie man Flöhe und Läuse nicht so einfach los wird, haben wir größte Mühen, geistiges Ungeziefer, wie zerfressende Überzeugungen oder Familienkarma, zu eliminieren. Auch Süchte, Neid, Lügen, Betrügereien und vor allem über die Jahre von außen eingeimpfte falsche Vorstellungen (oft Manipulationen), sind solch geistiges Ungeziefer, das einiges an Aufwand und Arbeit braucht, um zu verschwinden. Nur die langfristige Änderung des Charakters wird wirklich etwas bewirken und nicht eine kurzfristige Stimmungsänderung durch einen äußeren Impuls. Das Ganze ist echte Praxisarbeit und kann nicht durch pausenloses Bücherlesen oder durch Seminarbesuche am laufenden Band ersetzt werden, sondern muss bewusst angewendet und gelenkt werden. Doch was sage ich, die Realitätsgestaltung wird pausenlos angewendet, doch meist völlig unbewusst und nicht bewusst gelenkt.

Unbeabsichtigtes Erschaffen
Wir haben in den vorangegangenen Unterkapiteln eine Menge darüber erfahren, wie wir dorthin kommen können, wo wir eigentlich hin wollen. Es ging dabei also um das *beabsichtigte Erschaffen*. Im Gegenzug dazu existiert das *unbeabsichtigte Erschaffen*, das meist dem **Mangeldenken** entspricht.

„Natürlich will man, dass sich die Wünsche erfüllen. Das geht aber nicht, solange sich das Denken überwiegend mit dem Gegenteil dessen beschäftigt." [22, S. 191]
Pierre Frankh

Ich bin auf den vorhergehenden Seiten beim Thema der „misserfolgsorientierten Sichtweise" schon näher auf dieses Problem eingegangen. Man lenkt durch seine beständige Aufmerksamkeit auf das Negative, also durch Sorgen, Zweifel und Ängste, seine Energie in Richtung Misserfolg, was dann zur Folge hat, dass das, was man wirklich will, zerfressen wird. Bedeutend sind hier vor allem die lieben *Zweifel*, die gerade bei Menschen mit einem kleinen Selbstwertgefühl Hochkonjunktur zu haben scheinen. Man fragt sich in so einem Fall, ob einem das Gewünschte auch zusteht und ob man das Ziel auch wirklich schafft.

Was kann man tun, wenn die Zweifel an die Tür klopfen, werden Sie sich sicher fragen. Vielleicht möchten Sie den Zweifeln den Kampf ansagen und alles tun, um nicht an die Zweifel zu denken. Aber gerade durch Ihre Anstrengung beim Nicht-Denken an die Zweifel werden Sie – wohl so erfolgreich wie noch nie – an die Zweifel denken, was bei einem Fortfahren dieser Strategie im Aus des Wunsches oder Ziels enden wird. Wir erinnern uns nämlich: Man kann nur etwas erschaffen und nicht etwas nicht erschaffen. Wie lautet also die Lösung, um hier nicht zu verzweifeln?

Mit Zweifeln geht man am besten um wie mit einer Wolke. Man lässt sie aufkommen, tut nichts dagegen und lässt sie wieder weiterziehen – so als ob nie etwas geschehen wäre. Wichtig beim durchziehen lassen von Zweifeln ist es, diese nicht mit Emotionen zu beladen – sprich: die Zweifel einfach zu ignorieren, damit nichts im Bewusstsein und damit später auch im Unterbewusstsein festwachsen kann. Wenn man also den Zweifeln die kalte Schulter zeigt, diese einfach nicht beachtet und sich klar macht, dass einen die Wölkchen nicht weiter jucken, wird bald wieder ein blauer Himmel herrschen. Ein ignorierter Gast zieht sich nämlich von sich aus zurück. Erich Rauch spricht in so einem Fall von einer „gedanklichen Aushungerung", bei der man die Zweifel weder annimmt noch bewertet und schon gar nicht mit ihnen diskutiert.

Sie werden sich vielleicht fragen, wie sich dies durchführen lässt, wenn die Zweifel einem konstante Unruhe bescheren. Nun, es ist im Grunde gar nicht so schwer, den Ausweg aus dieser Falle zu finden. Sie müssen nur voll und ganz in der Gegenwart *sein*, um innere Stabilität und Sicherheit zu finden. Meist befindet sich unser Geist jedoch nicht in diesem Zentrum, sondern irgendwo, wo wir uns real nicht befinden. Probieren Sie es zur Abwechslung also mal aus, dort zu sein, wo Sie wirklich sind.

Ein weiterer Punkt beim unbeabsichtigten Erschaffen ist das **Mangelfühlen**. Wenn man es schafft, sein Denken so umzustrukturieren, dass es dorthin zeigt, wo man hin will, man aber insgeheim *das Gefühl* des Misserfolgs („das wird doch eh nichts") trotzdem immer mit sich rumträgt – was nichts anderes bedeutet, als dass man nicht wirklich überzeugt ist –, dann wird dieser Weg überall hinführen, nur nicht dorthin, wo man hin will. Ich kann bei so einer Situation nur raten, auf keinen Fall aufzugeben, sondern sich in das Gefühl – wie es ist, wenn das Gewünschte da ist – reinzuleben und es immer wieder, am besten täglich, intensiv zu erfühlen. Schritt für Schritt wird so das Mangelgefühl weichen und somit den Weg zur Wunsch- oder Zielerfüllung wirklich frei machen.

Auch indem man im Äußeren gegen das kämpft, was man nicht will, verstärkt man nur ein bestehendes Problem oder erschafft gar ein bisher nicht existierendes Problem. *Wenn man die Aufmerksamkeit nämlich ständig auf das lenkt, was man eigentlich nicht will, wird das, was eigentlich nicht gewollt ist, nur größer.*

Mit diesem Satz möchte ich noch einen ganz kurzen Abstecher zurück zur Manipulation machen. Betrachten wir doch mal die Tatsache, dass heutzutage die Arbeitslosigkeit „bekämpft" wird, die Kriminalität „bekämpft" wird, Krankheiten „bekämpft" werden, man Frieden durch Krieg erzwingen will und wiederum „gegen den Krieg" protestiert wird. Welchen Effekt hat dies, und wer zieht welchen Nutzen aus diesem Effekt?

Check !?!

Diese Lebensweise des ständigen Kämpfens hat sich auch im Kleinen weitläufig etabliert. Kinder werden von ihren Eltern und Lehrern nicht selten ständig „bestraft und zurechtgewiesen", Mitarbeiter werden „kritisiert und angedroht" und Kunden „überredet". Was erreicht man mit diesem Verhalten tatsächlich? Nähert man sich mit so einem Verhalten dem an, was man wirklich will, oder entfernt sich das, was man wirklich will durch solch ein Verhalten? Ich muss zwar zugeben, dass es Situationen gibt, in denen es wichtig und gut ist, im strengen Ton Klartext zu reden, doch für viele ist es nicht die Ausnahme, sondern die Regel. Damit geht der Schuss jedoch mit Sicherheit nach hinten los.

Wenn man tief im unbeabsichtigten Erschaffen drinsteckt, dann bleibt einem eigentlich nur noch übrig, durch eigenen Einsatz und langfristige Übung zum beabsichtigten Erschaffer zu werden. Dem unbeabsichtigten Erschaffen liegt meist zu Grunde, dass man in den grauen Zellen in irgendeiner zerstörerischen, imaginären Vergangenheit oder Zukunft lebt. Der Weg raus aus so einem Dilemma kann nur dahin führen, dass man *die Kontrolle über seine eigene Gegenwart* bekommt und generell die Gegenwart so gut es geht lenkt, damit nur mehr das in das eigene Leben kommt, was man wirklich will, und nicht mehr das, was man eigentlich nicht will:

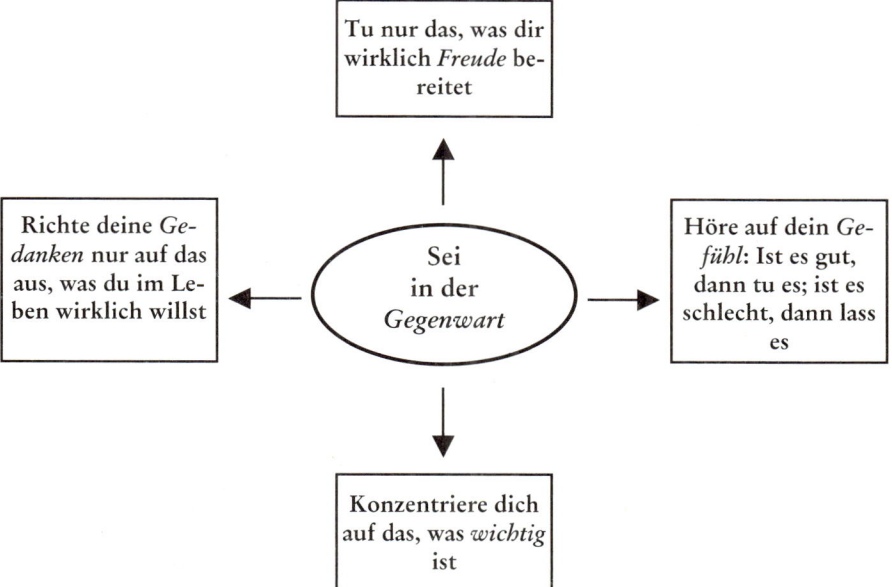

Bild 7: Die Macht der Gegenwart

Da beim Kästchen „Tu nur das, was dir wirklich Freude bereitet" leicht Missverständnisse entstehen können, möchte ich diesen Punkt noch etwas näher erläutern. Ich meine damit nicht, dass wir alles hinschmeißen sollten – Job, Hausarbeit, Wohnklo und all die anderen Dinge –, damit wir so richtig Halli Galli machen können. Ich wette mit Ihnen, dass Ihnen so ein Leben auf längere Sicht nicht nur keinen Spaß machen, sondern Ihnen

schlimmere Probleme mit einbringen würde als Sie es sich heute vorstellen können. Ich meine mit „Tu nur das, was dir wirklich Freude bereitet", dass wir die unnötigen Dinge, die uns nur runterziehen und uns eigentlich plagen, sein lassen sollten. Wir sind nämlich nicht dazu verpflichtet:
- mit einem Partner zu leben, der nicht zu uns passt und mit dem wir auf Dauer nicht glücklich sind (all die durchziehenden Gewitter und temporären Terroraktionen mal ausgenommen).
- bis ans Lebensende einen Job auszuführen, der uns keine Freude bereitet und uns keine innere Befriedigung gibt.
- uns privat mit Menschen zu treffen, die uns eindeutig auf die Nerven gehen oder die kontinuierlich versuchen, uns bei unseren Vorhaben zu demotivieren.
- Einladungen anzunehmen, wenn wir sie nicht wirklich wollen.
- bei Trends mitzugehen, die uns nicht wirklich gefallen.

Kurzum: Sie sollten sich zu nichts zwingen, was Sie nicht wirklich wollen.

Natürlich muss man arbeiten, Geschirr abwaschen, putzen und dies und jenes machen, doch man sollte die Dinge so wählen und die Dinge so tun, dass sie einem Freude bereiten. Wenn wir beispielsweise schon seit längerem die urtiefe Begierde haben, diesen Planeten zu Fuß zu umrunden, es finanziell und sozial hierfür mehr als günstig für uns steht, wir aber aus Angst vor diesen oder jenen gesellschaftlichen „Sirenen" kneifen; oder wir versuchen noch krampfhaft eine Beziehung über Wasser zu halten, obwohl unser Gefühl eindeutig und unmissverständlich „Nein" sagt; oder wir in einem Bereich beschäftigt sind, der uns zwar gefällt, wir aber schon seit langem den tiefen Wunsch haben, uns selbständig zu machen und wir eine hervorragende Chance zur eigenen Firmengründung ausschlagen, weil wir unsere gegenwärtige tolle Sicherheit nicht verlieren möchten – dann tun wir mit Sicherheit einiges, nur nicht das, was uns wirklich Freude bereitet.

Nun aber wieder zurück zum eigentlichen Thema. Wer in solchen inneren eingebrannten Schleifen, wie beim misserfolgsorientierten Denken oder beim Handeln durch (verbale oder tatkräftige) Gewalt, drinsteckt, erschafft sich nicht nur durch eigene Kraft seine ganzen Probleme, sondern hat auch ein gewaltiges Problem mit sich selbst. Solche innere und äußere *hausgemachte* Probleme entstehen im Grunde nämlich nur dadurch, dass wir noch mit der alten Plattform des Mangeldenkens leben und dieses Programm noch im Unterbewusstsein aktiv ist. Da können wir manchmal zwar das Jeweilige mit Haut und Haar versuchen zu wollen, doch es wird trotzdem nichts, weil die langjährigen Vorstellungen im Unterbewusstsein noch aktiv sind und somit verhindern, dass wir wirklich überzeugt sind, dass uns der jeweilige Wunsch auch zusteht. Damit kommen wir auch schon zu den...

Blockaden durch festgefahrene Überzeugungen

Wie wir gelernt haben, legen wir durch die Polung unseres persönlichen Magnetismusses, mit dem wir nach außen treten, selbst fest, was wir im Leben anziehen. Nun gibt es aber noch etwas, was vor dem Denken kommt; etwas, das unser Denken vielfach entstehen lässt.

Die Summe all unserer Gedanken und Gefühle stellt unseren Charakter dar, doch unsere *Überzeugungen* sind es, die unsere Gedanken und Gefühle maßgeblich beeinflussen oder diese gar hervorbringen. Noch elementarer als die Reinigung von schwarzen Gedankenflecken ist also die Änderung von tiefsitzenden destruktiven Schleifen, also Überzeugungen, die nicht dem eigenen Wohl dienen. Aus unseren Überzeugungen entsteht in den meisten Fällen unsere Art und Weise, wie wir denken, wie wir fühlen und wie wir im Leben reagieren, da Überzeugungen automatisch ablaufende Programme darstellen, die im Unterbewusstsein eingeätzt sind.

Negative und blockierende Überzeugungen, die einen dann auf dumme Gedanken bringen, können beispielsweise sein: *„Reichtum ist schlecht"; „Ich bin nicht schlau genug"; „Das steht mir nicht zu"; „Sex erst nach der Heirat"; „Man muss im Leben äußerst sparsam sein"; „Das, was wir wollen, werden wir uns niemals leisten können"; „Das Leben ist so ungerecht"; „In meinem Leben geht es ständig bergab"; „Meine Vorfahren haben alle eine bestimmte Krankheit bekommen. Das ist erblich. Es steht schlecht um mich."; „Geld ist die Wurzel allen Übels"; „So ist es eben"; „Ich habe keine Kontrolle über meinen Körper"; „Das schaffe ich nie"; „Ich probiere immer"; „Es hat doch eh keinen Wert"* ...

Solche und andere implantierte blockierende Überzeugungen, welche den Anfang vom Ende eines freudigen und glücklichen Lebens einleiten, werden oft genussvoll in selbsthypnotischer Trance täglich mehrmals wiederholt, was über einen längeren Zeitraum hinweg einen Abwärtsstrudel im Leben erzeugt. Das ist so sicher wie die Tatsache, dass auf den nuklearen Winter der intellektuelle Frühling folgt. Kleines Beispiel gefällig?

Nehmen wir einmal an, dass Sie dazu erzogen wurden, dass alles Geld, was man sich nicht durch Abrackern erarbeitet hat, „schmutziges Geld" ist. Mit hoher Wahrscheinlichkeit werden Sie in der Kindheit diese Einstellung tief in sich reingefressen haben und dann im Erwachsenenalter, aufgrund dieser implantierten Überzeugung, ein hartes und entbehrungsreiches Leben führen und wahrscheinlich auch jedes Zweieurostück viermal umdrehen müssen.

Wenn sich über einen langen Zeitraum nämlich immer wieder die gleiche Art von Problematik in Ihrem Leben wiederholt, dann sollte Ihnen bewusst sein, dass *Sie* das Problem, aufgrund eines in Ihrem Unterbewusstsein eingebrannten Programms, kontinuierlich selbst erzeugen. Da können Sie nach Ushuaia, Perth oder auf die Mc Murdo Station in die Antarktis auswandern; solange das problemerzeugende Programm noch in Ihrem Unterbewusstsein existiert und dort seine Runden dreht, werden Sie das spezifische Problem immer wieder selbst erschaffen. Und Sie werden – egal wohin Sie fliehen – solange an diesem Problem zu knabbern haben, bis Sie die dahinterliegende Lektion gelernt haben und in diesem Bereich endlich richtig leben.

Wenn blockierende Überzeugungen nun schon so viel anrichten können, dann ist es im Gegenzug auch von großer Wichtigkeit, wie man diese umwandeln kann. Ganz ohne scheint die Änderung von blockierenden Überzeugungen aber nicht zu sein, denn sonst wären die Blockaden nicht so standfest wie sie sind.

Bevor man sich ran macht, sich von den fesselnden Strudeln der blockierenden Überzeugungen zu befreien, muss man diese als solche erst mal erkennen und dann auch definieren können. Nicht selten ist dieses Erkennen aber schon eine bedeutende Schwierigkeit, an der viele scheitern. Die Überzeugungen haben uns nämlich von deren Inhalt oft schon so überzeugt, dass uns die Überzeugungen als solche überhaupt nicht auffallen, da wir diese nicht selten als fixe unwiderlegbare Tatsachen betrachten. So tragen wir Dinge mit uns rum, die uns vom Vorwärtskommen zurückhalten, deren Existenz uns gleichzeitig aber oft nicht bewusst ist.

Hier gilt es, sich selbst zu stellen und sich zu fragen, welche geistige Grundeinstellung/Überzeugung dazu geführt haben könnte, dass die unerwünschten Teilaspekte der eigenen Realität entstanden sind. Wenn wir nämlich bei irgend einem Bereich im Leben festhängen, dann sind es immer wir, die dafür verantwortlich sind.

**Verantwortung für das eigene Leben zu übernehmen
ist die erste und wichtigste Handlung bei der Selbstermächtigung.**
Ps

Die Meisten greifen hier jedoch wieder irgend einen Aspekt der Außenwelt an, dem die Schuld für den nicht richtig funktionierenden Lebensbereich zugeschoben wird, damit es nicht unbequem für einen wird und man selbst fein raus ist. Wenn Sie aber Blockaden, die Ihren Weg zum Ziel oder den Weg der Wunscherfüllung zu Ihnen versperren, auflösen wollen, werden Sie so sicher nicht weiterkommen.

**Eine Überzeugung beschreibt nicht eine Realität,
sondern kreiert diese.**
Ps

Das, was wir in so einem Fall also zu tun haben, ist, uns selbst *schonungslos* zu betrachten und vor keinem noch so unbequemen privatpersönlichen Teilaspekt vor uns selbst wegzurennen. Erst mit dieser Geisteshaltung werden wir in der Lage sein, die Quelle des Problems in uns zu finden.

Ist dann das wirkliche Problem an einem erst einmal entdeckt, sollte man sich den Tatsachen stellen – egal wie unbequem es werden sollte – und den Willen entwickeln, die blockierende Überzeugung auszudehnen, umzuwandeln und sich darüber klar werden, wie die neue Überzeugung aussehen müsste, damit die eigene Realität im derzeitigen Problembereich zu dem wird, wie man sie eigentlich haben möchte. Man muss sich dabei womöglich erst einmal das Grundrecht auf Freude, Glück und unbegrenzte Möglichkeiten im gegenwärtigen Problembereich zugestehen, um sich überhaupt ein Grundfundament zu erschaffen, an dem die zukünftige Überzeugung wachsen kann. Es mag manchmal nicht gerade einfach sein, sich so tiefgreifend zu ändern, doch hat jeder stets die Wahl, es anzupacken oder aus selbstbegrenzender Faulheit alles so zu lassen, wie es ist.

Nun mögen Sie womöglich aufschreien und behaupten, dass sich Überzeugungen nicht so einfach ändern lassen – selbst wenn sie als solche erkannt sind –, da diese im Unterbewusstsein festgewachsen sind. Falls Sie soeben einen solchen Schrei losgelassen haben, so muss ich Ihnen teilweise recht geben. Überzeugungen lassen sich tatsächlich nicht so einfach löschen und umschreiben wie eine Textdatei auf dem Computer. Über einen Umweg und mit genügend Zeit und Einsatz lassen sich aber auch Überzeugungen um bis zu 180° abändern.

Es ist so, dass ein gewisses Denken, ein gewisses Fühlen, eine gewisse Wortwahl und ein gewisses Handeln mit der blockierenden Überzeugung einhergehen. Und wenn man nun bewusst auf sein Denken, sein selbst erzeugtes Gefühl, seine Wortwahl und sein Handeln bei Situationen, welche die jeweilige Thematik betreffen, eingeht und gezielt ein der blockierenden Überzeugung *konträres* (=gegenteiliges) Denken, Fühlen, Sprechen und Handeln wählt, dann wird sich mit der Zeit die blockierende Überzeugung auflösen und durch die neue wirklich gewollte Überzeugung ersetzt.

Was man hier also tun muss ist, dass man der neuen gewollten Überzeugung entsprechend denkt, fühlt, und vor allem *spricht und handelt*, um so rückwirkend seine blockierende Überzeugung zu ändern. Man stellt sich hier also dem Problem und geht gezielt darauf zu, um damit von oben zusammen mit der neuen Grundeinstellung Schritt für Schritt in die Tiefe durchzudringen.

Am Anfang mag dies allerlei innere Konflikte erzeugen, da die alte, sinnlose Überzeugung noch genügend Energie hat, um einen in den Bann zu ziehen, doch wenn man konstant damit fortfährt der neuen gewollten Überzeugung entsprechend bewusst zu leben, dann ersetzt man Schritt für Schritt die alte durch die neue und gewollte Überzeugung.

Achte auf deine Handlungen, Worte, Gedanken und Gefühle, denn diese erzeugen deine Überzeugungen, welche wiederum deine zukünftigen Gefühle, Gedanken, Worte und Handlungen maßgeblich beeinflussen.

Etwas weiteres, was sich generell positiv auf die eigenen Überzeugungen auswirkt, ist es, seine eigene Realität bewusst auszudehnen. Dies bewerkstelligt man einerseits durch bewusstes Erforschen der Existenz und andererseits durch gezieltes Überwinden eigener Grenzen. Was man durch solch eine Lebenshaltung gewinnt, ist die so wichtige *Flexibilität*, die zum Erkennen blockierender Überzeugungen und zum Umwandeln dieser notwendig ist.

Druck und Ungeduld

Die Begierde zur Wunscherfüllung darf nicht zwanghaft ausarten. Verbissene Wunschkrämpfe, bei denen man will, dass sich um jeden Preis dies oder jenes ändert beziehungsweise geschieht und man seinen Wunsch auf Biegen und Brechen erzwingen will, sind nicht gerade hilfreich. Man will und will und will und muss und muss und muss, doch gerade durch den Druck schiebt man das, was man will, von sich weg. Der Druck entfernt nur das Gewünschte und man fängt an festzustecken. Wollen Sie beispielsweise, dass bestimmte Dinge oder bestimmte Personen in Ihr Leben treten, dann ist es mit Sicherheit schädigend, wenn Sie meinen, hinter jeder Ecke danach suchen zu müssen.

Klammern Sie sich also nicht verbissen an Ihren Wunsch fest, denn wenn Sie die Wunschenergie ständig bei sich behalten, dann hat der Wunsch gar nicht die Möglichkeit, sich außen zu manifestieren und real zu werden. Viel besser ist es, locker, zwanglos und mit Freude an die Sache ranzugehen und sich nicht krampfhaft in den Wunsch zu verbeißen. So baut man keine Blockaden auf, und alles kann leichter fließen. Kurz gesagt: „Lassen" statt „Müssen", um fortan ein effektiveres und leichteres Leben zu führen.

Neben dem normalen Druck, der dem „Müssen" entspringt, gibt es beim Wünschen noch die *Ungeduld*. Bei der Ungeduld hat man ein Problem mit dem gegenwärtigen Zustand der Nicht-Erfüllung des Wunsches, und dieser Mangel nervt einen. Da in diesem Fall die Aufmerksamkeit wieder nur auf den Mangel gerichtet ist, kann durch diese Energiezufuhr auch nur der Mangel wachsen, was zur Folge hat, dass die Erfüllung des Wunsches von einem wegdüst. Um hier zum International Master of Wishing Administrator aufzusteigen, sollte man lernen, eine von Herzen kommende Gelassenheit zu entwickeln und das Wunschallheilmittel Loslassen zu praktizieren.

Doch nicht nur beim Wünschen, sondern auch bei unserer Auseinandersetzung mit Zielen legen wir uns durch Ungeduld selbst Steine in den Weg. Da ich mich persönlich sehr gerne mit dem Leben in Extremsituationen – vor allem Expeditionen – beschäftige, kann ich sagen, dass gerade große und außergewöhnliche Ziele immer ihre entsprechende Vorlaufzeit benötigen. Alle bekannten und eher unbekannten Soloabenteurer und Expeditionsleiter haben viele, viele Einzelschritte unternehmen müssen, um lange vorgenommene Unternehmungen erfolgreich durchführen zu können.

Für meine letzte Fahrradexpedition habe ich beispielsweise all die vorhergehende Erfahrung benötigt, um die dortigen (für mich) außergewöhnlichen Schwierigkeiten zu überstehen und nicht in Teufelsküche zu kommen. Genauso werden in meinem Leben einige Früchte erst in zehn bis zwanzig Jahren reif sein, da für viele noch ausstehende Dinge jede Menge Wissen und/oder jede Menge Erfahrung benötigt wird.

Ich denke, dass Sie das sicher auch von Ihrem Leben kennen, sofern Sie nicht einer von den vielen lebendigen Toten sind, die mit etwa dreißig aufgehört haben zu leben, aber erst irgendwann nach dem siebzigsten Lebensjahr begraben werden und in den dazwischenliegenden Jahren seicht und leicht vor sich hin vegetieren. Einigen Leuten mag diese direkte Ausdrucksweise zwar sauer aufstoßen, doch Wegschauen und Gesundbeten von existierenden Problemen, aufgrund einer lauen behaglichen Bequemlichkeit, hat noch nie etwas voran gebracht, sondern die Sache meist sogar verschlimmert. Wenn bei einem Problem nämlich weggeschaut wird, dann lässt man es in aller Ruhe wachsen, bis es so groß geworden ist, dass es einen erschlägt. Damit es nicht so weit kommt, ist es besser, sich lieber jetzt einem bisher unter den Teppich gekehrten Problem zu stellen, um damit den insgesamt einfachsten Weg zur Lösung zu gehen.

Faul-heit, die zum Himmel stinkt
Was Sie auf dem Weg der Selbstermächtigung immer wieder brauchen, ist *Durchhaltevermögen*, denn nicht selten muss der ganze Schutt der letzten Jahrzehnte vom Ackerfeld des Bewusstseins und Unterbewusstseins verschwinden. Mit anderen Worten: Sie müssen zuerst Ihre vergifteten und

verseuchten Pflanzen und Bäume, die Ihre bisherigen Früchte des Lebens hervorgebracht haben, mitsamt den Wurzeln rausreißen, bevor Sie das saubere, hochqualitative Saatgut Schritt für Schritt anbauen können und Ihr Bewusstsein und Unterbewusstsein damit zu einem duftenden und farbenprächtigen Rosengarten werden kann. Erst wenn Sie von den negativen Energien gesäubert sind, können die positiven eingepflanzt werden. Je weiter Ihre Ziele von Ihrem derzeitigen Ist-Zustand entfernt sind, desto mehr und länger müssen Sie möglicherweise mit Affirmationen und Imaginationen arbeiten und desto länger müssen Sie dafür etwas machen.

Der Wille zur Veränderung muss wie gesagt von Ihnen ausgehen. Wenn Sie an sich und Ihrem Leben arbeiten wollen, dann wird dies große Änderungen mit sich ziehen. Und große Änderungen verursachen oft große (Überwindungs-) Mühen. Wohl dem, der da nicht aufgibt.

Wenn nun aber schon eine eingefressene Faulheit vorhanden ist und man sich nicht wirklich ändern will, dann nützen selbst die tollsten Zukunftsträume nichts. Da in diesem Falle der Wille kaum existiert, wird es auch keinen Weg zur Verbesserung für einen geben und man befindet sich somit wirklich in Teufelsküche. Ist man zu träge und antriebslos, um durch Taten notwendige Veränderungen an sich zu bewirken, so stehen die Chancen gut, dass irgendwann der Schmerz an der Haustüre klingelt, um einen wach zu rütteln.

Neben all den bisher angesprochenen potentiellen Schwierigkeiten bei der Realitätsgestaltung kann es passieren, dass aus heiterem Himmel plötzlich völlig unvorhergesehene Probleme auftauchen, die einen auf den ersten Blick zurückwerfen und vielleicht die ganze Unternehmung in Frage stellen. Wenn Sie bei solch einer Unternehmung mal ausgerutscht und hingefallen sein sollten, dann heißt es aufstehen und weiter machen. Immer und immer wieder!

Es stellen sich bei *jedem* Menschen zur Genüge Schwierigkeiten auf dem Lebensweg ein. Die Frage ist nur, wie man mit diesen Schwierigkeiten umgeht. Wird bei Schwierigkeiten aufgegeben und das Handtuch geschmissen oder wird weitergekämpft? Wenn bei zu erwartenden Schwierigkeiten kampflos aufgegeben wird, dann braucht man an glückliche Erfolge im Leben erst gar nicht zu denken.

> „Wer kämpft, kann verlieren;
> wer nicht kämpft, hat schon verloren."
> *Bertold Brecht*

Möglicherweise auftretende Schwierigkeiten sollte man als Hürden und Herausforderungen sehen, die man zu bewältigen hat, bevor man sein Ziel erreicht. Beim Hindernislauf in der Leichtathletik ist dies genauso. Der Hindernisläufer muss die Hürden bewältigen, um die Strecke zu meistern. Die Stärke für dieses Durchhaltevermögen kann aber nur durch *Fleiß und Übung* erarbeitet werden. Zweifel und Ängste müssen dabei kontinuierlich überwunden werden.

> **„Wer aufgibt, wird nie Sieger,
> und ein Sieger gibt nie auf."**

Zu guter Letzt: All das, was ich in diesem Kapitel geschrieben habe, ist ein ständiges Optimieren und Verbessern – auch bei mir. Als ich Fahrradfahren gelernt habe, war es am Anfang immer ein Graus, vor der neuen Aufgabe zu stehen. Mit viel Übung habe ich dies dann aber hinbekommen. So ist es auch mit den hier angesprochenen Dingen. Wahrscheinlich ist dies hier sogar noch schwieriger als das Erlernen des Fahrradfahrens, denn manchmal muss man sich um mindestens 90 Grad ändern, bevor überhaupt sichtbare Verbesserungen geschehen. Ich glaube aber, dass trotz des Aufwands der Arbeit an sich selber dies hier bedeutend wichtiger ist als vieles andere, denn hier geht es um die Qualität des eigenen Lebens in der Gesamtheit. Egal welches Alter Sie haben: Es ist nie zu spät, seinen Denk- und Lebensstil in Richtung der erfolgsorientierten und positiven Lebensweise zu ändern. Doch damit anfangen sollten Sie eher früher als später und nicht erst dann, wenn Sie am Ende Ihrer Kräfte sind.

Falls Sie irgendwann in einem Bereich Gas geben sollten, aber trotzdem nicht von der Stelle kommen, so können Sie sich mit der folgenden Checkliste auf Ursachenforschung des Problems begeben:

BEREICH	FALLE
Generelle Fallen (Auswirkung auch auf Ziele und Wünsche)	• Sich selbst und die wirklichen Gegebenheiten der eigenen Gegenwart nicht betrachten wollen • Keine vollständige Verantwortung für sich und sein Leben übernehmen wollen
	• Noch notwendiges Umwandeln von Problematiken, die man in anderen Leben erschaffen hat • Familienkarma
	• Menschen aufgrund deren Erfolg beneiden • Sich mit Menschen umgeben, die einen kontinuierlich runterziehen (ob durch Neid, Missgunst, niedriger Entwicklungsstand etc.)
	• In der Vergangenheit oder Zukunft festhängen • Sorgen machen, hoffen, warten, probieren • Ungeduld
	• Größere energetische Unausgeglichenheit • Sich in eigene Probleme zu sehr reinsteigern und sich hierbei nicht auf Lösungen konzentrieren • Sich über störende Dinge, die einen nicht wirklich betreffen, ereifern und diese an sich ran lassen
	• Nicht wissen, was man im Leben wirklich will • Sich nicht auf das konzentrieren, was einen selbst glücklich macht und einem Freude bereitet • Sich durch die Beschäftigung mit unwichtigen oder gar für einen nutzlosen Dingen verzetteln • Nicht auf sein Gefühl hören
	• Sich nicht ändern wollen • Sich selbst aufgrund von Kleingeistigkeit begrenzen • Misserfolgsorientierte Herangehensweise • Ausleben von (möglicherweise verborgenen) blockierenden Überzeugungen
	• Nicht zwischen den beiden Fällen der Realitätsgestaltung unterscheiden • Entweder nur das innere oder nur das äußere Fortschreiten praktizieren

Spezifische Zielfallen	• Das Ziel nicht richtig definieren • Sich mit dem Erreichen des Ziels zu sehr unter Druck setzen • Übermütig und blauäugig rangehen • Es mit dem inneren und äußeren Einsatz für das Ziel übertreiben und sich damit energetisch verausgaben • Keine Überzeugungskraft haben, dass man sein Ziel erreichen wird / daran Zweifeln, ob man es schafft • Gefühle entwickeln, die gegenteilig zu den (erfolgsorientierten) Gedanken sind • Bei schwierigen Situationen aufgeben • Kein Interesse daran haben, eigene Grenzen zu überwinden → Bequemlichkeit • Nicht genügend Elan haben • Regelmäßig etwas tun, was einem keine Freude bereitet • Das Machen vernachlässigen oder gar nicht ausführen
Spezifische Wunschfallen	• Den Wunsch nicht richtig definieren • Wunschvorstellungen anderer übernehmen • Den Wunsch zeitlich nicht kontinuierlich wollen • Zweifel, ob einem die Erfüllung des Wunsches überhaupt zusteht • Keine Wunschbegierde in einem / Man ist nicht Feuer und Flamme für den Wunsch • Erwartungshaltungen darüber haben, wie, wann und wo sich der Wunsch erfüllen soll • Sich nicht im Erfüllungsmöglichkeitsfeld aufhalten • Sich tatkräftig auf die Suche nach dem Wunsch begeben • Nicht loslassen / Festkleben am Wunsch / Auf den Wunsch fixiert sein

Das Lesen von Büchern zur Realitätsgestaltung wird einem am Anfang ein tolles Hochgefühl bescheren. Oft passiert es aber, dass man ein paar Monate nach dem Lesen wieder in den automatisierten grauen Standardzustand hineingleitet. Das Endziel muss daher sein, dass man dazu in der Lage ist, diesen Zustand der vorzüglichen Steuerung der eigenen Energien aus und für sich selbst zu erzeugen. Das heißt aber nicht, ständig im Rausch durchs Leben zu rauschen, da das Leben sowohl aus Höhen wie auch tiefen Tiefen besteht. Doch wenn wir einen Wunsch haben oder ein Ziel erreichen wollen, dann kennen wir nun die Grundlagen für die Verwirklichung.

Zum Thema des Wünschens möchte ich Ihnen aber noch eine kleine Warnung mit auf den Weg geben. Wenn Sie anfangen, die Gesetze des Lebens zu missachten und nur mehr nehmen und auf Kosten anderer Leben wollen, anstatt auf ein sinnvolles Verhältnis zwischen Geben und Nehmen zu achten, dann wird sich Ihr Leben früher oder später gegen Sie wenden... Das Wünschen ist nämlich nicht dazu da, das Ego in illuministische Höhen zu treiben, sondern, wie schon erwähnt, um die Machtlosigkeit, die derzeit viele im eigenen Leben umgibt, zu beenden und sich von der Knechtschaft der künstlichen Matrix zu befreien.

So, und was bedeutet das alles jetzt für uns in der Gesamtheit? Nun, zum einen hört das „ich kann doch eh nichts daran ändern" auf, da wir durch die vollständige Kenntnis der Realitätsgestaltung auch unsere Realität vollständig gestalten können – und zwar so, wie wir es wollen. Zum anderen bedeutet die Kenntnis dieses Wissens aber auch, dass man bewusster lebt und denkt sowie sich selbst im Lebensstil weniger gehen lässt, denn jetzt weiß man ja, welche Reaktion eine bestimmte Ursache nach sich zieht, und wenn man dies einmal wirklich verstanden hat, dann wird man – ob es einem gefällt oder nicht – nie mehr der sein, der man war, als man nur mehr existierte oder gar vegetierte...

Je mehr Menschen über die geistigen Gesetzmäßigkeiten Bescheid wissen und diese in ihre Weltvorstellung integrieren können, desto geringer wird auch die Kriminalitätsrate sein, da damit klar wird, dass jede schlechte Handlung anderen gegenüber im Grunde auch eine Selbstschädigung ist (actio = reactio). Nach dem Fall der Neuen Weltordnung werden in den Schulen die geistigen Gesetzmäßigkeiten und deren bewusste Anwendung mit Sicherheit zum Grundschulunterricht gehören wie lesen, schreiben und rechnen. Damit wir nicht nochmal auf die Schulbank müssen, wäre es sinnvoll, schon jetzt damit anzufangen. ☺

Hier ein paar empfehlenswerte Quellen für das Selbststudium:

Zum Thema des sinnvollen Managements der Gegenwart und dem Erreichen von Zielen:

„Ich will, ich kann, ich werde!" von Peter Kummer, Herbig Verlag
„Nichts ist unmöglich" von Peter Kummer, Herbig Verlag
Diese Bücher erklären in völlig verständlicher Sprache die Grundlagen der bewussten Realitätsgestaltung in Bezug auf Ziele. Hier finden Sie zudem eindrucksvolle Beispiele aus dem alltäglichen Leben dafür, wie man sich selbst seine eigene Realität versauen oder auch vergolden kann.

„So geht's dir gut" von Andrew Matthews, VAK Verlag
„Tu, was dir am Herzen liegt" von Andrew Matthews, VAK Verlag
In klarer, verständlicher und lustiger Alltagssprache führt Andrew Matthews einem in diesen beiden Büchern die beiden Pole der Lebensführung, nämlich die miserable und die freudenstrahlende, vor Augen.

„Die Macht Ihrer Gedanken" von Erhard F. Freitag, Goldmann Verlag
Ein weiteres sehr empfehlenswertes Grundlagenbuch über das, was für jedem von Nutzen ist.

„Autosuggestion und Heilung" von Erich Rauch, PAL Verlag
Wollen Sie für spezifische Anwendungsfälle optimierte Autosuggestionsmethoden? Dann sind Sie hier goldrichtig.

„Das Gesetz der Resonanz" von Pierre Frankh, Koha Verlag
Dieses Buch enthält einige hochinteressante wissenschaftliche Beweise für die Formung des Lebens mittels der eigenen Gedanken und Gefühle sowie sehr wertvolle Praxistipps, wie man bei der Realitätsgestaltung was wie richtig umsetzt.

Zum Thema der Wunscherfüllung:

„Bestellungen beim Universum" von Bärbel Mohr, Omega Verlag
Der Klassiker zum lockeren Einstieg in die Materie.

„Erfolgreich wünschen" von Pierre Frankh, Koha Verlag
Man findet in diesem Buch die Essenz der Aussagen von Bärbel Mohr als Konzentrat, welche mit eindrucksvollen Erfahrungen aus der Praxis garniert sind. Die nachfolgenden Bücher von Pierre Frankh zum Thema Wünschen enthalten viele interessante und erstaunliche Wunschgeschichten von anderen Leuten, die einem zeigen, welch eine immense Bereicherung das richtig angewandte Wünschen ist.

„Reality Creation für Fortgeschrittene" von Frederick E. Dodson, Bohmeier Verlag
Das beste mir bekannte Praxisbuch zum Thema Wünschen und dem damit zusammenhängenden Loslassen. Sehr empfehlenswert!

„Denkt daran, wenn ihr die Spielregeln lernt – ihr seid ein Ergebnis des Denkens, und in eurem Universum ist das ein Gesetz –, dann braucht ihr nur zu denken, wie ihr sein wollt, und ihr werdet so sein. Sobald ihr das erkannt habt, könnt ihr euren Körper ebenso gestalten wie euer Alter, und ihr könnt alles an euch in Ordnung bringen, denn ihr werdet selbstmotiviert, durch euch selbst ermächtigt und von euch selbst erschaffen sein." [23, S. 172]

Kapitel 9.7
Ein Geheimnis vom Geheimnis

Das Wissen um die Möglichkeiten, sein Leben so zu steuern, damit genau das rauskommt, was man wirklich will, ist erst mal etwas Feines und kann ziemlich aufregend werden, wenn im eigenen Leben plötzlich Dinge möglich werden, die noch vor einigen Jahren für einen selbst unmöglich erschienen. Bisher machtlose Bereiche werden mit eigener Macht erfüllt, und der Status als Opfer neigt sich dem sicheren Ende zu. So schön diese Dinge auch sein mögen, ich möchte Sie an dieser Stelle davor warnen, dass Ihr Leben entartet und „zu schön" wird.

Das Ganze kann nämlich zu einer Falle werden, die hinterlistiger kaum sein kann. Der ganze derzeitige Rummel um das Gesetz der Anziehung, positives Denken und die Realitätsgestaltung kann leicht nach hinten losgehen... oder gar als subtile „Waffe" fungieren.

Das Wissen rund um die selbstermächtigte Realitätsgestaltung kann dazu führen, dass man anfängt, in einer heilen Welt zu leben, in der Tierquälerei, Kindesmissbrauch, Folter, hochentwickelte Verstandeskontrolle, Massengehirnwäsche, Krieg und was es sonst noch an Grausamkeiten gibt, nicht mehr existieren (dürfen). Sollten Sie sich auf diesem Pfad befinden, dann sind Sie wieder an der Leine der Elite...

Und dabei wollten Sie doch ursprünglich jeden Marionettenfaden kappen...

Wenn Sie meinen, vom Rundweltler zum Heilweltler umschwenken zu müssen – sei es, weil Sie die Wahrheit nicht ertragen können und einfach nur wegschauen und dies vielleicht geschickt damit tarnen dass, es ihnen einfach egal ist, oder sei es, weil Sie von einem heilen Licht-und-Liebe Massentrend verführt und gelenkt werden –, dann sind Sie wieder Teil derer, die ungewollt und komplett unbewusst den Krieg der Kriege unterstützen und am Leben erhalten.

Was meinen Sie, warum ich diese provokante These hier aufstelle?

Das Bisherige, was ich geschrieben habe, ist für den einen oder anderen möglicherweise ziemlich „hoch" und kann die grauen Zellen zum Heißlaufen bringen, doch etwas Gutes soll nun plötzlich eine Waffe sein? Geht es jetzt nicht wirklich etwas zu weit? Ist der Autor dieses Buches vielleicht doch paranoid?

Tja, liebe Leserinnen und Leser, mit Wahn- und Verfolgungsvorstellungen meinerseits wird es leider nichts, denn ich bin hier nur dabei, die Münze umzudrehen und auf eine unerkannte Gefahr, die im Zusammenhang mit der Realitätsgestaltung und dem ganzen Drumherum auftreten kann, aufmerksam zu machen. Wenn wir uns dazu entschließen, in einer heilen Welt zu leben und die Augen vor den Machenschaften der Elite zu verschließen, dann sind wir genau dort, wo die Elite diejenigen hin haben möchte, die aufgewacht sind, die die Welt hinter der Welt kennen und somit zumindest ansatzweise einen Gesamtüberblick über die wirkliche Lage haben.

Das freiwillige Anlegen von geistigen Scheuklappen ist *ein Freibrief für die Elite zum Ausbau deren Machenschaften*. Die Scheuklappen führen nämlich dazu, dass wir das, was hier geschieht, völlig aus den Augen verlieren und dass wir uns mit den tatsächlichen Gegebenheiten in den „dunklen" Bereichen nicht mehr auseinandersetzen. Und wenn – durch ein *bewusstes Wegschauen* – nicht mal mehr die wenigen aufgeweckten Geister sich über die wirklichen „Zustände" hier im Klaren sind, dann hat sich das Problem mit den aufgeweckten Geistern fast schon wie von selbst erledigt.

Diese aufgeweckten Geister mögen zwar durch die Eigenlenkung des Lebens teilweise keine direkten Spielbälle der Manipulatoren mehr sein, doch sie sind auch kein direktes Problem mehr für die Ausübung dieses Krieges. Der vollendete Krieg mag dann zwar ein wenig geschwächt sein, doch er wird in diesem Fall auch **widerstandslos**.

Wenn zwar die Manipulationen an einem selbst zum großen Teil aufgehoben sind, aber gleichzeitig auch jede Auseinandersetzung mit den Zuständen begraben ist, dann haben sich die aufgeweckten Geister mit ihren Möglichkeiten *selbst aufgehoben*! Damit schreitet der vollendete Krieg zwar ein wenig geschwächt, aber trotzdem kaum gehemmt voran.

Wer meint, in einer heilen und hundertprozentig positiven Welt leben zu müssen, in der alles Negative ausgeblendet und als inexistent betrachtet wird, unterstützt durch solch ein Verhalten die negativen Kräfte und vor allem die Manipulatoren.

Wenn man nämlich vor Dingen wegschaut, weil diese unangenehm – weil negativ – sind, dann ist dies gleichzeitig auch eine persönliche Zustimmung dafür, dass die unangenehmen Dinge so weiterlaufen dürfen wie bisher.

Es mag schon schlimm genug sein, wenn ein Rundweltler zum Heilweltler überschwenkt, doch noch wilder wird die Sache, wenn ein Flachweltler direkt zum Heilweltler überwechselt, da ein solcher Mensch nie die Möglichkeit gehabt haben wird, über die wahren „Zustände" auf diesem Planeten zu staunen. Bei solchen Dingen frage ich mich, ob es möglich sein kann, dass auch hier irgendwas bewusst gesteuert wird, um von anderen Dingen abzulenken?

Mir ist zwar nicht bewusst, ob und wieviel beim gegenwärtigen Rummel rund um die Realitätsgestaltung und dem positiven Denken gezielt gesteuert ist und wieviel tatsächlich aus den Veränderungen der Menschen selbst entspringt, doch das ist auch nicht von Bedeutung. Seien Sie sich dieser Gefahr bewusst, und fallen Sie nicht darauf rein!

Die bewusste eigenständige Anwendung der geistigen Gesetzmäßigkeiten ist zwar gut dazu, sämtliche Bereiche des eigenen Lebens vollständig in die eigene Hand zu nehmen und diese genau dorthin zu führen, wo man sie wirklich haben will, doch dieses Wissen dient nicht dazu, sich händchenhaltend eine positive Licht-und-Liebe Sub-Welt aufzubauen, damit sich für die illustren Leute ein, aus deren Sicht, großes Problem wie von selbst auflöst und diese sich die reale Welt komplett unter den Nagel reißen können. Spätestens wenn dann aber die Seifenblase „heile Welt" der lieben Leute genau so zerplatzt ist wie das blauäugige Genießerleben von Hinz und Kunz, kommt das böse Aufwachen und der große Knall. Daher gilt bei allen Problemen:

1. Dem Problem glasklar in die Augen schauen (ohne sich von dem Problem emotional fangen zu lassen).
2. Strategien entwickeln, wie das Problem gelöst werden kann.
3. Falls das Problem aus dem eigenen direkten Wirkungsradius rausfällt, sich darüber im Klaren sein, dass selbst die Kenntnis über ein derzeitig verborgenes oder nicht verborgenes Problem ein wenig zu dessen Schwächung mit beiträgt (siehe nachfolgendes Kapitel).
4. Umsetzen, was für einen möglich ist.

Nachdem wir uns nun endgültig in die Klarheit hineinverwirrt haben, lernen wir: Egal welche Erkenntnis man gewonnen hat, es existiert immer eine Erkenntnis, die darübersteht. Damit wir wieder ein bisschen Praxis in die Seiten bringen, hier nun wieder ein Beispiel: Bei vielen Leuten, die zu der Erkenntnis gelangt sind, dass der Zustand der heutigen Welt nur eine gesteuerte Show ist, macht sich schnell eine ernüchternde Resignation breit. Man sieht, wie der Wert des Lebens auf diesem Planeten rapide sinkt und es hoffnungslos scheint, dass man selbst auch nur irgendwas zur Verbesserung mit beitragen kann. Dass dem ganz und gar nicht so ist, werde ich Ihnen im Folgenden beweisen.

Kapitel 10
Ich kann an der Situation doch eh nichts ändern...

...wenn ich an mir arbeite und mich mit den verborgenen Dingen beschäftige. Dies höre ich allzu oft.

Doch, antworte ich! Gerade wenn *Sie* sich damit beschäftigen, und gerade wenn *Sie* Verbesserungen und Weiterentwicklungen an sich vollziehen, dann tragen auch *Sie* etwas zur globalen Verbesserung bei:

„Der 100. Affe

Eine Geschichte über sozialen Wandel
Auszug aus dem Buch ‚The Hundredth Monkey' von Ken Keyes, Jr.

Die Japanische Affenart ‚Macaca Fuscata' wird seit über 30 Jahren in der Wildnis beobachtet. 1952 haben Wissenschaftler diesen Affen auf der Insel Koshima Süßkartoffeln in den Sand gelegt. Die Affen liebten den Geschmack der rohen Süßkartoffeln, aber sie fanden die Erde und den Sand, der daran klebte unangenehm. Imo – ein 18-Monate altes Weibchen – fand heraus, dass sie das Problem lösen konnte, indem sie die Kartoffel im nahegelegenen Fluss reinigte. Sie zeigte diesen Trick ihrer Mutter. Ihre Spielgefährten lernten diese neue Methode ebenfalls kennen und zeigten sie ebenfalls ihren Müttern.

Die Wissenschaftler konnten beobachten, wie diese kulturelle Innovation zunehmend von anderen Affen übernommen wurde. Zwischen 1952 und 1958 lernten alle jungen Affen die sandigen Süßkartoffeln zu waschen, um sie schmackhafter zu machen. Doch nur diejenigen Erwachsenen, die ihre Kinder nachahmten, lernten diesen sozialen Fortschritt kennen. Die anderen Erwachsenen aßen weiterhin dreckige Kartoffeln.

Dann geschah etwas Überraschendes. Im Herbst 1958 wuschen bereits eine bestimmte Anzahl Affen die Kartoffeln – wieviele genau ist unbekannt. Nehmen wir an, dass es eines Tages bei Sonnenaufgang 99 Affen auf der Koshima Insel hatte, die ihre Süßkartoffeln wuschen. Und nehmen wir ferner an, dass im Verlauf dieses Morgens der 100. Affe lernte, seine Kartoffeln zu waschen.

Da geschah es! Am selben Abend begannen praktisch alle in der Sippe, ihre Süßkartoffeln vor dem Verzehr zu waschen. Die hinzugekommene Energie des 100. Affen hatte irgendwie einen ideologischen Durchbruch erzeugt.

Doch das Überraschendste für die Wissenschaftler war, dass die ‚Mode', Süßkartoffeln zu waschen, über das Meer sprang. Affenkolonien auf anderen Inseln und die Affenpopulation von Takasakiyama auf dem Festland begannen ebenfalls, ihre Süßkartoffeln zu waschen.

Wenn eine kritische Anzahl ein bestimmtes Bewusstsein erreicht, kann dieses neue Bewusstsein von Geist zu Geist kommuniziert werden.

Wenn auch die genaue Anzahl verschieden sein kann – das 100. Affe-Phänomen bedeutet, dass das Erkennen eines neuen Weges durch eine kleine Anzahl von Menschen auf deren Bewusstseinsfeld begrenzt bleiben kann. Es gibt aber den Punkt, an dem ein Einzelner, der hinzukommt, den nötigen Unterschied ausmachen kann, bei welchem das Feld auf andere überspringt.

<u>Zusätzlicher Hinweis eines Lesers von das-gibts-doch-nicht:</u>
Der Bericht ist sauber dargestellt, nur das meiner Ansicht nach Wichtigste wurde weggelassen.

Die Wissenschaftler haben nicht nur beschrieben, wie sich auch unter Affen neue Erkenntnisse ausbreiten. Seinerzeit (ich hatte es damals aktuell verfolgt) betonten die Wissenschaftler auch, dass sich unter diesen Affen die neue Erkenntnis hierarchieabhängig ausgebreitet hat. Zuerst ahmte nur die ‚soziale Unterschicht' die neue Errungenschaft nach. Die ‚Führungsspitze' ignorierte einfach und stopfte sich lieber weiterhin den Mund mit Sand voll." [24]

Aus dem eben zitierten Ausschnitt geht hervor, dass im Grunde das Bewusstsein aller Mitglieder einer Spezies auf irgend eine Art und Weise unbewusst miteinander kommuniziert. Man spricht bei so etwas von einem „morphogenetischen Feld", bei dem es sich um ein Energiefeld handelt, mit dem alle Wesen einer Spezies verbunden sind und welche das kollektive Gedächtnis einer Spezies beinhaltet. Alle, die mit diesem Energiefeld verbunden sind, tragen unbewusst zu diesem Energiefeld, und damit zur Weiterentwicklung der eigenen Spezies bei. Weiterhin scheint es bestimmte Wendepunkte, „der hundertste Affe" genannt, zu geben, bei denen eine bestimmte prozentuale Menge an Wesen, die etwas können oder etwas wissen, was der Rest der Spezies nicht weiß, das Fass des Kollektivs zum Überlaufen bringt und sich die Erkenntnis automatisch auch auf die noch nicht so weit entwickelten Mitglieder der Spezies ausbreitet.

Nun ist es natürlich von besonderem Interesse zu erfahren, wie das mit dem morphogenetischen Feld bei uns Menschen aussieht. Drunvalo Melchizedek hat hierzu in dem Buch „Die Blume des Lebens – Band 1" ein interessantes Experiment beschrieben. In diesem Experiment ging es darum, mit Hilfe eines Bilderrätsels ein möglicherweise vorhandenes morphogenetisches Feld der Menschheit indirekt nachzuweisen. Dazu wurde einer Gruppe von Menschen in Australien, welche repräsentativ für das ganze Spektrum der Bevölkerung stand, das Bilderrätsel gezeigt, welches diese lösen sollten.

Das Bilderrätsel bestand aus einer Fotomontage, auf der hunderte Gesichter ineinander versteckt waren. Wenn man es sich zum ersten Mal ansah, konnte man nur sehr wenige Gesichter erkennen, doch das ganze Bild war in Wirklichkeit voll davon. Das Ergebnis dieser ersten Studie war jedoch schmächtig, denn nur wenige konnten dieses Bilderrätsel lösen. Die Meisten waren in der zur Verfügung stehenden Zeit nur in der Lage, sechs bis zehn Gesichter zu erkennen.

Nach dieser Studie flogen die Forscher, die an diesem Projekt beteiligt waren, nach England. Dieses Bilderrätsel wurde im britischen Fernsehsender BBC vorgestellt und die Lösung vor einem breiten Publikum erklärt. In ganz Großbritannien konnte diese Sendung, in der es unter anderem um dieses Bilderrätsel ging, gesehen werden, und wesentlich mehr als nur eine kleine Gruppe von Menschen konnte sich nun intensiv mit der Lösung des Bilderrätsels auseinandersetzen. Dabei wurde jedes einzelne Gesicht sorgfältig gezeigt.

Nur wenige Minuten danach wurde einer Gruppe von Australiern dieses Bilderrätsel zum Lösen in die Hand gegeben. Im Gegensatz zum Ergebnis der australischen Gruppe, die das Bilderrätsel vor der Ausstrahlung im britischen Fernsehen zu lösen hatte, war diesmal das Ergebnis geradezu prächtig. Die Personen in diesem zweiten Experiment konnten plötzlich ohne große Probleme die meisten Gesichter in diesem Bilderrätsel erkennen. Ich muss dazu noch erwähnen, dass die Sendung des britischen Fernsehsenders in Australien nicht zu sehen war und die zweite australische Gruppe somit genauso unvoreingenommen ans Werk gehen konnte wie die erste Gruppe.

Na, wie finden Sie nun diese ganzen Untersuchungen und Erkenntnisse rund um das morphogenetische Feld? Ist doch faszinierend, nicht wahr? Es ist so, dass eine immer stärker wachsende *denkende und agierende Minderheit* benötigt wird, um den Druck zum Durchbruch bei der *tatenlosen und latenten Mehrheit* zu erzeugen. Je mehr Sie also an sich selber arbeiten, desto mehr tun Sie auch für die Menschheit!

Aus dem obigen „zusätzlichen Hinweis eines Lesers" am Ende des Zitates über den Vorfall des hundertsten Affen lernen wir, dass es Zeichen dafür gab, dass sich beim Experiment mit den Affen die neue Erkenntnis zuerst bei der „sozialen Unterschicht" ausbreitete. Dies heißt nichts anderes, als dass die Evolution immer stärker ist als die Unfähigkeit und Idiotie eines bestehenden Systems. Damit die Evolution nun auch stattfindet, muss aber in die Hände gespuckt werden, denn von nichts kommt auch nichts. Betrachten wir unter diesem Gesichtspunkt mal die ausufernde gegenwärtige Situation auf diesem Planeten. Ich denke, dass die dunkle Macht zum großen Teil nur deshalb so mächtig ist, weil viele Menschen zu wenig tun, teilweise in einer abgekapselten heilen Welt leben wollen oder einfach nur verzweifeln, anstatt die Gelegenheit am Schopf zu ergreifen.

**„Wenn es eine Hoffnung gibt ...
liegt sie bei den Proles."** [6, S. 103]
George Orwell

(Mit „Proles" ist das Proletariat gemeint, also die Bürgerschicht.)

Je mehr Menschen aufwachen, beginnen sich über die Hintergründe des Weltgeschehens bewusst zu werden und anfangen, aktiv das Leben in die eigene Hand zu nehmen, desto leichter wird es für all die anderen, die noch nicht so weit sind, sein, auch solche Schritte zu vollziehen. Und je leichter es diejenigen haben aufzuwachen, die noch nicht den Durchblick haben, desto schwerer werden es die Manipulatoren haben, die künstliche

Matrix aufrechtzuerhalten und desto eher wird die vollendete Kriegsführung fallen.

Noch mag die dunkle Kraft vielleicht das Zepter in der Hand halten, doch der prozentuale Anstieg der anderen Seite an der Waagschale nimmt rapide zu. Derzeit meinen einige vielleicht noch, angesichts der grassierenden Negativität verzweifeln zu müssen, doch sollte nicht vergessen werden, dass all die Vorarbeit notwendig ist, damit zum Zeitpunkt X am Ort Y die entscheidende Tat geschieht (der hundertste Mensch), welche die Waagschale auf die andere Seite umschlagen lässt, damit die Verhältnisse endgültig zum Guten hin kippen und sich der Fortschritt unaufhaltsam ausbreitet.

„NICHTS ist so unaufhaltsam wie eine Idee, deren Zeit gekommen ist."
Victor Hugo

Rufen Sie sich mal ins Gedächtnis, was geschah als sich die Leute in Indien zusammen mit Ghandi erhoben. Versuchen Sie, sich im Vergleich dazu mal vorzustellen, was passieren wird, wenn die Leute großflächig erkennen werden, dass sie sich innerhalb einer verhüllten hochentwickelten Versklavung befinden... und sich dann erheben...

Je mehr Menschen dahinterkommen, was hier im Hintergrund so alles gespielt wird, desto leichter werden die Menschen, die noch tief und fest schlafen, auch dahinterkommen. Genau das Gleiche gilt für die bewusste Anwendung der geistigen Gesetzmäßigkeiten. Je mehr Menschen im Leben die persönliche und bewusst gewünschte Richtung einschlagen und sich damit vom gelenkten Herdenverhalten losreißen, desto einfacher haben es alle Nachfolgenden. Vielleicht bringt ein selbst durchgeführter Funke der Veränderung 10.000 km weiter weg einen anderen Menschen zum Aufflammen. Wer weiß...? Und genau dieses morphogenetische Feld der Menschheit ist der Knackpunkt, warum es so wichtig ist, bei sich selbst ordentlich reinzuhauen. Diese Arbeit an sich selbst befruchtet nämlich auch alle anderen in irgend einer Art und Weise. Nun verstehen Sie vielleicht den Spruch:

„Wer die Welt verändern will, muss sich selbst ändern!"

Das eigene Vorankommen wird auf das morphogenetische Feld der Menschheit übertragen, damit auch die „Schnarchzapfen" etwas davon haben. Deswegen ist es so wichtig, sich selbst erst mal auf Vordermann und danach dann auf Hochtouren zu bringen – also an der eigenen Kartoffel zu waschen. Und wenn dies ein Großteil der schon „aufgeweckten" Menschen machen würde, was glauben Sie, was das für einen Ruck gäbe? Solch ein Ruck ver-rückt natürlich auch die Möglichkeiten, andere Menschen subtil zu lenken. Im Universum ist es nämlich so, dass die Dunkelheit vor dem Licht weichen muss. Es ist mir kein Fall bekannt, bei dem es andersrum ist. Einen wirklichen Grund zur Sorge gibt es also nicht, da bereits jegliche Existenz komplett ausradiert sein müsste, wenn die Dunkelheit stärker als das Licht wäre. Es kann aber natürlich der Fall sein, dass diejenigen, die sich an die Dunkelheit gewöhnt haben, aufschreien, wenn die Dunkelheit verdrängt wird und deren Augen vom Licht geblendet werden, weil dies ungewohnt für das innere Auge ist. Wo Licht ist, kann keine Dunkelheit mehr herrschen, und deshalb ist es ersichtlich, dass bei genügend Initiative ein Umschwung in der derzeitigen Situation auch machbar ist.

Viele sind einfach zu faul und zu träge, um mit ihrer Energie Licht im eigenen Leben zu entfachen und verbleiben lieber bequem, unwissend und manipulierbar im Trott der künstlichen Matrix. Doch nur durch persönlichen Einsatz wird das Licht entzündet, das die Dunkelheit zerfrisst. Wenn genügend Licht auf das Dunkel fällt, wird die gesamte Erde wieder strahlen. Allerdings wird nur etwas geschehen, wenn die einzelnen Menschen, die nicht mehr schlafen, auch handeln: schlechtes von Grund auf verweigern und Gutes wo nur immer fördern! Dies gilt es, nicht nur in der Theorie durchzuspinnen, sondern im täglichen Leben auch anzuwenden.

Je nachdem, von welchem Standpunkt aus man es betrachtet, könnte man aber auch sagen, dass „das Schlechte" von einem ganz bestimmten Blickwinkel aus betrachtet eigentlich nicht existiert, da im Nachhinein jede Aktion das Gesamtkollektiv der Existenz vorangebracht hat. Haben wir wirklich eine solche kosmische Weitsicht, um alles korrekt bewerten zu können? Ist es nicht so, dass jedes Blatt, das vor einem von einem Baum herunterfällt, einen weiter bringt?

Kapitel 11
The roof is on fire

Alles Leben unterliegt bestimmten kosmischen Zyklen. Der kürzeste aller Zyklen, die wir wahrnehmen, wäre die Drehung der Erde um sich selbst. Dieser Zyklus lässt sich aufteilen in Tag und Nacht – hell und dunkel. Der kritische Punkt beim Übergang von hell nach dunkel ist der Sonnenuntergang und beim Übergang von dunkel nach hell der Sonnenaufgang. Der eigentliche Sonnenaufgang beginnt, wenn der erste direkte Sonnenstrahl der Sonne sichtbar wird, und er hört auf, wenn die Sonne vollständig am Horizont aufgetaucht ist.

Der nächstgrößere kosmische Zyklus ist das Erdenjahr. Auch hier kann eine grobe Unterteilung in ein warmes und ein kaltes Halbjahr gemacht werden, wobei es auch in diesem Fall zwei Punkte gibt, die auffallen. Der eine Punkt ist die Wintersonnenwende, bei der die Sonne ihren niedrigsten Stand im Jahr erreicht. Danach erfolgt die Zunahme des Tageslichts bis zur Sommersonnenwende, bei der die Sonne ihren höchsten Stand erreicht. Daraufhin nimmt das Tageslicht bis zur nächsten Wintersonnenwende wieder ab.

Jeder dieser kosmischen Zyklen hat einen entscheidenden Einfluss auf alle biologischen Lebewesen dieses Planeten. So auch der nächstgrößere Zyklus, der das „kosmische Jahr" oder auch das „Sternenjahr" genannt wird. Dieser Zyklus ist öffentlich nicht sehr bekannt (wohl auch absichtlich), jedoch sehr entscheidend, um die derzeitige Situation auf der Erde zu verstehen.

Unser Sonnensystem bewegt sich in elliptischen (räumlich gesehen spiralförmigen) Bahnen auf der Milchstraße. Es nähert sich dabei dem Zentrum der Milchstraße zur Hälfte des kosmischen Jahres an (etwa 13.000 Jahre lang), und auf der anderen Hälfte entfernt es sich wieder vom Zentrum der Milchstraße. Die Annäherung wird als ein „Erwachen des Bewusstseins" und das Entfernen vom Zentrum als ein „in den Schlaf fallen des Bewusstseins" beschrieben. Das Zentrum der Milchstraße scheint demnach für den globalen Bewusstseinszustand von immenser Bedeutung zu sein. Irgendeine Art von höchst wichtiger Energie scheint von diesem Zentrum auszugehen.

Auch beim kosmischen Jahr gibt es zwei auffallend wichtige Punkte. Der eine Punkt ist der Punkt, der am nächsten zum Galaxiezentrum liegt, und der andere Punkt ist der Punkt, welcher am weitesten vom Galaxiezentrum entfernt liegt. Innerhalb dieser markanten Punkte befindet sich ein sogenannter Übergangszeitraum, den man sich als eine Brücke von einem Hauptzeitalter zum nächsten vorstellen kann. Wir selbst befinden uns gerade in solch einem Übergangszeitraum, nämlich dem Punkt im kosmischen Jahr, der am weitesten vom Galaxiezentrum entfernt liegt.

Diese zwei markanten Punkte scheinen besonders kritische Zeiten zu sein. Hier kommt es zu Umbrüchen in der Erdkultur, und diese Umbrüche können recht schmerzvoll für diejenigen sein, die in der alten Lebensweise haften bleiben. Es gibt verschiedene Hinweise darauf, dass Atlantis beim letzten Übergangszeitraum (vor etwa 13.000 Jahren) mehr oder weniger ausgelöscht wurde. Wir in unserem derzeit vorhandenen Übergangszeitraum dürfen also gespannt sein, wie sich die Lage hier auf der Erde weiter entwickeln wird.

„Es findet im Bewusstsein der westlichen Völker eine Wandlung statt, und aus irgendeinem unklaren und verblüffenden Grund scheinen die Medien es komplett übersehen zu haben."
Hank Wesselman

So wie man beim Beschleunigen eines jeden Fahrzeugs nacheinander mehrere Gänge hochschalten muss, damit man schneller vorankommt, hat auch die beschleunigte Entwicklung in der derzeitigen Übergangsphase mehrere solcher „Gänge". Die Grundaussage dieser beschleunigten Entwicklung liegt darin, dass, sinngemäß Sekunden erst Minuten, dann Stunden und zu allerletzt Tage beinhalten. Damit ist gemeint, dass die Ereignisdichte pro Zeiteinheit exponentiell zunimmt. Hierzu können uns die Ps in dem überragenden von Barbara Marciniak gechannelten Buch „Path of Empowerment" folgendes berichten (von mir frei übersetzt):

„Einige Kulturen sahen sogar die Nanosekunde voraus, der fünfundzwanzig Jahre dauernde Zeitraum von 1987 bis 2012, der als ein höchst wichtiger Teil eines großen Zykluses, welcher die völlige Umwandlung des menschlichen

Bewusstseins beinhaltet, galt. Die Nanosekunde würde den Weg raus aus einem langen vorherrschenden Zustand der selbstauferlegten Beschränktheit und Verwirrung, hinein in den Beginn einer goldenen Epoche der menschlichen Umwandlung zeigen...

Dieser fünfundzwanzigjährige Zeitraum würde Milliarden von Wesen anziehen – jeder würde auf der Erde sein wollen, weil die Beschleunigung der Energie so außergewöhnlich werden würde; es würde sein als ob man tausende von Jahren in bloß fünfundzwanzig Jahren leben oder wie wenn man hunderte von Leben in ein einziges rollen würde. Während dieser Zeit würden persönliche und gemeinschaftliche Herausforderungen als Gelegenheiten dienen, um sich einer wesentlich größeren Realität bewusst zu werden...

Die Geschwindigkeit und Intensität der beschleunigten Energie ist in drei verschiedene Phasen aufgeteilt... So wie sich die Energie weiter beschleunigt, wird die Zeitspanne zwischen einer Krise und der nächsten kürzer und kürzer, und die Gelegenheit zu erkennen, dass die äußere Welt eine Spiegelung der inneren Welt ist, nimmt exponentiell zu...

Während der ersten Phase der Umwandlung, von 1987 bis 1996, beschleunigte sich die Zunahme der kosmischen Energie, welche deinen Planeten beeinflusst, von Jahr zu Jahr im Verhältnis einer zehnfachen Zunahme, was nach und nach einen sanften Impuls aufbaute und subtil das Leben eines jeden Einzelnen veränderte... Die ersten zehn Jahre der beschleunigten Energie erzeugten eine gleichmäßige und schrittweise Zunahme der allgemeinen Bewusstheit innerhalb des Massenbewusstseins. Neue und aufregende Interpretationen des Lebens sprudelten als Folge des ausgedehnten Bewusstseins hervor, und Informationen wurden zur wertvollen und unumgänglichen Ware. Während sich das Tempo erhöhte, spiegelte das langsame und stetige Aufblühen des Internets die Verbindungen wider, die auf anderen Ebenen gemacht wurden, und die neuen Technologien reflektierten die beschleunigten Energien dieser Zeit. Obwohl viele Leute in ihren Deutungen und Erwartungen in Bezug auf das, was sich ereignete, naiv waren, war die Begeisterung von Anfang an doch enorm... Mit großer Übereinstimmung, wie der prächtige und majestätische Farbwechsel der Blätter im Herbst, fingen Millionen von Menschen an, langsam zu erkennen, dass Sie während Zeiten von riesigen Veränderungen lebten und dass wahrscheinlich eine große Zahl an wahnsinnigen Agendas darin verwickelt wären...

Während der zweiten Phase der Beschleunigung, von 1997 bis 2006, schießt die Energie jährlich im Verhältnis des Hundertfachen hinauf, um jede Erfahrung mit stärkerer Intensität zu vergrößern... Während dieser Zeit werden Milliarden von Menschen anfangen zu erkennen, dass nichts genau so ist, wie es zu sein scheint, und diese Erkenntnis wird für sich genommen sowohl eine Einweihung als auch eine der großen Prüfungen dieser Zeit sein. Während sich die stürmischen Ereignisse auf der Weltbühne ausweiten, wird eine unsichtbare Linie gezogen und Polarisierungen werden weltweit entstehen, da die Menschen wählen, welcher Seite sie zugehören wollen und in hitzigen Debatten über Angelegenheiten der Freiheit und der Bedeutung des Lebens für ihre Meinung eintreten werden... Ein neues Niveau des Denkens wird hervorgerufen, da wegbereitende Seelen danach suchen, die Türen zu neuen Grenzen der unbeschränkten Möglichkeiten zu öffnen...

Anfang 2007 wird die dritte und letzte Phase mit einem gewaltigen neuen Sprung an Intensität eingeweiht. Die Energie beschleunigt sich während den verbleibenden fünf Jahren jedes Jahr im Verhältnis des Einhunderttausendfachen... Die letzten fünf Jahre der Nanosekunde sind unvorhersehbar in Bezug darauf, wie du auf die verborgenen Ebenen der Wahrheit, die unvermeidlich zutage kommen, reagierst. Deine Kraft nimmt mit jedem vorbeiziehenden Moment zu. Wirst du es verstreichen lassen, oder wirst du es nutzen und deinen persönlichen Sieg zu den Annalen der Zeit beitragen?" [25, S. 60-65]

Da sich alles um uns herum ständig weiter beschleunigt, nimmt auch die Geschwindigkeit der vor sich gehenden Entwicklungen und Erfahrungen ständig zu. Daraus folgt auch, dass die Wirkung von dem, was wir aussenden, wesentlich schneller auf uns zurückkommt als früher. Dies bedeutet, dass diejenigen, die sich anschicken, die Welt zu zerstören, ihre eigene Zerstörung schneller erleben werden, und wer andere belügt, betrügt und ausnutzt, der wird schneller denn je sein blaues Wunder im eigenen Leben erleben. Dies mag vielleicht einer der Gründe sein, warum bei vielen Leuten das Leben einen konstanten Abwärtstrend aufweist. Im Umkehrschluss dazu bedeutet die Tatsache, dass die Zeitspanne zwischen dem Denken und der Manifestation des Gedankens immer kürzer wird, aber auch, dass wir unser Leben besser denn je nach oben umwälzen können und sich die Optimierung des eigenen Lebensstils mehr denn je lohnt. Gerade in Phase drei der Nanosekunde (jetzt!) ist ein möglichst effektives Handlungs- und

Zeitmanagement vonnöten, um das ungeheuere Potential dieser Zeit zu nutzen.

Der Wind der Veränderungen weht nun über die Erde und bringt für jeden Tatkräftigen massive Möglichkeiten, aus dem persönlichen Käfig auszubrechen und das immer stärker zu Tage tretende verborgene Wissen zur Lösung der globalen Probleme bewusst anzuwenden.

Heutzutage hört man öfter denn je, dass immer weniger Zeit „da" ist, was nichts anderes bedeutet, als dass die Ereignisdichte pro Zeiteinheit ständig steigt. Wichtig ist es in so einer Zeit der sich beschleunigenden Energien, dass dem Wichtigen Vorrang gegenüber dem Unwichtigen gegeben wird und dass man seine Zeit nicht mit unnützen Lappalien vertreibt. Wenn man die Zeit nicht effektiv nützt und Unnötiges im Leben nicht ausmistet, dann wird man sich ausgebrannt fühlen. Es kann leicht Chaos über das persönliche Leben hereinbrechen, weil man nicht mal mehr Kraft für das Wichtige hat, wenn man meint, einfach alles machen zu müssen.

Dieser beschriebene Übergangszeitraum ist wie eine Brücke, welche die Menschheit von einer Lebensweise zur anderen bringt: von der zerstörenden Lebensweise zur erhaltenden und kreierenden Lebensweise. Im Übergangszeitraum existieren beide polarisierenden Lebensweisen, und jeder muss in dieser Zeit entscheiden, zu welchem Pol er gehören will. Übrig bleiben wird jedoch nur die höher entwickelte Lebensweise, da wir kosmisch in die aufwachende Phase eintreten. Die destruktive Lebensweise wird wohl am Ende des Übergangszeitraumes von diesem Planeten auswandern müssen, weil dafür in den Zeiten des aufwachenden Bewusstseins immer weniger Platz sein wird.

Ich möchte hier die dauerhafte Existenzfähigkeit von destruktiven Mechanismen, Kriegsführungsmethoden oder was es sonst so an dunklen Zeitgeistern gibt, die sich zur „Erleuchtung" berufen fühlen, ein wenig anzweifeln. Spätestens nach dem Kapitel „Der Ursprung Ihres Schicksals" sollte Ihnen bekannt sein, dass das, was wir aussenden, immer mit einer gewissen zeitlichen Verzögerung zu uns zurückkehren wird. Wenn nun ein System Chaos, Angst und Zerstörung aussät, so wird es auch *selber* Chaos, Angst und Zerstörung ernten. Daraus lässt sich folgern, dass sich ein auf Chaos, Angst und Zerstörung basierendes System mit einer gewissen zeitlichen Verzögerung selber vernichtet und daher nicht dauerhaft existenzfähig sein kann – den geistigen Gesetzmäßigkeiten sei Dank.

Wahrlich hat die Elite nicht das Recht auf verdeckte Diktatur und allumfassende Weltherrschaft bis in alle Ewigkeit.

Außerdem ist der Machtrausch gewisser Herrschaften zu bemitleiden, denn jeder Rausch endet, wenn man ihn konsequent auslebt, am Ende mit einem Crash, sowohl der Konsumrausch, der Drogenrausch, der Geschwindigkeitsrausch, der Rausch im Glücksspiel als auch der Machtrausch. So wird auch die Sucht nach Macht am Ende im Zusammenbruch der Neuen Weltordnung enden.

Mächte, die nicht grundsätzlich das Wohlergehen *allen* Lebens und der Erde im Sinn haben, können auf Dauer nicht existieren, da das Ausgesendete (das Kontrollierende und Zerstörerische) nach dem Aussenden auch irgendwann wieder zurückkehrt. Solch eine Vorgehensweise bedeutet quasi eine Art Selbstvernichtung: „Actio = Reactio" – ohne jegliche Kompromisse. Das gilt natürlich auch für jene Menschen, die sich am Leid anderer erfreuen – sei es durch Quälen oder Ärgern. Diese Menschen werden dann ihren eigenen Ärger im Leben bekommen, um so selbst zu lernen, was es bedeutet, Ärger zu haben. Die grundlegenden Naturgesetze, sowohl im Physischen als auch im Geistigen, lassen sich einfach nicht austricksen – auch wenn dies vielen nicht genehm sein mag.

Außerdem ist es so, dass Maßlosigkeit am Ende nicht nach oben, sondern nach unten führt. Wer beispielsweise über seine Verhältnisse lebt und das Kreditvolumen seines Bankkontos voll ausnutzt, wird keinen Spaß mehr haben und sich unter ständiger Obhut der Agentur „Zahlemann und Söhne" wiederfinden. Und wer die Weltbevölkerung voll ausnutzt und Macht ohne Maß will, wird seine Macht verlieren.

„Wer alles will, bekommt am Ende nichts."
Persische Weisheit

Trotz dieser Tatsache sitzen die derzeitigen globalen Machtstrukturen im Hintergrund dermaßen fest, dass ich glaube, dass niemand deren Ziel völlig entschärfen kann, Höchstens ein wenig aufweichen. Und der durch kosmische Tatsachen parallel dazu ablaufende und sich immer stärker beschleunigende Bewusstseinserwachungs- und Selbstermächtigungsprozess ist hier schon dermaßen verankert, dass niemand mehr den Zusammenbruch der globalen Machtstrukturen im Hintergrund verhindern kann.

> **„Selbst der mächtigste Herrscher vermag nichts gegen die Kräfte des Universums auszurichten."**
> *Chinesische Weisheit*

Wenn wir zurückblicken, können wir bei allen Zivilisationen sehen, dass diese während ihrer Existenz immer ihre verschiedenen Phasen gehabt haben, wobei diese Phasen denen von uns Menschen ähneln: das Wachstum, die Hauptzeit und der Zerfall/Untergang/Tod. Raten Sie mal, in welcher der drei Hauptphasen wir im Moment mit unserer Zivilisation sind? Sind wir derzeit in der Blütephase unserer Zivilisation, oder ist diese vorbei? Wird unsere soziale, moralische, planetare, ökologische, wirtschaftliche und politische Situation besser oder schlechter? In Anbetracht dessen muss man sich auch fragen, ob und wie stabil unsere Zivilisation überhaupt ist. In einer längerfristig stabilen Kultur gilt nämlich „alle für einen und einer für alle" anstatt „alle für einige wenige" – und diese wenige noch nicht mal öffentlich sichtbar sind.

Ich denke, dass es allgemein ersichtlich ist, dass wir in einer großen Umbruchszeit leben. Alte Konzepte greifen immer weniger, und das wirtschaftliche wie auch politische Chaos scheint sich zu verdichten. Dass dies von bestimmten Kreisen durchaus gewollt ist, um dadurch andere nicht sofort offensichtliche Dinge zu erreichen, erkennen immer mehr Menschen. Doch das Problem ist nicht, dass eine sehr kleine Anzahl an Menschen an bestimmten Stellen macht, was sie will. Das eigentliche Kernproblem liegt darin, dass die sehr große Masse alles mit sich machen lässt.

> **„Eine Elite sorgt dafür, dass etwas geschieht,
> ein paar andere beobachten, was geschieht,
> und die meisten merken gar nicht, dass etwas geschehen ist."**
> *Winston Churchill*

Betrachten wir zum Vergleich hierzu mal einen Alkoholiker. Ist die Kornbrandindustrie dafür verantwortlich, dass dieser Mensch ein Alkoholiker geworden ist, oder ist er für seinen selbst gewählten Zustand eigenverantwortlich?

Eigenverantwortlich ist auch das Volk einer Nation (sollte es jedenfalls sein), so auch in einem bestimmten Maß die Bevölkerungen in bestimmten Ländern der Zweiten oder Dritten Welt, die unter den korrupten Regimes zu leiden haben. Erst wenn das jeweilige Volk es gemeinsam über ein kritisches Maß hinaus nicht mehr zulässt, wirtschaftlich ausgebeutet zu werden, kann dauerhaft sichergestellt werden, dass eine dort amtierende Regierung für das Volk arbeitet, anstatt das Meiste selbst einzuheimsen. (Dies gilt natürlich auch auf andere Art und Weise für die Länder der Ersten Welt.) Dann erst wird es in dem jeweiligen Land keine Staatsoberhäupter mehr geben, die einen Maybach fahren, während das Volk am Verhungern ist. Dies war ein Beispiel für offenen Machtmissbrauch. Viel heißer wird die Sache jedoch, wenn es um einen verdeckten globalen Machtmissbrauch im großen Stil, nach dem Muster der höchsten Form der Kriegsführung geht. Da geht es um mehr als beim offenen Machtmissbrauch: *um die völlige Aufgabe der Identität der Unterjochten – ohne dass es die Unterjochten selbst merken!*

Am Ende werden es die Unterjochten aber merken, denn mit der Freiheit ist es wie mit der Luft. Erst wenn sie nicht mehr da ist merkt man, wie wichtig sie war. Doch „Unwissenheit schützt vor Strafe nicht" (dies meine ich in *beide* Richtungen...!), wobei ich hier mit „Strafe" nicht einen strafenden Gott meine, sondern die Auswirkungen, die bestimmte Taten – durch die geistigen Gesetzmäßigkeiten – auf einen selbst haben.

**„Jene, die verweigern zu erwachen,
füttern jene, die sie kontrollieren."**
Ps

Würde es jemandem gelingen, diejenigen im Hintergrund zu entfernen, die diese Machtstrukturen in der Hand halten, würde sich aber kaum etwas ändern. Es wäre vielleicht für kurze Zeit wieder Ruhe. Aber wirklich nur für kurze Zeit, denn andere Menschen würden bald wieder auf die Idee kommen, eine Bevölkerung mit einem latenten und unterwürfigen Massenbewusstsein unterzujochen. Erst wenn das allgemeine Massenbewusstsein nicht mehr träge alles schluckt, was es vorgesetzt bekommt, und so weit ist, die eigene Verantwortung und Kraft sowohl zu nutzen als auch in konstruktive Bahnen zu lenken, wird Ruhe herrschen. Dann erst kann ein dauerhafter Frieden herrschen, da ein subtiler manipulatorischer Eingriff nicht mehr möglich ist. Im Moment steht die Welt jedoch hinsichtlich der Kriegsthematik vor der ganz großen und finalen Aufgabe, die höchste Form der Kriegsführung zu überwinden und zu stürzen.

Doch wie bei allem gilt auch hier: Der Weg ist das Ziel. Das Wichtigste ist derzeit nicht, dass wir möglichst schnell aus diesem Krieg rauskommen, sondern dass wir als Menschheit möglichst bald so weit entwickelt sind, dass man mit uns nicht mehr solche Kriege veranstalten kann! Im Grunde ist es ja auch das, was wir durch diesen gefährlichsten aller Kriege zu lernen haben.

Generell ist es so, dass viele weder für sich selbst noch für das Drumherum (die Erde, anderes Leben...) Verantwortung übernehmen können beziehungsweise wollen. Man lässt sich leben. Deswegen braucht die allgemeine Masse eine Lektion, um endlich aufzuwachen.

„Für viele gibt es nur ein Heilmittel: Die Katastrophe."
Christian Morgenstern

Das ist notwendig, auch wenn es dabei unbequem werden kann. Es geht im Moment bergab, doch mit dem dazugehörigen Schwung der Abfahrt wird es auch wieder bergauf in neue Höhen gehen. (Das sehen wir auch im persönlichen Leben: *„Erfahrung ist die Summe aller Misserfolge."*) Auch wenn für viele ein Ende nicht zu sehen ist, so glaube ich, dass die Talsohle in nicht allzu ferner Zukunft erreicht sein wird.

„Die dunkelste Stunde ist die vor Sonnenaufgang."
Paulo Coelho

Doch bevor eine reine und frische Lebensweise entstehen kann, muss die alte erst verschwinden. Das ist aber nicht zum Verzweifeln, denn *„nichts ist beständig außer der Wandel."* Daher sollte man vor den Veränderungen keine Angst haben und nicht zu sehr davor zurückschrecken. Allerdings wird sich, wie wir im vorherigen Kapitel gesehen haben, an den grundlegenden Verhältnissen auf der Erde erst dann etwas ändern, wenn die kritische Masse an nicht schlafenden Leuten erreicht ist.

Vor hundert Jahren dachte man, dass man mit seinem Wissen nicht mehr weit vor dem Endpunkt wäre, und einen Mondflug sah man als Utopie an. Und was hat sich in den letzten hundert Jahren alles getan? Das *Wissen* hat innerhalb dieses Zeitraums eine exponentiell verlaufende Entwicklung erlebt, und ein Ende ist hierbei derzeit nicht abzusehen. Für die nächsten hundert Jahre sehe ich unter anderem einen exponentiellen Zuwachs an *Weisheit* bei der Menschheit voraus. Die immer schärfer werdenden globalen problematischen Auswüchse während der gegenwärtigen Übergangszeit erzeugen einen enormen Druck für den kommenden Schub nach der Übergangszeit. Dieser sich weiter verstärkende Druck, den „die Achse der Guten" (Achtung Doppeldenk ☺) auf die Menschheit ausübt, der aber auch von einer anderen Seite aus – von verschiedensten kosmischen Einflüssen – auf uns einwirkt, stimuliert das Durchbrechen des persönlichen Zauns, hinter dem wir es gewohnt waren zu grasen. Nach einem großen Knall entlädt sich der derzeitig aufbauende Druck, und dann gibt es kein Halten mehr für das, was sich angestaut hat und unterdrückt worden ist.

Dieser große Knall bedeutet aber nicht, dass die Erde schlagartig in ein Paradies verwandelt wird. Hier ein Beispiel dazu: Nehmen wir einmal an, dass wir ein völlig verschmutztes Glas Wasser haben. Sowas möchte niemand trinken. Was tun wir also? Wir schütten das verschmutzte Wasser aus, reinigen das Glas und gießen uns sauberes Wasser ein. Das Ausschütten des Wassers geht sehr schnell, wohingegen das Reinigen des Glases und das Eingießen des klaren Wassers wesentlich mehr Zeit benötigt. Verglichen mit unserer heutigen Situation auf der Erde bedeutet dies, dass der Zusammenbruch dieser korrupten, verrotteten und zerstörerischen Zivilisation zwar relativ schnell vonstatten gehen mag, das Aufräumen und der Aufbau der Erde in Richtung konstruktives Paradies aber außerordentlich länger dauern wird.

Heute denken wir ähnlich naiv und stümperhaft wie vor hundert Jahren über das, was alles möglich ist. Vielleicht wird man in hundert Jahren auf eine exponentiell verlaufende Entwicklung bei derzeitig vernachlässigten Bereichen zurückblicken.

Kapitel 12
Wir sind eigenständige Wesen

Ich persönlich stehe dem, wie sich die Menschheit (ob jung oder alt) heutzutage benimmt, sehr kritisch gegenüber. Ob im Studium, von der Politik, vom Ist-Zustand der Religionen, von der Wirtschaft oder durch die Medien – von überall wird versucht, uns zu beeinflussen, uns so oder so hinzubiegen und uns klein zu halten, damit wir ja nicht zu starken, eigenständigen Wesen werden, die mehr als nur die momentanen zehn Prozent des Gehirns benutzen.

Um vom Teufelskreis des Kontrolliertwerdens nicht allzu stark mitgerissen zu werden, muss man schon einen sehr starken Willen haben, clever sein und sehr auf der Hut sein. Doch wie kann es zu so einer fatalen Lage, in der wir uns befinden, kommen? Ist es logisch, dass wir die Erde aus eigener Kraft zu einem sterbenden Planeten machen und uns so weit gebracht haben, dass wir in der Lage sind, innerhalb kürzester Zeit sämtliches Leben auf unserem Planeten auszuradieren? Logisch wäre es doch, ein friedvolles, frohes und konstruktives Leben zu führen, ohne Stress, Abhängigkeiten und Zwänge. Warum haben wir uns in den letzten Jahrtausenden in Richtung kollektive Selbstzerstörung rückentwickelt (und arbeiten kräftig daran weiter)?

Schon alleine die Tatsache, dass von den im Jahre 1900 vorhandenen 30 Millionen Spezies auf der Erde nur noch etwa 12 bis 15 Millionen übrig sind, sollte einen nachdenklich werden lassen. Man muss nur seinen eigenen Verstand mal benutzen, um dahinter zu kommen, dass dies *nicht gut gehen wird*. Aber irgendeine Ursache muss dieser morbide Zustand doch haben, denn logisch ist das, was wir tun, in keiner Weise. Gibt es da nicht irgend „etwas"? Ich kann mir jedenfalls gut vorstellen, dass bei dieser ganzen Erzeugung von Angst, Gewalt, Hass, Trennung, Schmerz, Trauer, Leid und Chaos mehr dahinter steckt als nur der Machtwahn von ein paar reichen und einflussreichen Leuten.

Neben der vollendeten Kriegsführung besteht die Möglichkeit, dass die Quellen der Lenkung für das bestehende globale Dilemma noch auf ganz anderen Ebenen zu finden sind, die wir mit unserer eingeschränkten Wahrnehmungsfähigkeit nicht direkt überblicken können.

Um das, was hier womöglich gespielt wird, erklären zu können, werde ich eine Modellvorstellung zu Hilfe nehmen, die sicher nicht die wirklichen Verhältnisse exakt widerspiegelt (je nach Sichtweise), die aber sehr hilfreich ist, um grundlegende Zusammenhänge klar darzustellen. Ich sage bewusst, dass die folgende Überlegung, im Gegensatz zu den bisher beschriebenen Mechanismen, für uns derzeit noch nicht absolut beweisbar ist. Die Zeit wird zeigen, ob an diesem Gedankengang etwas Wahres ist oder nicht.

Nehmen wir einmal an, dass wir die uns bekannten Arten von Leben in drei Ebenen einteilen. Grundsätzlich entwickelt sich alles vom primitiven Einfachen zum Komplexeren hin.

Da wäre zuerst die 1. Ebene, die pflanzliche Ebene. Die 1. Ebene ist mehr oder weniger eine Art kollektive Lebensebene. Ein einzelnes personifiziertes Leben existiert nur sehr begrenzt oder gar nicht. Hier geht es für das Bewusstsein darum zu lernen, physisch überhaupt erst mal nur existieren zu können; erst als Kollektiv (z. B. Gras, Moos) und später allein (z. B. Strauch, Baum). Die 1. Ebene ernährt sich von den Urenergien (0. Ebene) wie Wasser, Energie (Licht oder Wärme), Nährstoffen oder auch voneinander.

Nach der 1. Ebene kommt die 2. Ebene, die tierische Ebene. Hier ist das Leben erstmals personifiziert, muss aber erst mal lernen „selbst" zu sein. Das einzelne Wesen lernt hier nicht mehr nur zu existieren, wie auf der ersten Ebene, sondern auch, selbst Handlungen auszuführen. Diese Handlungen basieren aber auf einem Programm (Instinkt), denn für das Bewusstsein, das gerade erst gelernt hat, ein eigenes Wesen zu sein (erste Ebene), wäre es viel zu früh und unaushaltbar, schon mit dem eigenen Willen ausgerüstet zu sein. Deswegen kann es nicht (oder nur begrenzt) über Eigenverantwortung und eigenständiges Handeln verfügen, sonst wäre es ein Schritt zu weit. Der Instinkt beherrscht hier das Handeln. Auf dieser Stufe ist man erst mit begrenztem Spielraum für programmierte Handlungen ausgerüstet (z. B. Ameise, Fliege), und später kommen mehr Möglichkeiten dazu (z. B. die größeren Säugetiere). Am Ende dieser Stufe besitzt man sogar ein wenig vom freien Willen, eine erhöhte Intelligenz (z. B.

Pferde, Delphine), und das Bewusstsein hat schon einen kleinen eigenständigen Charakter (z. B. Hund oder Katze), womit es dann auch bereit ist, in die nächste Ebene überzutreten. Es ist eher ein Reagieren, das hier vorherrscht, im Gegensatz zum eigenen Agieren, das auf der dritten Stufe erfahren und erlernt wird. Die Nahrung besteht auf dieser Ebene aus Pflanzen oder anderen Tieren.

Der nächste Schritt wäre die 3. Ebene, auf der sich Wesen mit einem freiem Willen befinden (z. B. wir Menschen). Hier ist das Leben so weit, den eigenen Willen ertragen zu können. Wir sind, wenn auch noch in etwas begrenztem Umfang, in der Lage, uns unser Leben und unsere Umgebung entsprechend unserem freien Willen zu gestalten. Hier kann man zeigen, ob man in der Lage ist, mit dem eigenen Willen vernünftig umzugehen und für die eigenen Taten Verantwortung zu übernehmen. Das Entscheidende auf dieser Ebene ist, dass man lernt, sein eigenes Potential selbst richtig anzuwenden und sein Leben bewusst, verantwortungsvoll und selbstermächtigt zu lenken. Es geht sowohl darum zu lernen, *wie man mit Energie richtig umgeht*, als auch darum die Verantwortung für alles, was man im Leben kreiert zu übernehmen. Bei uns Menschen ist es außerdem so, dass in der gleichen Verpackung (physischer Körper) ein riesiges Spektrum an Entwicklungszuständen herrschen kann, während es im Tierreich für einen ganz bestimmten Entwicklungszustand auch eine ganz bestimmte Verpackung gibt. Von Ausnahmen mal abgesehen, ernähren wir uns im Moment hauptsächlich von Pflanzen und von Tieren.

Während bei instinktgesteuerten Lebewesen das Leben weitestgehend „neutral" verläuft, so ist das bei Wesen mit einem freiem Willen schon ganz anders. Hier ist alles möglich. Vom hochentwickelt-engelhaften bis zum bestialisch-mordsüchtigen kann das jeweilige Lebewesen selbst seine persönliche Ideologie, und damit die Richtung des eigenen Pfades nach oben oder nach unten hin, bestimmen. Der Wechsel vom Tier zum Wesen mit einem eigenen Willen ist der Wechsel vom *reagierenden* zum *agierenden* Lebewesen; theoretisch jedenfalls, denn das Gros der Menschen auf diesem Planeten lässt es zu, dass andere Menschen bestimmen, wie sie selber reagieren.

Bei dieser Aufwärtsentwicklung wird eine stetige Änderung vollzogen. Wie im folgenden Bild dargestellt, geht diese Reise vom vollphysischen über das spirituell-biologische bis hin zum vollgeistigen Wesen.

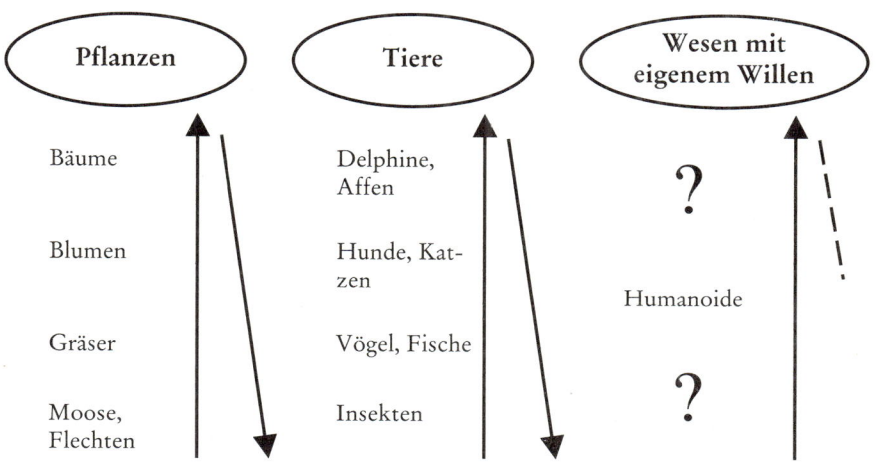

Bild 8: Vom körperlichen zum geistigen Wesen

Neben diesen Entwicklungsschritten einer Identität fällt auf, dass sich jede Ebene von den unteren Ebenen ernährt oder manchmal auch von der eigenen. Ferner leuchtet es ein, dass nach der 3. Ebene auch noch die 4., 5., ... Ebene (entsprechend der Logik) kommen muss. *Und was ist nun, wenn sich vielleicht „etwas" in der 4. oder 5. Ebene von uns ernährt???* Nicht aber von unseren Körpern, sondern von dem, was wir geistig aussenden: unseren Emotionen/Energien? Kann es vielleicht sein, dass „etwas" das, was wir seit einigen Jahrtausenden so verstärkt aussenden, zum eigenen Überleben dringend braucht: den Hass, die Angst...? Es gibt ja schließlich auch Menschen, die sich nur von Süßigkeiten, Fast Food und Cola ernähren und Menschen, die sich von hochwertigem Gemüse, Obst, Früchten... ernähren.

Und unterschiedliche Charaktere sind ja auf jeder Ebene zu beobachten. Es gibt sowohl aggressive Tiere einer Spezies als auch lustige (Beispiel: Hunde). Ebenso gibt es bei den Menschen sowohl „himmelhochjauchzende" als auch „egomanisch-destruktive". Warum soll es auf der 4. Ebene dieses Erklärungsmodells anders sein?

Was wäre, wenn die Schwingungen, die wir aussenden, Lebensformen anziehen, welche uns so beeinflussen, dass wir diese Schwingung ständig erzeugen? Was wäre, wenn die Masse der Opfer ein einziger gigantischer Nahrungsgenerator ist, dem ständig Energie, durch ständigen (hinmanipuliertem) Energieverlust des Nahrungsgenerators, abgezogen wird?

Die Energien, die wir selbst verlieren, wenn wir in irgendeiner Art und Weise Angst haben, müssen doch irgendwo hingehen, denn wie wir wissen, kann Energie nicht verloren gehen. Wohin verschwindet also die Energie, die

- in der Fußballarena rausgeworfen wird?
- beim Krieg durch Angst und Hass verschleudert wird?
- bei Ängsten vor dem inszenierten Terrorismus wegfliegt?
- in den bewusst erzeugten Heißwutvorstellungen der meinungsbildenden Industrie zerstreut werden?
- einem bei den Trendfilmen aus den Händen gleitet?
- sich im Alltagsstress auf und davon macht?

Und noch was: War in dieser Hinsicht der 11.9. nicht ein Super-GAU an Energieverlust für die Menschheit? Beachten sollten wir in diesem Fall auch den kontinuierlichen Energieraub durch eine Angst, die sich wie ein roter Faden durch das Leben der Meisten zieht: die durch die Elimination des Wissens über die Reinkarnation und der wirklichen Beschaffenheit des Jenseits ausgelöste weitflächige *Angst vor dem Tod* (und alle sonstigen Ängste, die durch irgendwelchen Glauben geschürt werden).

Wo geht die Energie die wir verlieren also hin? Braucht „jemand" diese Energie? Ernährt sich „etwas" davon? Wenn ja, wer ist dann „etwas"?

Hören wir uns einmal an, was Armin Risi hierzu zu sagen hat:

„,Falsches Ich' bedeutet eine falsche Identifikation, nämlich Identifikation mit irgend etwas anderem als mit der eigenen wahren Identität, die da ist: ewiger, individueller Teil Gottes. Wenn sich die Seele dieser Identität nicht mehr bewusst ist, hat sie sich vom Licht getrennt und befindet sich im Schattenbereich. Das Ego bewirkt also, dass man sich von der direkten Verbindung mit dem Urgrund trennt und sich nicht mehr aus dieser Quelle führen und ‚speisen' lässt. Das wiederum ist der Grund, warum die gottabgewandten We-

sen auf eigene Faust nach Energie und Ordnung streben wollen – und müssen! Sie ‚müssen' andere Wesen (Pflanzen, Tiere, Menschen und den gesamten Planeten) manipulieren und ausbeuten, und zur Rechtfertigung schaffen sie sich Weltbilder entsprechend ihren Standpunkten in der Dunkelheit." [26, S. 141 und 142]

Die Sucht nach destruktiver Macht, welche nur bei Lebewesen mit qualitativ niederwertigen Energien auftritt, ist aber eigentlich die unbewusste Suche nach etwas anderem. Den eigenen Mangel an qualitativ hochwertigen Energien versuchen solche Menschen beziehungsweise Wesen, durch eine Zunahme der von außen einströmenden Menge an Energie, also eine quantitativ möglichst bedeutende Machtzunahme, zu kompensieren. Die eigene Unfähigkeit, zum State-of-the-art Wesen zu werden, wird durch die Hilflosigkeit ihres Machtmissbrauchs zum Ausdruck gebracht.

Eigentlich gehören diese Menschen beziehungsweise Wesen auch zu den Opfern. Wahrscheinlich sind sie sogar die größten und ärmsten Opfer in diesem Szenario, denn sie sind das Opfer *ihrer eigenen Leere*. Der Machtwahn ist eigentlich zu bemitleiden, denn es stellt sich die Frage, was für ein ungeheures inneres Vakuum, mit dem Wahn alles auf einem Planeten in der Hand halten zu müssen, kompensiert werden muss. Es bleibt nur zu hoffen, dass sowohl diese armen Menschen beziehungsweise Wesen als auch die Klein- und Großopfer im Laufe ihrer weiteren Existenz ordentlich an persönlicher Reife dazugewinnen. Wirklich glücklich wird man jedenfalls nur durch eigene Qualität und nicht durch eine Kompensation der eigenen Unfähigkeit durch Macht über andere.

Wir sollten bei all diesen Betrachtungen auch nicht vergessen, dass wir im Universum des freien Willens leben. Dieser freie Wille ist ein spirituelles Axiom, welches unveränderlich als Tatsache besteht. Jedes höhere Wesen kann im Grunde tun und lassen was es will, doch muss es dafür auch die karmische Verantwortung tragen. Dass wir uns im Universum des freien Willens befinden bedeutet zwar, dass wir theoretisch tun und lassen können, was wir wollen, doch das entbindet uns nicht davon, dass wir die Verantwortung für das, was wir im Leben machen, übernehmen müssen (auch nicht, wenn andere einen zu gewissen Taten beauftragt, verführt oder manipuliert haben). Deswegen kommt alles, was man aussendet, auch wieder zurück, jedoch mit einer gewissen zeitlichen Verzögerung. Einstein stellte mal die Frage, ob wir in einem gerechten Universum leben – ich würde dies bejahen.

Das Bisherige möchte ich jetzt kurz zusammenfassen. Da kann es also sein, dass „etwas", was über uns steht, sich von unserer Angst und dem gegenwärtigen Hass ernährt und diese Nahrung für die weitere Existenz braucht. Wir selbst würden niemals freiwillig „etwas" diese Nahrung bereitstellen, da ein Mensch grundsätzlich im Kern Freude und Frieden will. Deswegen muss sich „etwas" in diesem Szenario über raffinierte Umwege das, was „etwas" so dringend benötigt, besorgen, und zwar so, dass wir weder merken, dass „etwas" existiert, noch dass wir die Strategien von „etwas" durchschauen. Da wir uns im Universum des freien Willens befinden, kann „etwas" auch tun und lassen, was es will und damit unsichtbar das herbeiführen was „etwas" so dringend braucht.

Die Strategien, um zu bekommen, was „etwas" braucht, sind die Mechanismen innerhalb des vollendeten Krieges. Dieser Krieg kann sich jedoch nur am Leben erhalten, wenn möglichst viele vorhandene Schwächen der Unterjochten möglichst stark gegen diese ausgespielt werden beziehungsweise die Schwächen gezielt gefördert und aufgebaut werden – durch eine dementsprechende künstliche Matrix. Deswegen ist der grundlegendste Schritt zur Lösung dieses Problems der, dass eigene Schwächen abgebaut und persönliche Stärken aufgebaut werden – mit allen Mitteln, die einem zur Verfügung stehen. Fallen immer mehr Schwächen des Einzelnen, so fallen auch die Einflussmöglichkeiten der Manipulatoren, da dann nichts mehr da ist, was ausgenutzt werden könnte.

Hier haben wir nun also die Lösung zur Befreiung vom Parasiten „etwas", der möglicherweise über den Manipulatoren steht. Werden sich zunehmend mehr Leute ihres Bewusstseins bewusst und werden die geistigen Gesetzmäßigkeiten bewusst positiv angewandt, dann werden die äußeren Dinge (Geld, Technik, Dinge...) nicht mehr sooo todernst wichtig sein. Die Nahrungsquelle Angst würde nicht mehr existieren, weil die Menschen dann ihr Leben selbst in die Hand nehmen würden, anstatt sich lenken und manipulieren zu lassen. Morpheus schreibt hierzu: *„Die Menschen können nicht länger von äußeren Mächten besessen und manipuliert werden, wenn sie alle inneren Schlingen gelöst haben, die solche Mächte anziehen. Sie brauchen* *keinen Schutz und auch keine Hilfe von außen. Was sie brauchen, ist ein klarer und befreiter Geist."* [11, S. 129]

Von einem Planeten mit Wesen, die sich nicht mehr manipulieren lassen, würde der Parasit „etwas" dann aber nicht mehr leben können und müsste entweder verschwinden oder sich von dem zunehmenden Licht ernähren. Die Frage, welche Art von Nahrung wir in Zukunft für die Ernte bereitstellen werden, gehört also zu den Knackpunkten.

Denken Sie daran: Wir alle bestimmen immer selbst, was in unserem Leben unsere Bestimmungen sind und ob wir bestimmt werden oder über uns selbst bestimmen. Wir können alles bisher Betrachtete nun drehen und wenden, wie wir wollen. Immer werden wir erkennen, dass wir es sind, die im Grunde genommen entscheiden, in welchem Zustand unsere Welt sein soll. Diese Entscheidungsgewalt der Masse gilt auch für scheinbar unzerstörbare, destruktive Machtpyramiden, wie im nächsten Bild dargestellt. (Die Idee für die Definitionen in der Klammer stammen aus dem Buch „Machtwechsel auf der Erde" von Armin Risi.)

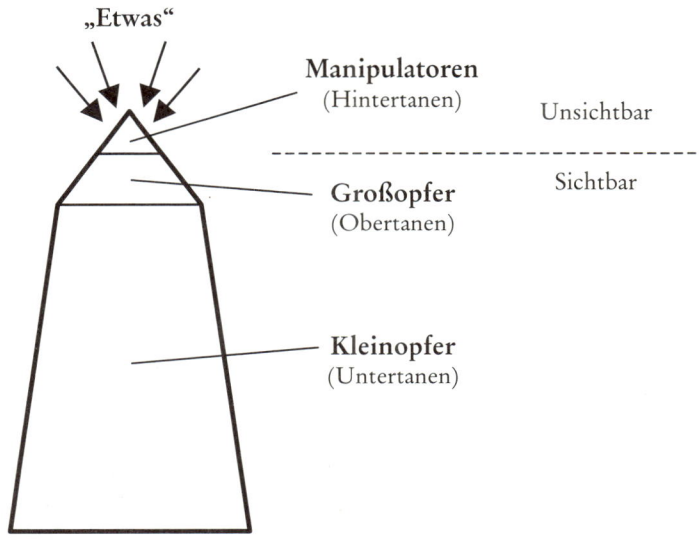

Bild 9: Das Oben und Unten der Lenkung

Will man den Einfluss und Machtmissbrauch dieser verhüllten Pyramide der Machtstruktur und möglicherweise auch „etwas", das die Spitze lenkt, beenden, so gibt es eigentlich nur zwei Möglichkeiten. Die erste Möglichkeit wäre es, dass die Spitze (die Manipulatoren) die gesamte Pyramide von selbst auflöst und eliminiert. Dazu kann ich nur sagen: „Selten so gut gelacht", denn je höher man in dieser Pyramide kommt, desto höher ist natürlich auch die Begierde, diese Pyramide zu erhalten. An der Spitze ist man besessen (oder vielleicht auch „besetzt"?) davon, diese Pyramide der Machtstrukturen zu erhalten und weiter zu verstärken. Da dies das absolute Lebensziel der Pyramidenspitze ist, kann man diese Möglichkeit der Pyramidenauflösung nicht erwarten.

Der zweite und einzig gangbare Weg zur Beendigung der Pyramide des Machtmissbrauchs besteht darin, dass die Basis der Pyramide ganz einfach aufsteht und davongeht. Schon bricht diese riesige Pyramide zusammen. Der Fall für die Spitze dürfte dabei allerdings groß sein. (Einen kleinen Trost für den Fall der Fälle habe ich aber noch: Tiefer als bis zum Grund kann man nicht fallen. ☺) Im realen Fall bedeutet dies, dass eine genügende Menge der Kleinopfer sich selbst die eigene Selbstermächtigung zuspricht und nutzt.

Es gibt ja nichts Schlimmeres für den Manipulator, als wenn mindestens die kritische Masse an Kleinopfern erkennt, was gespielt wird, die subtil gelenkte Realität verweigert und das eigene Leben vollständig in die eigenen Hände nimmt. Damit die Kleinopfer nicht die Kraft zum Erkennen und Wegrennen bekommen, was dem Super-GAU des Manipulators entsprechen würde, versucht der Manipulator, die Kleinopfer zu schwächen, was das Zeug hält.

Diejenigen, die vielleicht meinen, dass es doch auch möglich wäre, dass die Basis gegen die Spitze „kämpft", muss ich leider enttäuschen, da der Kampf immer innerhalb der Pyramide durchgeführt werden würde. In diesem Fall bleibt die Pyramide so oder so erhalten, und durch den Kampfakt von unten wird die Pyramide wahrscheinlich auch noch gefestigt. Daher gibt es für die Basis nur eine Lösung: *Raus aus der Pyramide!*

Es geht darum, dass die Bauern das Schachbrett verlassen, damit das Spiel aufhört zu existieren.

Mit anderen Worten ausgedrückt: Ein einstig aktives Opfer bricht aus und lenkt nun durch Verweigerung der Pyramide und bewusste konstruktive Selbstlenkung des persönlichen Lebens sein eigenes Leben fernab des Machtmissbrauchs.

Wie wild zu demonstrieren und seinen Unmut durch Druck (z. B. Gewalt) innerhalb der Pyramide auszudrücken, hat keinen Wert und bringt im besten Falle nichts, meistens jedoch das Gegenteil von dem, was man erreichen will. Durch Druck würden wieder neue Kontrollmaßnahmen gerechtfertigt werden können, und diese Kontrollmaßnahmen würden durch den Druck, den man ausübt, zudem noch Nahrung erhalten. Solche Dinge sind meiner Meinung nach auch deswegen sinnlos, da das Bekämpfen der Probleme diese nur noch verstärkt (wie wir wissen, lenkt die Aufmerksamkeit ja die Energie) und man somit eigentlich gegen sich selbst kämpft. In diesem Fall hätten wir also ein klassisches Eigentor. Zudem bedeutet der Kampf gegen etwas einen kolossalen persönlichen Energierauswurf, wodurch die eigene Fähigkeit, im persönlichen Wirkungsradius selbst etwas zu verbessern, beträchtlich schwindet.

Die Protestler sind sich nicht darüber im Klaren, dass sie und ihre Leidensgenossen die Verursacher des Zustands sind, welcher das erschafft, wogegen sie so sehr protestieren und demonstrieren.

Die Lösung lautet also: Nicht das Negative bekämpfen, weil Gewalt immer Gegengewalt erzeugt, sondern das Destruktive verweigern und umwandeln, und das Konstruktive wo auch immer möglich fördern, lautet die Devise (selbstverständlich ohne dabei in einer „heilen Welt" mit Scheuklappen leben zu wollen). Ghandi hat uns beispielsweise gezeigt, was man durch Verweigern alles erreichen kann. Nur durch sein JA zum positiven NEIN und ohne herkömmliche Macht und Militär zwang er die unterdrückende Obrigkeit in die Knie.

„Mut ist, das nicht zu machen,
was einem die Höheren sagen,
wenn man es nicht als richtig empfindet."
Hans A. Pestalozzi

Kapitel 13
Über das Laufrad hinaus

„Die Eltern sagten doch, dass es gut wäre, den Beruf auszuüben... man ist doch verpflichtet, den familiären Betrieb zu übernehmen... der jeweilige Beruf war zeitgemäß... finanzielle und gesellschaftliche Sicherheit stand einst im Vordergrund." So oder so ähnlich sind viele Berufsentscheidungen ausgefallen. Man hat sich angepasst, und der schnelle oder hohe Verdienst lockte einst. Doch wie ist dann das Gefühl nach mehreren Jahren? Ist man bei solchen Berufsentscheidungen wirklich glücklich? Ist Zufriedenheit da?

Nun tritt man jeden Morgen aufs Neue den Gang in den Trott an. Das Leben ist für viele zur ausweglosen Endlosschleife geworden, und man selbst ist im Laufrad gefangen. Dabei wollte man ja am Anfang diesen Beruf eigentlich nie aus vollem Herzen ausüben. Da waren ganz andere Pläne. Doch der Druck oder die schnellen Verlockungen von außen waren zu groß, als dass man hätte widerstehen können. Man hat sich damit abgefunden, dass es so ist, wie es ist, und nur noch schemenhaft bleibt die Erinnerung zurück an das, was man einst wirklich machen wollte.

Nach mehr als ein paar Jahren tritt dann bei vielen labilen Menschen der Bruch des eigenen Willens ein. Ab diesem Punkt fangen die Menschen an, sich mit der Situation anzufreunden, bis sie irgendwann anfangen, die Situation zu lieben. Dies kann im Extremfall bis zur völligen Assimilation der ursprünglichen Persönlichkeit gehen und zur Aufgabe des eigenen Willens führen. Nach dem endgültigen Bruch der eigenen Ideale kann nun die vorgefertigte Standardidentität ohne jeglichen Widerstand völlig in die Seele Einzug halten.

Beschweren wir uns aber nicht: Der dauerhafte, genormte Urlaub vom selbstermächtigten Leben beschert uns paradiesische Zustände. Nun ist man auf Dauer unter der Obhut von Angebot und Nachfrage. Mit dieser gewaltigen Aufgabe bleibt man bis ans Ende beschäftigt, jedoch ohne ein wirkliches Ziel in der Welt des Bruttosozialprodukts zu erreichen.

„Die Menschen leben, als würden sie nie sterben
und sterben, als hätten sie nie gelebt."

Viele führen ein Leben auf Show, das sich durch eine einprogrammierte Kaufsucht und ein ausgelebtes Pseudovergnügen auszeichnet. Der Einzelne ist hier zur Variable eines allgemein vorgelebten Kollektivmusters geworden, welches das Leben zur bloßen Existenz in einem Hologramm umwandelt; ein Hologramm, in dem der Mensch von sich selbst abgetrennt ist und sich durch ausschließlichen äußeren Fortschritt definiert, der um jeden Preis vonstatten gehen muss. Ich weiß jedenfalls nicht, wie frei die Menschen wirklich sind, die beim Gang durch die Stadt wie hypnotisiert auf ihr Handy starren, für die Schnäppchen bei Internet-Auktionshäusern die goldenen Zeiten des Lebens bedeuten oder die ihr Leben vor dem Computer verzocken. Wenn solche Verhaltensweisen keine Entseelung bedeuten, dann mach ich einen Badeurlaub auf Spitzbergen!

„Nicht mehr das Leben ist das Entscheidende, sondern das Produkt bestimmt das Leben."
Hans A. Pestalozzi

Dass die gegenwärtige Technik nicht das absolute A und O im Leben sein kann, wird in besonderer Form deutlich, wenn man sich den folgenden Sachverhalt mal betrachtet: Wir werden das gesamte Äußere zurücklassen müssen, wenn unser Leben hier endet. Wir sind ohne diesen ganzen Kram gekommen und wir werden auch ohne ihn wieder gehen. Das Einzige was wir von hier mitnehmen werden sind die Erfahrungen dieses Lebens, unsere inneren Fortentwicklungen und das in diesem Leben gesammelte Wissen. Die tatsächliche Ausbeute des Lebens ist also die Differenz zwischen dem Bewusstsein nach diesem Leben und dem Bewusstsein vor diesem Leben. Als Hilfsmittel und Werkzeug mag die Technik in Maßen ja schön und gut sein, doch wenn es zum Daseinszweck ausartet, sollte man sich ernsthafte Gedanken machen. *„Wahrer Reichtum ist der Mangel an Bedürfnissen"*, sagt eine alte Weisheit hierzu.

Wir konzentrieren uns darauf, die tollsten technischen Errungenschaften zu entwickeln und unsere Lebensdauer mit Hilfe von allen möglichen Prothesen zu verlängern, aber kaum jemand denkt daran, die Lebens*qualität* zu verbessern.

„Das Entscheidende ist nicht, dem Leben mehr Jahre hinzuzufügen, sondern den Jahren mehr Leben."

Lebensqualität ist aber nicht sofort gleichzusetzen mit Wohlstand, denn das eine muss dem anderen nicht automatisch entsprechen. Immer wieder tauchen Studien auf, in denen untersucht wird wieviel Prozent der Menschen eines jeweiligen Landes glücklich und zufrieden sind. Dabei sind auf den Spitzenplätzen durchweg Länder aus der Zweiten und Dritten Welt zu finden, wohingegen viele Länder der „zivilisierten" Ersten Welt in der unteren Hälfte zu finden sind.

Ich selbst denke, dass im Grunde genommen viele Mitglieder der Ersten Welt sehr arme Menschen sind, denn welchen „Wert" hat eigentlich ein Mensch, der sich ausschließlich über äußere Dinge definiert, weil er selbst kaum Qualität hat? Zehntausend vielleicht... oder doch nur eins neunundneunzig? Ich weiß es nicht. Was ich aber weiß ist, dass sich diese Menschen durch solch ein Verhalten im großen Maße selbst blockieren, oder?

Leider haben wir es uns in dieser zivilisierten Schein-Welt physisch exorbitant komfortabel eingerichtet und uns viele innere Grenzen, die wir überwinden müssen, um vorwärts zu kommen, selbst gesetzt. Doch je komfortabler und damit geistig träger wir leben, desto weniger nehmen wir aus diesem Leben mit. Sicherlich mag man das eine oder andere an Dingen brauchen, doch nur solange es mit dem eigenen Lebensweg übereinstimmt und es einen nicht zu sehr ablenkt und belastet. Der Blick für wahre Eigeninitiative ist uns nämlich durch eine Allgegenwart bequemer Auswege verstellt.

„Die Bequemlichkeit beginnt als Dienerin und wird zur Herrin."
Kahil Gibran

Es ist weder gut Geldsorgen zu haben, auf jeden Euro achten zu müssen und sich seine Wünsche nicht erfüllen zu können, noch ist es gut, dem Hardcorematerialismus verfallen zu sein und sein Leben hierfür völlig zu opfern. Wie bei so vielem gilt auch bei den materiellen Dingen: *Das richtige Maß finden*, und trotz aller Versuchungen selbst vielseitig bleiben!

Ein Schuss, der nach hinten losgeht, ist die Tatsache, dass wir uns als heutige Zivilisation *nur* auf die äußere Entwicklung fixiert haben, aber die innere Entwicklung (z. B. die Weisheit, mit den äußeren Errungenschaften richtig umzugehen), die zur Stabilität der äußeren Entwicklung notwendig ist, völlig verschlafen haben. Dieser Zustand befindet sich nicht im Gleichgewicht und ist labil. Und alles, was labil ist, wird bei geringen oder sogar geringsten von außen kommenden Belastungen umkippen oder zusammenbrechen. Ich möchte hier nicht generell etwas gegen sämtliche offiziell genutzten materiellen Errungenschaften sagen, doch das, was uns dringend fehlt, ist Weisheit im Allgemeinen beziehungsweise Weisheit, mit dem Wissen und der Materie richtig umzugehen.

„*Mehr* Wissen erreichen wir durch Intellekt und Verstand,
tieferes Wissen durch Intellekt, Verstand *und* Gefühl."
Udo Brückmann

Man kann sogar so weit gehen zu sagen, dass eine extrem hohe Intelligenz, kombiniert mit einer ungeheuren Menge an Wissen, welches zusammen genommen ohne jede Weisheit angewandt wird, den Keim mit der größten Zerstörungskraft überhaupt darstellt.

Weisheit lässt sich nur durch Erfahrung erlangen. Eine der höchsten Formen von Bildung ist es, von der Erde zu lernen. Nicht ohne Grund leben die Naturvölker eins zu eins mit der Erde. Die Erde gibt uns wesentlich mehr als jedes Schul- oder Uniwissen. Man kann bewusst in und mit der Natur leben und von ihr lernen. Man kann aber auch lernen, sich zu überwinden und seine Grenzen auszuweiten, indem man sich intensiv mit der Natur auseinandersetzt (z. B. durch Expeditionen im Regenwald, in Eis-, Stein-, Wasser- oder Sandwüsten).

Leider ist in Deutschland nicht mehr viel von der Natur übriggeblieben, wenn man sich mal vor Augen hält, dass hier noch vor etwa 3.000 Jahren hier ein mitteleuropäischer Urwald existiert hat. Aber danach fragt ja heute keiner mehr. Simulierte Natur (z. B. Stadtparks oder Monokulturen auf Feldern und in Wäldern) ist zwar besser als die graue Diktatur der Betonjungel und Asphaltwüsten, aber das Gelbe vom Ei ist es auch nicht. Der Flächenschwund von *wirklicher* Natur geht weltweit mit unerbittlicher Arroganz konstant weiter, doch wen juckt's? Zwar wird eine stetig wachsende Minderheit stetig unruhiger und damit auch tatkräftiger dabei, wenigstens die „Zustände" im eigenen Wirkungsradius zu eliminieren, doch damit es nicht zum „point of no return" kommt, gibt es keine andere Möglichkeit, als dass sich das Gesamtkollektiv grundlegend ändert und tätig wird. Dabei müssen wir nur unsere Rohstoffverschwendung, die Zerfressung der planetaren Lunge (Regenwald), die Verseuchung der irdischen Blutbahn (Ozeane und Gewässer) und vieles mehr für die nächsten Jahrzehnte aufaddieren, um zu merken, dass es bei der Fortführung unserer gegenwärtigen Taten nicht mehr weit ist, bis *alles* auf diesem Planeten aus sein wird. (Passend zum Thema möchte ich an dieser Stelle die legendäre Rede von Severn Suzuki empfehlen, die im Internet auf bekannten Video-Plattformen zu sehen ist.) Wer wirklich sieht, der merkt, dass dieser Planet wortwörtlich ein sterbender Planet ist, welcher von einer Seuche im Zellsystem befallen ist. Daher ist meiner Meinung nach die „große Reinigung" auch die einzige Möglichkeit, diesen Planeten noch zu retten.

Unser eigener Körper besteht ja selbst aus einer Unmenge von Zellen. Wenn diese Zellen „ausrasten" und aus irgend einem Grunde ein chaotisches Eigenleben entwickeln, so ist das Gesamtsystem – unser Körper – in Existenzgefahr. So wie unser Körper, ist auch unser Planet auf ein gutes Funktionieren seiner Zellen – die Lebewesen auf diesem Planeten – angewiesen. Entarten die Zellen des Planeten und richten sich diese gegen den Planeten, anstatt mit ihm zu leben, so ist der Planet im Überleben gefährdet. Etwas was im Überlebenskampf steht, wird natürlich sein Möglichstes tun, die eigene Krankheit notfalls mit allen Mitteln zu eliminieren. Damit die wohl kaum mehr vermeidbare Elimination wenigstens so gering wie möglich ausfällt, sollten wir die Worte Erich Kästners umsetzen, der meinte *„Nichts ist etwas Gutes, außer wir tun es."*

Im Zusammenhang mit der Ausbeutung, Zerstörung und Verseuchung unseres Planeten werden beständig Daten und Wissen gesammelt, wie weit die Probleme denn vorangeschritten sind und was wir wann noch zu erwarten haben, doch nur sehr wenige schreiten richtig und ohne Hemmungen *selbst* zur Tat. Selbst der Spruch *„Wir sägen am Ast, auf dem wir sitzen"* ist gesellschaftsfähig und normal geworden und lässt viele kalt. Man gewöhnt sich halt an die Situation. Bis es dann zu spät sein wird. Die Tatsache, dass dieser Planet unser Zuhause ist und wir daher mit diesem Planeten sorgsam umzugehen haben, bleibt dennoch bestehen. Ganz nebenbei: Die Machtelite, die mit ihrer radikal destruktiven Zerstörungspolitik mit schlechtestem Beispiel vorangeht, hat, neben dem eigenen gewaltigen Karmaproblem, dann übrigens auch keinen richtig funktionsfähigen Planeten, auf dem das eigene Ego ausgelebt werden kann.

Viele Dinge haben sich vordergründig „verschlechtert" und werden immer übler und dunkler. Es gibt aber auch Gegentendenzen in anderen Bereichen. Noch nie in den letzten Jahrhunderten war die Möglichkeit (!), sich geistig zu öffnen und Freiheit zu erlangen so groß wie heute. Zu Anfang der 80er Jahre wäre es beispielsweise nahezu unmöglich gewesen, ein solch breites Verständnis zu haben, wie es heute möglich ist. Es gibt heute sehr viele Möglichkeiten, sich selbst weiter zu entwickeln, und immer mehr Menschen erkennen, dass die gängige Lebensweise nicht das ist, was es sein sollte. Es tut sich was auf der Erde, und vielerlei „moderne Ketzer" leben uns vor, was nach dem Fall der Neuen Weltordnung schrittweise zum Standard werden wird.

Es erfolgt im Moment mehr oder weniger eine Art Aufspaltung. Entweder man kriegt die Kurve und wird immer konstruktiver, oder man verfällt immer mehr und wird noch destruktiver. Die Entscheidung, welchen Weg wir nehmen, liegt bei uns, denn wir befinden uns im Universum des freien Willens. Das Ganze läuft dabei auf einen Punkt hinaus. Man kann diesen Punkt gut mit dem heutigen Schulsystem vergleichen. Entweder man hat die Prüfungen und Aufgaben in einer Jahrgangsstufe zum Ende hin geschafft (sich entsprechend weiterentwickelt) und kommt somit in die nächsthöhere Jahrgangsstufe (Dimension), oder man muss noch eine Runde in der gleichen Jahrgangsstufe (Dimension) in einer neuen Klasse mit einem anderen Klassenraum (Planet) nachsitzen.

Wie das bei Prüfungen so ist, ist es anzuraten, sich möglichst gut vorzubereiten, damit man sich im übertragenen Sinne auf der „Arche Noah" befindet, wenn die Welle der großen Reinigung über diesen Planeten fegt. Mit dem richtigen Vorbereiten bei der globalen Prüfung meine ich in erster Linie die Schwächen des eigenen Charakters zu heilen und ein „guter Mensch" zu sein, also zumindest einen passablen, wenn nicht gar feinen

Charakter zu haben und möglichst hochentwickelt zu sein. Je stärker man die „kleine Reinigung" an sich selbst vollzieht, desto weniger wird man von der Prüfung der weltweiten „großen Reinigung" betroffen sein. Diejenigen, die weit genug entwickelt sind, um die Prüfung zu bestehen, bestehen die Prüfung auch und werden auf diesem Planeten bleiben. Diejenigen, die wegen ihrer überwiegend destruktiven Handlungen die Prüfung nicht bestehen, werden durchfallen und diesen Planeten verlassen (müssen). Da helfen weder Reichtum noch vorbereitete Plätze zum Schutz.

So schlimm diese Zeit für viele auch sein mag, ich selbst finde jedenfalls, dass das Leben im Moment eine ungeheure Herausforderung darstellt, und ich bin froh, an dieser Herausforderung teilzunehmen und dieses spannende Abenteuer auch zu meistern. Die Dunkelheit erzeugt gewissermaßen einen Druck, bestimmte Erfahrungen notwendigerweise zu durchlaufen, die man sonst in keiner Art und Weise hätte erleben können. Man sollte nicht in eine No-Future Stimmung flüchten, nach dem Motto: *„Ich geh kaputt, gehst du mit?"*

Was wäre denn davon zu halten, wenn sich Ihr persönliches Leben immer weiter verbessert, während Sie in einer Zeit leben, in der sich vordergründig vieles in der kollektiven Realität verschlechtert?

In jedem Problem steckt auch eine Lösung, die aber erst gefunden werden muss. Die Sache mit der Dunkelheit sollte man nicht *zu* ernst nehmen, denn wie schon erwähnt wird man später sehen, dass jeder Vorgang im Universum alles im Universum in irgendeiner Weise voranbringt. Das ist für uns jedoch nicht so ohne weiteres ersichtlich, denn wir sind im Moment sehr subjektiv in diesem Spiel/Experiment eingebettet. Wir bemerken nicht die Pläne innerhalb von Plänen, die wiederum innerhalb von Plänen enthalten sind. Uns fehlt sozusagen der objektive Überblick über das Gesamtgeschehnis.

Stellen Sie sich mal vor, auf einem Planeten zu inkarnieren, auf dem alles bestens läuft. Keinerlei Manipulation, Machtmissbrauch, Kriege, Unterdrückungen und Krankheiten. In so einem Umfeld erfüllt zu leben, das kann jeder. Wenn ich mir das Leben auf einem Planeten mit einer „heilen Welt" so vorstelle, dann fände ich es mit der Zeit wohl ganz schön langweilig – so ganz ohne knackige Herausforderungen. Aber in so einem Zustand zu leben, wie er derzeitig hier auf der Erde herrscht und sich dabei nicht „fangen" zu lassen oder gar etwas zu bewirken, das ist schon ein *ganz* anderer Anspruch. Hier auf der Erde spielt nämlich die Musik, und ein jeder entscheidet, nach welcher Musik er tanzt.

Kapitel 14
Innen, außen und überall

Im Gegensatz zum früheren *Glauben*, dass die uns umgebende (diesseitige) Welt vielleicht so oder so sei, *wissen* wir über das Diesseits heutzutage tatsächlich schon ein paar Dinge. Beim Umgang mit der Welt des Jenseits steht beim Massenbewusstsein der Wechsel vom bloßen *Glauben* zum wirklichen *Wissen* erst noch an. Derzeit sind beim überwiegenden Teil der Bevölkerung beim jenseitigen Thema, nach typischer mittelalterlicher Manier, kaum mehr als Mythen und Geschichten vorhanden, von denen nicht mal genau bekannt ist, wie oft diese schon verfälscht und verändert wurden. Eine wirkliche Klarheit von der Sache haben nur sehr wenige.

> „Wer nichts weiß, muss alles glauben."
> *Marie von Ebner-Eschenbach*

Bei den naturwissenschaftlichen Dingen ist nach dem Mittelalter Gott sei Dank der Durchbruch zum (teilweise leider immer noch verbohrten) Wissen erfolgt. Bei den spirituellen und jenseitigen Dingen hat der Umbruch vom Glauben zum Wissen gerade erst begonnen. Viele denken leider noch nach dem Motto: *„Wenn so viele daran glauben, dann muss es wohl wahr sein."* Muss es das aber wirklich?

Ich denke, dass sich ein Schöpfer nicht eine Art weltweites Parteiensystem über jenseitige Dinge ausgedacht hat, welche jeweils um möglichst viele Teilnehmer kämpfen (wird im Jenseits auch gekämpft?) und dass die eine Partei meint, besser als die andere, zu sein. Verstehen Sie mich nun aber nicht falsch. Ich behaupte nicht, dass komplett alles vom Inhalt der Religionen Humbug ist. Es kann aber nicht sein, dass nur über den Umweg irgendeiner Organisation eine Verbindung zur geistigen Welt hergestellt und aufrecht erhalten werden *darf*. Ist so etwas nun Freiheit oder Kontrolle?

Was ich bei den Strukturen der Religionen für sehr problematisch halte, ist, dass einem gesagt wird: „So oder so ist es, schlucke es, halte den Mund, und stell keine kritischen Fragen bezüglich dessen, was du zu glauben hast!" Da wird von einem verlangt, dass man in vergilbten Büchern enthaltene, verstaubte Geschichten mit der Erklärung der Realität gleichsetzt. Dies verschließt einem die persönliche Entwicklung und die unvoreingenommene geisteswissenschaftliche Auseinandersetzung mit dem Jenseits. Verhüllte Worte hatten für ihre Zeit vielleicht ihre Daseinsberechtigung, doch da die Zeit der klaren Worte mittlerweile angebrochen ist, fordert dies auch einen Umbruch der verstaubten Betrachtungsweisen.

Da wir gerade bei diesem Thema sind, erinnere ich mich an ein amüsantes Gespräch mit einem Herrn. Da meinte dieser Mann: „...dass wir hier in Deutschland an dieses oder jenes glauben, und die Menschen in Thailand glauben, dass sie als eine Schlange oder was auch immer wiedergeboren werden." Ich stellte mir selbst daraufhin die Frage, ob er denn nicht wissen wolle, was wirklich wahr ist und was nicht. Oder gelten in Thailand vielleicht andere Naturgesetze als in Deutschland???

Ich selbst halte es für wichtig, nicht bloß Jahrhunderte oder Jahrtausende alte Schriften stur und blind zu „glauben", bloß weil alle dies so machen, sondern selbst mal im eigenen Leben auf die Suche zu gehen und wirkliches Wissen und Eigenerfahrung zu sammeln. Hierzu fällt mir ein gutes Beispiel ein.

Angenommen Sie wollen eine Reise nach Island machen – was werden Sie als erstes machen? Nun, als erstes werden Sie sich wohl, beispielsweise über einen Reiseführer, Informationen über Island holen. Durch den Reiseführer *glauben* Sie, sich Island so oder so vorzustellen. Irgendwann ist dann der ersehnte Tag gekommen, und Sie treten die Reise an. Im Laufe der Reise werden Sie merken, dass einige Dinge aus dem Reiseführer stimmen, aber vieles ganz anders ist, als Sie es sich zuerst vorgestellt haben. Am Ende der Reise werden Sie in jedem der zuvor gekauften Reiseführer Stellen finden, die zutreffen und gut recherchiert sind, aber auch Stellen, die das Betreffende einfach nicht richtig wiedergeben und die Gegenden verfärbt darstellen. Sie werden nach der Reise mit einer Menge persönlicher Erfahrungen aus Island zurückkehren. Sie *wissen* nun durch ihr eigenes Tun, wie es dort ist – welche Kraft die Natur dort hat, wie der verbrannte Geruch von Lavasand riecht und wie schön die dortige Sprache doch klingt.

Dieses Beispiel war eine äußere Reise. Wir können diese Analogie genauso auch auf innere Reisen anwenden. Durch Glauben wissen wir im

Grunde nicht so richtig, was los ist. Erst wenn wir in vielen kleinen Schritten unsere eigene innere Welt erkunden oder gar selbst in einen medialen geistigen Kontakt mit dem Jenseits und der geistigen Welt kommen, werden wir wissen und erfahren, was wirklich los ist. Jedoch sollten innere Reisen auch nur Reisen sein, da unser Zuhause für dieses Leben der eigene Körper auf dem Planeten Erde ist.

Hier auf der Erde wird uns über unseren Körper eine Menge erzählt. Unter anderem auch, dass wir mit unserem Körper den Elementen restlos ausgeliefert sind. Ich denke, das kann man so nicht sagen. Da muss man schon differenzieren.

Wenn das Bewusstsein latent ist, also eine verkümmerte innere Stärke vorliegt, dann beherrscht *der Körper den Geist*. Dann ist man wirklich den Elementen ausgesetzt. Wenn man dies nicht möchte, muss man die Sache von einer anderen Seite angehen. Damit *der Geist den Körper* beherrscht, muss man die geistige Größe und Stärke über den Körper haben. Wie wird man nun aber innerlich groß und stark? Ich denke, es ist in diesem Fall wie bei der Konditionierung des Körpers: Sport treiben – in diesem Fall aber inneren Sport. Mit innerem Sport meine ich zum Beispiel Meditieren, den Aufbau von Willenskraft durch Überwindungen eigener Grenzen, die Affirmation oder auch die Imagination. Möchten Sie vielleicht wissen, was man mit dieser Kraft des Geistes alles machen kann? Nun, je nach eigener Begabung, Vorbereitung und Übung kann man sich da einige Späße erlauben. Ein paar Literaturempfehlungen dazu habe ich Ihnen im Unterkapitel „Fallen und deren Auswege" schon gegeben.

Von der Sache, dass man barfuss über glühende Kohlen laufen kann, ohne dabei irgendeinen Schaden zu nehmen, haben Sie vielleicht schon gehört. Eine sehr wichtige Möglichkeit bei der Konditionierung des Geistes über den Körper ist die Verbesserung oder gar Auflösung und Vermeidung von eigenen Krankheiten. (Was sich in dieser Hinsicht so alles machen lässt, können Sie in dem Buch „Stell dir vor du bist gesund" von Ursula Windisch und in dem Buch „Autosuggestion und Heilung" von Erich Rauch nachlesen.) Da der Geist in der Rangordnung über dem Körper steht, kann man mit dem richtigen Einsatz eine Menge an sich selbst bewirken. Denken Sie da mal an den sogenannten Placebo-Effekt.

Gerade beim Placebo-Effekt finde ich es interessant und sehr überraschend, dass weder Mediziner noch Patienten Konsequenzen aus dieser Tatsache ziehen. Die Konsequenz müsste doch sein, dass es vom Grundsatz her möglich sein sollte, dass die Menschen sich mehr und mehr so weit hochentwickeln, dass immer weniger Präparate notwendig sind. Doch dies würde einerseits bedeuten, dass die Kasse nicht mehr so stark klingeln würde, und andererseits würde es für den einzelnen Menschen bedeuten, dass dieser stark und selbstermächtigt werden würde, und dies scheint eines der furchterregendsten Dinge überhaupt zu sein.

Die Beherrschung des Geistes über den Körper kann jeder Mensch, zumindest erst mal zu einem gewissen Teil, mit genug Elan erreichen. Es gibt vereinzelt Menschen, die dies noch viel weiter getrieben haben. Da heißt es dann, dass *der Geist die Materie* beherrscht. Wenn nun also der Geist den Körper, die eigene Realität – wie wir zuvor gelernt haben – oder gar die Materie beherrscht, dann lebt man *von innen nach außen*.

Da wir nun beim Thema des inneren und äußeren Lebensstils sind: Was würden Sie über jemanden sagen, der sich drei Monate lang äußerlich nicht wäscht. Nun, sauber ist derjenige sicher nicht. Im Vergleich dazu: Was würden Sie über jemanden sagen, der sich drei Monate lang innerlich nicht gereinigt hat? Irgendetwas kann in so einem Fall sicher auch nicht ganz sauber sein, oder?

Seien wir doch mal ehrlich: Bei vielen Menschen gleicht der Kopf einer gedanklichen Müllhalde! Hier wuchern die Ängste, dort fault der Hass, und an anderer Stelle gären die Sorgen. Und die „herrliche und fröhliche Stimmung" in der deutschen Gesellschaft trägt auch nicht gerade zur Aufmunterung bei. Hier ist eine regelmäßige innere Hygiene dringend notwendig, will man nicht zum depressiven, skeptischen und pessimistischen Opfer werden. Wenn ich mir die *Zustände* hier so anschaue, wird mir klar, wie sehr unsere Gesellschaft in diesem Punkt *zum Himmel stinkt*.

Damit ich selbst nicht auf Dauer von den Energien der Masse verseucht werde, mache ich oft die sogenannte Lichtsäule. Dabei setze ich mich hin und stelle mir eine Lichtsäule vor, die von oben kommt und meinen ganzen Körper durchdringt und umschließt. Solch eine Reinigung kann man natürlich auch auf andere Art und Weise machen. Musik oder

Ruhezeiten in der Natur wären da weitere Möglichkeiten, sich zu reinigen und aufzuladen.

Aufladen müssen wir nicht nur unseren Geist, sondern auch unseren Körper. Neben dem bekannten „Essen" gibt es da noch eine andere Möglichkeit, dem menschlichen Körper „Nahrung" zuzuführen, nämlich von innen. Seit etwa einem Jahrzehnt macht gerade im deutschsprachigen Raum eine Lebensweise von sich reden, die grundsätzlich erst mal polarisiert. Einigen läuft auch nur beim Gedanken daran das Wasser im Mund zusammen, und andere wiederum stürmen bei der bloßen Erwähnung davon mit Heißhunger zum Kühlschrank. Die Rede ist von der sogenannten Lichtnahrung, also eine Nahrungsform aus reiner Energie, anstatt sich von physischem Essen ernähren zu müssen.
„Wie kann denn das gehen?", fragen sich sicher viele. Der Mensch besteht ja aus Materie und braucht daher neben Energie auch Materie, um als Materie existieren zu können. Ich selbst kann es mir nur dadurch erklären, dass der Körper eine öffentlich nicht bekannte kosmisch vorhandene Energieform (schwingende Welle) aufnimmt und diese dann in Materie (stehende Welle) umwandelt. Das Ganze ist wissenschaftlich (noch) nicht exakt erklärbar, denn es ist für die meisten Forscher etwas, was es nicht geben darf, und man hat Angst davor. Wie wir wissen, betreiben wir aber erst seit kurzem Wissenschaft, und daher brauchen wir nicht anzunehmen, dass wir wirklich viel wissen. Ich bin mir jedoch sicher, dass man hierfür früher oder später ein Erklärungsmodell haben wird – wenn man will.
Die grundsätzliche Basis der Umstellung scheint wohl im Denken zu liegen: Wenn ich daran glaube zu sterben, wenn ich nichts mehr esse, dann werde ich auch sterben, und wenn ich nicht glaube, dass ich sterbe, wenn ich nichts mehr esse, dann werde ich auch nicht sterben, sondern eben nur von einer anderen Energiequelle ernährt. Neben einer entsprechenden persönlichen Reife, muss man also *restlos* von der Sache überzeugt sein. Bei der ziemlich schwierigen Nahrungsumstellung auf die Lichtnahrung gibt es verschiedene Möglichkeiten, die bekannt sind.
Das alles hört sich nun erst mal sehr interessant an. Neue Freiheiten und Möglichkeiten scheinen sich einem da zu eröffnen. Nicht zu verachten ist, dass berichtet wird, dass sich die Denk- und Erinnerungsfähigkeit bei der Nahrung durch Lichtnahrung enorm verbessert und die eigene Mediali-

tät spürbar zunimmt. Auch die Trägheit, die durch Essen hervorgerufen wird, scheint durch die Lichtnahrung zu verschwinden, und unangenehme Körpergerüche lösen sich in Luft auf. Schön!

Doch ist das wirklich alles so toll? Wie würden Ihre Freunde darauf reagieren und wie Ihre Arbeitskollegen? Aber noch viel wichtiger: Wie würden Sie in der Lage sein, mit Ihrer Fähigkeit in der westlichen Welt umzugehen? Wie würden Sie sich fühlen, wenn Sie an einer Bäckerei vorbeigehen und den herausströmenden Geruch wahrnehmen? Wie würde es Ihnen ergehen, wenn Sie im Supermarkt stehen und sich Ihre Vorstellungen fast schon besessen auf all die schmackhaften, interessanten Waren vor Ihnen fokussieren? Wie würden Sie vor dem Einschlafen mit diesen Situationen umgehen? Und noch etwas: Wissen Sie, wie es ist, nicht geerdet zu sein? Nein? Wenn Sie die Lichtnahrung über einen längeren Zeitraum praktizieren würden, dann würden Sie wissen, was ich meine.

Ist dies alles der Sinn der Lichtnahrung? Würden Sie sich durch die Lichtnahrung insgesamt besser oder schlechter fühlen als zuvor? Steigt die Lebensfreude oder sinkt sie?

Ich selbst habe sowohl einiges an Wissen als auch persönliche Erfahrung mit der Lichtnahrung. Ich weiß also, wovon ich rede. Wenn Sie vermuten, dass ich nur mit reinen Belobigungen für die Lichtnahrung fortfahre, dann muss ich Sie enttäuschen. Anfangs war ich selbstverständlich begeistert von dieser Sache, doch sehe ich dies heute anders und möchte ein paar kritische Worte hierzu sagen.

Obwohl es zu dieser Lebensweise schon einiges an Literatur gibt sowie eine größere Zahl an Menschen, die dies eine Zeitlang praktiziert haben oder dauerhaft praktizieren, ist diese Art der Ernährung nicht für die westliche Welt zu empfehlen, und ich möchte nun erklären, warum dies so ist.

Die westliche Welt, in der wir leben, ist äußerlich sehr weit entwickelt, und dies mag ja erst mal nicht schlecht sein. Die Hygiene in unserem Lebensstil, um hier ein Beispiel zu nennen, hat in den letzten Jahrhunderten phantastische Fortschritte erreicht, und da kann so manche Region auf der Erde noch viel von uns dazulernen. Das Problem, von dem ich aber schon gesprochen habe, ist, dass wir innerlich/geistig als kollektive westliche Zivilisation ausgesprochen unterentwickelt sind.

Es passt einfach nicht zusammen, wenn man in einer Zivilisation lebt, die ihren Hauptfokus in der Entwicklung nahezu nur auf das Äußere legt und man dann aber eine Ernährungsweise praktizieren will, die eigentlich eine enorm weite Zivilisationsentwicklung (und selbstverständlich auch persönliche Entwicklung) des Inneren *voraussetzt*! In unserem Fall bedeutet dies, dass da eine viel zu große Entwicklungslücke zwischen der persönlichen Entwicklung und der Zivilisationsentwicklung klafft, die nicht unterschätzt werden sollte. In der Euphorie, etwas Spannendes, Heftiges und Neues machen zu wollen, wird dies oft nicht gesehen (so war es auch bei mir). Ein problemloser Umgang mit der großen Lücke zwischen dem eigenen Entwicklungsstand und unserem westlichen Zivilisationsentwicklungsstand ist aber absolut notwendig, wenn man die Lichtnahrung auf Dauer praktizieren will. Die Sache ist aber die, dass wohl kaum einer richtig in der Lage sein wird, diese große Lücke auf Dauer auszuhalten und zu ertragen. Ich frage mich, ob hier überhaupt jemand dazu in der Lage ist, und wenn ja, dann kann man diese Menschen fast schon an einer Hand abzählen. Wer kennt nicht das Gefühl, wenn man gut gelaunt aus dem Haus geht, einige Stunden den aktuellen Stand der Gesellschaft mitmachen muss, schlecht drauf wieder heimkommt und anschließend die Schnauze gestrichen voll von dem Ganzen hat? Wenn Sie dieses Gefühl von irgendwoher kennen, dann kann ich Ihnen von der Lichtnahrung *dringend* abraten.

Für einige Menschengruppen in Asien liegt eine andere Ausgangssituation vor. Hier ist im Laufe der Jahrtausende die notwendige geistige Entwicklungsarbeit gemacht worden, um so etwas auf längere Zeit mehr oder minder problemlos machen zu können. (Leider fehlt in vielen Gebieten Asiens aber oft die zum Ausgleich gehörende äußere Entwicklung.) Es kann jedoch nicht unser Ziel sein, sich exzessiv nur mit dortigen Lebensweisen auseinanderzusetzen. Wir sind in diese Welt *hier* gekommen, um *hier* zu leben und um *hier* etwas zu bewegen.

Dass die Lichtnahrung existiert, weiß ich wie gesagt aus eigener Erfahrung, doch war leider auch ich blind für das eben Gesagte, bis mir das, was ich eben erklärt habe, mehr oder minder „zugeflogen" ist. Des weiteren hat mir ein Verkäufer einer Buchhandlung, mit dem ich über dieses Thema gesprochen habe, den „Tipp" gegeben, dass er von einem indischen Lehrer persönlich sinngemäß das Folgende erzählt bekommen habe: „*Die Lichtnahrung sollte auf natürliche Art und Weise von selbst zu einem kommen, falls dies irgendwann einmal aktuell sein sollte. Sobald man eigene Anstrengungen unternimmt, dies zu erreichen, ist es falsch und sollte sein gelassen werden.*"

Ich bin mittlerweile der Meinung, dass man sich nur Ernährungsweisen aneignen sollte, die man mit *Leichtigkeit* umsetzen kann. Wird man beispielsweise Vegetarier, weil man derart genug hat von dem Fleisch, das einen nur noch anwidert, dann ist man auf dem richtigen Weg. Tritt man jedoch beim Anpassen an eine neue Ernährungsweise in einen Kampf und versucht, sich zu etwas zu *zwingen*, dann kommt man nicht voran, sondern blockiert sich selbst.

Die Lichtnahrung ist von unserer Kultur dermaßen weit entfernt, dass sie bei Anwendung leider einer persönlichen Entwurzelung gleichkommt. Bei dieser Problematik bietet sich auch ein Vergleich mit den Naturvölkern an. Die ursprüngliche Lebensweise der Naturvölker ist eine *total* andere als die der westlichen Welt. Daran ist nichts Schlechtes. Doch kommen Inuits, nord- und südamerikanische Indianer oder Aborigines in den dauerhaften direkten Kontakt mit unserer Lebensweise, so geschieht eine kulturelle Entwurzelung, die nicht selten in einem entarteten Chaos mündet. Da prallen zwei Welten aufeinander, die nicht zusammenpassen *können*.

Genau das Gleiche geschieht mit dem Leben durch Lichtnahrung in unserer Zivilisation. Da prallen wieder zwei *völlig* unterschiedliche Welten aufeinander, die nicht miteinander vereinbar sind.

Ich glaube einfach, dass die Lichtnahrung derzeit mehrere große Schritte zu früh in der westlichen Welt angewendet wird. In ferner Zukunft mag dies vielleicht anders sein.

Lichtnahrung hin, Essen her – entscheidend ist, dass man sich in seiner Haut wohl fühlt und sich zu nichts zwingt. Das, was sich gut für einen anfühlt, sollte man auch essen, da das Gefühl gesamtheitlich besser überblicken kann, was derzeit am besten für den Körper ist. Oft sind gerade in den Nahrungsmitteln, die sich zur Zeit am besten für einen anfühlen, die Stoffe enthalten, die einem gegenwärtig am nützlichsten sind.

Es mag ja vielleicht einige wenige auf diesem Planeten geben, für welche die Lichtnahrung in der gegenwärtigen Inkarnation etwas ist, aber dass, wie jemand meinte, die Lichtnahrung ein Allheilmittel gegen den weltweiten Hunger sei, finde ich nicht korrekt, da nur die Wenigsten weltweit hierfür so weit entwickelt sind und noch weniger Menschen auch Lust darauf haben würden, dies dauerhaft zu tun. Ich möchte nicht abstreiten, dass die Lichtnahrung irgendwann vielleicht im großen Stil aktuell werden könnte, doch nicht jetzt und in den folgenden Jahren. Wir haben hier ganz andere Probleme, deren Bearbeitung wesentlich wichtiger ist als die Nutzung von ein paar interessanten Fähigkeiten. Die Lösung der weltweiten akuten Probleme sollte meiner Meinung nach Vorrang vor dieser Art von Abenteuern haben.

Kapitel 15
Energieausgleichende Gerechtigkeit

Axiome sind Vorgänge, die ohne jeden Zweifel so sind, wie sie sind, und ein Grundgerüst für jegliche Vorgänge im Universum bilden. Aus der Schulzeit fällt mir da das schon in anderer Hinsicht mehrfach erwähnte dritte newtonsche Axiom ein: Kraft = Gegenkraft / Actio = Reactio. Drücke ich mit meinem Finger mit einer bestimmten Kraft auf eine Wand, so drückt die Wand definitiv mit der gleichen Kraft auf meinen Finger zurück. Nur eben in die entgegengesetzte Richtung, denn die Summe aller Vorgänge im Universum muss am Ende Null ergeben. Dies wäre ein physikalisches Axiom.

Auch im Geistigen (=Metaphysischen) gibt es ein Gegenstück hierzu. Was man an Energien aussendet (=spricht, denkt, fühlt, tut...), kommt auch in der gleichen Qualität wieder zu einem zurück. Wir leben in einem System des Ausgleichs. Alles in diesem Universum strebt nach einem polaritätsaufgehobenem Gleichgewicht, also einem ausgeglichenen Nullpunktzustand. Deswegen braucht auch jeder Mann eine Frau und jede Frau einen Mann; jedoch nicht irgend jemanden, sondern das optimale Gegenstück, denn sonst stehen die Chancen gut, dass es einem mit dem „irgendwer-Partner" insgesamt gesehen schlechter geht als ohne. Hierzu schreiben die Ps:

„Frequenz wird von euch zu einer anderen Person getragen, ganz besonders, wenn eine Liebesbindung besteht. Eine Liebesbindung heißt nicht, dass ihr für immer aneinander kleben müsst. Es bedeutet einfach, dass ihr so lange in Beziehung steht, wie ihr es für richtig haltet, dass ihr einander achtet, Energien austauscht und die Energien wie durch einen Stromkreis fließen lasst. Wenn ihr einander nicht liebt und keine Bindung herrscht, gibt es keinen Austausch; der Stromkreis schließt sich nicht. Das heißt nicht, dass ihr nicht guten Sex haben könnt; es heißt einfach, dass der Stromkreis nicht geschlossen ist.

Wenn dieser elektrische Strom immer stärker wird, kommt es zu stärkeren orgasmischen Erfahrungen, die der Körper auch empfangen kann, weil das Nervensystem dann mit den höheren ekstatischen Frequenzen umgehen kann. ...

Es wird schließlich so sein, dass ihr jemandem, der nicht mit der gleichen Spannung wie ihr arbeitet, nicht nahe sein könnt. Ihr werdet einfach nicht zusammenpassen. Es wäre, als ob jemand mit Schuhgröße 40 einen 30er Schuh anziehen müsste. Es wird nicht gehen oder unangenehm sein. Ihr werdet nicht zusammenpassen, denn ihr werdet schwingungsmäßig nicht verschmelzen können.

...Eure Wirklichkeit ist für uns sehr interessant, weil sich so viele Vergleiche aus eurem Alltag anbieten. Wenn ihr ins Ausland fahrt, passen eure Elektrogeräte nicht zum dortigen Netz. Also braucht ihr einen Adapter. Es wäre mühsam, sich ständig an eine Schwingung adaptieren zu müssen, wenn man eine intime sexuelle Beziehung eingeht. Es wäre zu anstrengend. Ihr würdet eure gesamte Energie verbrauchen, um die Anpassung vorzunehmen. Dann würdet ihr euch verleugnen und euch verbieten weiterzugehen, denn ihr würdet euer Niveau senken." [23, S. 284-286]

Soviel zum Energiefluss in einer Partnerschaft.

Generell braucht es immer zwei unterschiedlich geladene Pole, damit ein Energiefluss überhaupt stattfinden kann. Ist nun zuviel vom einen da, erzeugt dies einen Druck zur Kompensation des vorhandenen Überschusses durch einen Zufluss des anderen Pols. Ein Elektronenüberschuss beispielsweise strebt eine Abgabe von Elektronen an. Der Elektronenüberschuss möchte ins Gleichgewicht, in den Null-Zustand zurückkehren. Besteht nun zwischen einem Elektronenüberschuss und einem Elektronenmangel eine Verbindung, so freuen sich beide: Sie dürfen in den ausgeglichenen Null-Zustand zurückkehren. Anhand dieser Beispiele sehen wir also, dass ein polaritätsbezogener Ausgleich zu den notwendigen Abläufen in der Natur gehört, damit im Universum alles im Lot bleibt.

Auch in unserem persönlichen Leben haben wir dafür zu sorgen, dass wir ausgeglichen bleiben, sonst ist unser Leben nicht stabil. Wir können das, wofür wir unsere Zeit und Energie hauptsächlich investieren, in vier Hauptgruppen einteilen:

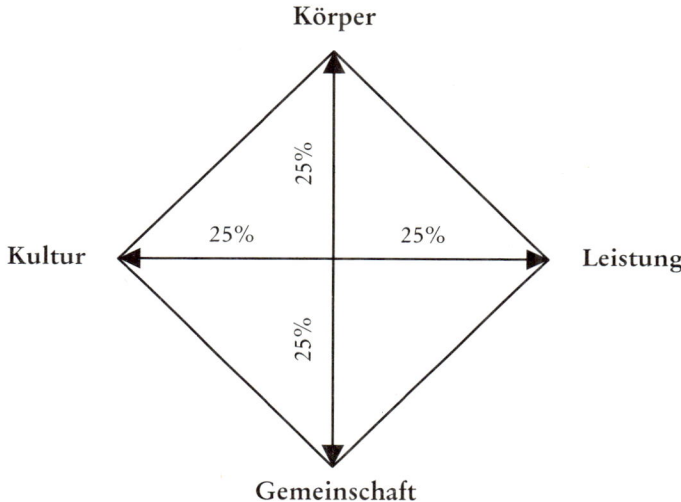

Bild 10: Das Viereck des Ausgleichs

Hier haben wir nicht die sonst üblichen zwei Pole, sondern vier. Diese wollen alle richtig ausbalanciert sein, damit wir und unser Leben so richtig in Fluss kommen. Im Idealfall wenden wir 25% unserer Energie für jeden der vier Pole auf und sind somit in einem ausgeglichenen Kräftesystem zentriert. Hier haben wir ein Quadrat vorliegen, und wir kommen ungeheuer schnell ungeheuer weit. Nichts bremst einen mehr.

Nachfolgend eine kurze Erläuterung, was sich hinter den einzelnen Polen verbirgt:

Körper:
Hierunter fällt das, was unseren Körper erhält, aufbaut und fit hält. Dies wären die *Hygiene*, das *äußere Erscheinungsbild*, ausreichende *körperliche Betätigung* (Sport und aktiv sein in der Natur), genügend *Sonnenlicht* für den Körper, eine gute *Ernährung* und natürlich auch *Sex*.

Leistung:
Die Leistung umfasst die Bereiche, in denen wir reinhauen müssen und womit wir meist unseren Lebensunterhalt verdienen. Hierzu gehören Schule, Berufsausbildung und vor allem der *Beruf*.

Gemeinschaft:
Hierzu zählen die *Partnerschaft und Familie* sowie unsere *Freunde*.

Kultur:
Die zwei wichtigsten Sparten der Kultur sind die *Literatur* und die *Musik*. Mit Kultur meine ich hier übrigens nicht nur das, was offiziell unter Kultur verstanden wird, sondern auch Untergrund-Subkulturen, die teilweise auch äußerst anspruchsvoll sein können. Neben der Literatur und der Musik gibt es natürlich auch viele andere kulturelle Zweige, wie zum Beispiel das Photographieren, das Malen, Vorträge und so weiter. Da „Kultur" die Entwicklung einer Lebensweise beschreibt, existieren neben den äußeren Sparten natürlich auch noch die inneren Sparten.

Schauen Sie sich dieses Viereck genau an, und denken Sie im Alltag immer wieder daran. Es bestimmt, genau so wie das erfolgsorientierte Denken im Rahmen des sinnvollen Managements der Gegenwart, mehr über unser Leben und Wohlbefinden als Sie vielleicht meinen.

Vernachlässigen wir nun einen oder mehrere Pole zu stark, so bildet sich ein Trapez, und unser Leben kommt langsam aber sicher in ein Ungleichgewicht bis hin zum Erliegen. Es geht nun nichts mehr richtig voran, und es baut sich ein immer größer werdender Widerstand im Leben auf. Dies führt dazu, dass man sich, je nach Stärke der trapezartigen Struktur, zunehmend schlechter fühlt und man selbst nur noch auf Sparflamme läuft. Ein wirkliches Glücklichsein ist, ohne ein passables Funktionieren des Vierecks des Ausgleichs, wohl kaum möglich.

Menschen, die sich nur um einen oder um zwei Pole kümmern, können ganz leicht aus der inneren Balance geworfen werden und in tiefe Krisen stürzen, in denen manchmal gar nichts mehr geht. Ein entartetes Trapez rächt sich nämlich – nicht sofort, sondern nach einer gewissen Zeit. Früher oder später kommt dann der Tag, bei dem die nur einpolige oder zweipolige Lebensweise das Fass zum Überlaufen bringt. Leider werden aber auch hier viele erst aktiv, wenn es schon zu spät ist.

Aber auch dreipolige Menschen haben zumindest noch ein Standbein, das diese zum Umkippen bringen kann. Nur wenn *alle* vier Pole die nötige zeitliche und energetische Investition bekommen, kann uns kaum etwas mehr umhauen, und wir sind zufrieden und leicht mit einem Höchstmaß an Energie für unsere Projekte im Leben ausgestattet. Es ist unabdingbar, dass diese vier Pole gut ausgeglichen sind, wenn Sie das Beste aus sich und Ihrem Leben machen wollen – genau so wie ein entspanntes Sitzen auf einem Stuhl nur durch vier gleich lange Stuhlbeine möglich ist. Und das Leben ist zu kurz und die Zeit zu schade, um nicht wirklich gut geführt zu werden.

Das Ganze hört sich am Anfang vielleicht recht einfach an, doch das ist es nicht. In der heutigen Leistungsgesellschaft ist es eine Kunst, dieses essenzielle Prinzip wenigstens *annähernd* richtig anzuwenden. Es ist wohl im Moment nicht zu ändern, dass der Pol „Leistung" am Meisten abbekommt, doch sollten alle anderen Pole auch ihren Teil abbekommen. So sollte Ihr Viereck aber nicht aussehen:

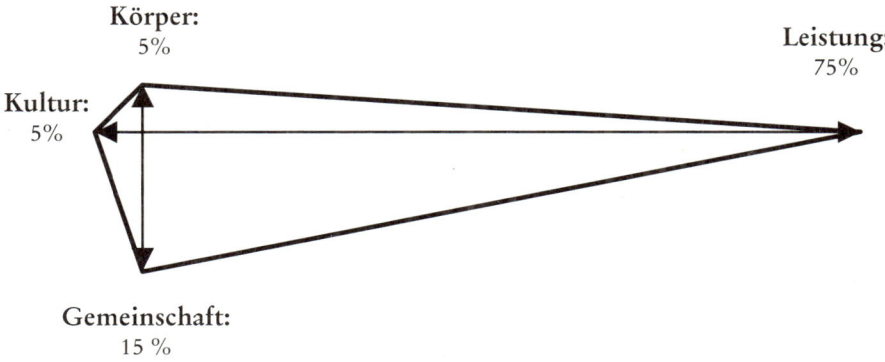

Bild 11: Das entartete Viereck

Wenn Sie es mit der Zeit fertig bringen, Ihr möglicherweise vorhandenes Trapez mehr zu einem Quadrat hinzubiegen, so dass sich die vier Pole gemeinsam möglichst aufheben, dann werden Sie merken, dass Ihre Menge an persönlicher Kraft und Energie zunimmt, da die Energiedichte in Richtung des ausgeglichenen Nullpunktzustands kontinuierlich ansteigt. Zusammenfassend kann man beim Viereck des Ausgleichs sagen: Je mehr die Sache zum Trapez wird, desto mehr *entsteht* Stress, und je mehr die Sache zum Quadrat wird, desto mehr wird Stress *abgebaut*.

Einmal geschafft, immer gelacht? Keineswegs! Wer es für einen Zeitraum mal hinbekommen hat, das wohltuende Gefühl bei der Balance der vier Pole zu erfahren, steht vor der großen Herausforderung, das fast-Viereck (nobody is perfect!) dauerhaft zu halten. Neben diesem sehr wichtigen Prinzip gibt es auch noch andere elementare Dinge, die Ihr Wohlbefinden steigern können.

Nur eingefleischten Großstadtmenschen muss ich wohl noch sagen, wie frisch und energiereich man sich in der Umgebung von frischem Grün fühlt. Durch Beobachten dieses Ist-Zustandes der Natur geht es einem gut und man wird froh. Das erleben der Natur lässt sich ganz nebenbei prima mit dem Reisen verbinden, um frischen Wind zu bekommen und dadurch zu verhindern, dass man ausgebrannt wird.

Sie mögen vielleicht bei der einen oder anderen hier beschriebenen Sache lächeln, da diese Dinge eigentlich bekannt sind, doch *wie viele kümmern sich wirklich bewusst um diese Dinge?* Oder anders herum: Wie viele bleiben lieber ein Aktivist am Stammtisch, ein Opfer vor dem Fernseher, ein Zocker vor dem Computer oder ein sich eiferndes Opfer bei diversen Hintergrundinformationen aus Büchern oder dem Internet?

Ganz nebenbei können Sie Ihr inneres Gefühl wesentlich besser wahrnehmen, wenn Sie innerlich ausgeglichen, sauber, positiv und energiegeladen sind.

Zum einen ist die richtige aktive Lenkung der Zeit und der damit verbundenen Handlungen wichtig, doch zum anderen ist es auch wichtig, auf das eine oder andere zu verzichten, um glücklich und energiegeladen durchs Leben zu schreiten. Da wären einmal die runterziehenden und deprimierenden Medien zu nennen, die man sehr mit Vorsicht genießen sollte. Wenn schon unbedingt Nach-richten, dann sollte dabei äußerste Sparsamkeit angesagt sein, damit das Unterbewusstsein von der Negativität nicht völlig durchtränkt wird. Man muss dies nicht zum Frühstück, auf dem Weg zur Arbeit, womöglich noch zig mal bei der Arbeit, bei der Heimfahrt und dann noch zur späten Stunde zuhause vor der Mattscheibe machen. Auch auf die Auswahl des richtigen Mediums kommt es hier an. Es gibt inzwischen genügend Stellen (vor allem im Internet), bei denen man sich relativ unzensiert informieren kann. Aber auch hier bitte nicht alles sofort schlucken, sondern hinterfragen. Nehmen Sie vor allem Abstand von der passiven und bewusstlosen Dauerberieselung des Fernsehens, und hören Sie auf, sich von den Ablenkungen ablenken zu lassen. Wenn Sie sich etwas anschauen, dann bitte nur mit wirklichem Interesse und kritischer Anteilnahme. Auch mit der generellen alltäglichen Reizüberflutung des heutigen Lebensstils sollten Sie vorsichtig umgehen, um nicht unnötig an Kraft zu verlieren. Wenn Sie etwas Unerwünschtes lesen, wie zum Beispiel Totschlag A, Ungerechtigkeit B oder Unfall C, dann müssen Sie nicht (!) emotional daran teilhaben und sich mit selbsterzeugten negativen Emotionen selbst kaputtmachen. Besser gesagt: Sie müssen so einen nutzlosen Mist überhaupt nicht lesen. Genau so wenig kann ich die freiwillige Teilnahme an der Begutachtung des vollplappernden Werbeangebots empfehlen.

Beenden Sie Fixierungen auf das Negative und Nutzlose, denn sonst füttern Sie genau das, was Sie eigentlich nicht haben wollen. Sie haben immer die Wahl, ob Sie durch die Beschäftigung mit dem Müll, der uns zum Fraß vorgeworfen wird, selbst anfangen, Müll auszusenden und damit etwas später genau das fördern und erzeugen, worüber Sie sich so herzzerrissen aufgeregt haben, oder ob Sie den anderen Weg gehen und zu einem Exempel für den neuen, entwickelten Lebensstil werden, was dann wirklich was nützt.

Viele wollen zwar nicht, dass dies oder jenes schlechter wird, richten aber beständig ihre eigene Energie auf das Schlechte, was damit zur Folge hat, dass das Schlechte auch beständig wächst. Damit nun aber auch tatsächlich das *geschieht*, was die Menschen wirklich *wollen*, müssen die Menschen beständig ihre Aufmerksamkeit auf das Positive richten, damit das Positive auch wirklich anfängt, beständig zu wachsen. *Das ist positives Arbeiten, um Positives zu erschaffen*, was darauf hinaus führt, sich aus der künstlichen Matrix auszuklinken und sich wirklich nur mit dem zu beschäftigen, was einem gut tut und woran man Freude hat. Dieses Ausklinken aus der künstlichen Matrix haben die Ps in dem von Barbara Marciniak gechannelten Meisterwerk „Boten des Neuen Morgens" auf den Punkt gebracht: *„Wenn ihr euch wirklich entwickeln wollt, lest keine Zeitungen, hört nicht Radio und seht nicht fern. Wenn ihr eine Zeitlang ohne Massenmedien lebt und euch loslöst von der Frequenz von Chaos, Angst, Stress, all dem Hin und Her, den Versuchungen aller Art, die ihr nicht braucht, so werdet ihr langsam klar. Ihr beginnt zu hören, was in euch vorgeht, beginnt, in der Welt zu leben, ohne notwendigerweise darin verloren zu sein."* [23, S. 134 und 135]

Gereizt werden wir auch durch den umherschwirrenden Elektrosmog. Wundern Sie sich nicht, dass Sie zu diesem Thema keine großen öffentlichen Diskussionen oder Aufschreie, wie beispielsweise beim Rauchen, erleben, denn: *„Traue keiner Statistik, die du nicht selbst gefälscht hast."* Unterdrückt gehaltene Studien über die Gefahr durch Handys und Elektrosmog gibt es genug. Aber ich will jetzt nicht weiter über Manipulations-, Kriegsführungs- und Überwachungsmechanismen lästern, denn das gehört sich ja heutzutage nicht, wie Sie wissen.

Nun möchte ich Ihnen noch einen Aspekt über die Betrachtungsweise von Materie vorstellen, der Sie entweder faszinieren oder schockieren wird. Die russische Ärztin und Leiterin der medizinischen Auswahlkommission für die sowjetischen Kosmonauten, Galina Schatalova, hat neben einer interessanten Betrachtung der menschlichen Ernährungsweisen, sehr aussagekräftige Ergebnisse von wissenschaftlichen Untersuchungen geliefert, was sie in ihrem Buch „Wir fressen uns zu Tode" dokumentiert hat. In einem dieser Experimente ging es um die Ernährung von neugeborenen Mäusen. Bei der Ernährung mit natürlicher Milch wuchsen die neugeborenen Mäuse prächtig. Gab man den neugeborenen Mäusen jedoch ein künstliches Gemisch, das zwar chemisch gesehen die gleiche Zusammensetzung wie die natürliche Milch hatte, jedoch nicht aus lebender Substanz gewonnen wurde, dann starben die Mäuse reihenweise. Die Lebensdauer war hierbei sogar kürzer als bei der „Ernährung" mit reinem Wasser. Was kann man nun aus diesem (nicht ganz so netten) Experiment folgern?

Ich denke, dass Materie wesentlich mehr ist als nur die bloße chemische Zusammensetzung von Teilchen. Die „Energie" vom Bewusstsein des Tieres, welches die natürliche Milch anfertigte, scheint in der Milch gespeichert worden zu sein. Diese gespeicherte (Lebens-) Energie gab der Milch lebendige Vitalität, welche für die neugeborenen Mäuse von essenzieller Bedeutung war.

Diese Thematik kennen wir auch beim Brot und bei Backwaren. Ich denke, dass viele den Unterschied zwischen dem lustlos und langweilig schmeckenden „Fließband-Fabrikbrot" und dem persönlich gebackenen Brot, bei dem mit Freude und Spaß gebacken wurde, kennen. Man sagt ja, dass ein selbstgebackenes Brot oft „mit Liebe" gebacken ist. In diesem Sinne sollten wir „die Fabrikation" der Nahrung in unserer Zivilisation vielleicht mal hinterfragen und überdenken.

Nach dem heutigen Stand der Physik kann man ja Materie als stehende Wellen sehen. Wellen sind aber im Grunde nichts anderes als Energie. Eigentlich existiert nur Energie, jedoch die unterschiedlichsten Arten von Energie. Weiterhin wissen wir, wie beispielsweise aus der Funk- und Informationstechnik, dass Wellen Träger von Informationen sind. Aus dem eben genannten Beispiel von Frau Schatalova haben wir erfahren, dass Bewusstseinsinformationen in Materie gespeichert werden (eingefrorene Informationen).

Mit diesem Wissen als Hintergrund frage ich Sie nun, was geschieht, wenn ein Tier geschlachtet wird? Die ganze Angst und der ganze Todesschmerz wird im Fleisch gespeichert und von dem, der das Fleisch später isst, eingenommen. Bei Tieren, die zu Lebzeiten „gut" behandelt wurden und ein „glückliches" Leben geführt haben, mag es ja noch eher gehen, da man dem Tier nicht nur genommen, sondern auch gegeben hat und es hierbei energetisch nicht ganz so schlimm wie beim heutigen Massennutztier ist. Doch wie ist es bei Tieren, die ihr ganzes Leben lang nur gelitten haben? Möchten Sie diese Energien in Ihrem Körper integrieren? Denken Sie darüber nach!

Die Tatsache, dass Bewusstseinsenergie in der Materie sozusagen gespeichert bleibt, ist übrigens auch beim Wohnen interessant. Die Energie, welche die dort lebenden Menschen aussenden, bleibt in den Wohnungen und Häusern gespeichert. Da heutzutage in der Gesellschaft wohl die Menge an dunkler Energie der hellen Energie überlegen ist, sollte man bei der Auswahl einer neuen Wohnung oder eines neuen Hauses gleich neunmal hinfühlen. Diese Sache ist mit ein Grund, warum man es in einigen Wohnungen oder Häusern nach einiger Zeit kaum mehr aushalten kann.

Neben der energetischen Verseuchung von Fleisch durch die Angst und den Todesschmerz des Tieres, gibt es noch zahlreiche andere Gründe, warum Fleisch nicht das Nonplusultra unserer Ernährung ist. Wenn Sie wissen wollen, wie der menschliche Körper auf Fleisch reagiert, was langjährige Studien zum Fleischkonsum sagen und ob der Mensch physiologisch überhaupt ein Fleischesser ist, so kann ich Ihnen das Buch „Vegetarisch leben" von Armin Risi und Ronald Zürrer hierzu empfehlen. Das komplette Buch kann man übrigens im Internet unter www.vegetarischleben.ch kostenfrei lesen. Wir sollten bei der Diskussion über den Fleischkonsum übrigens nicht nur an uns selbst denken. Betrachten wir „zur Auflockerung" noch ein paar agrarwirtschaftliche Fakten (alle Zitate stammen dabei aus dem eben genannten Buch):

- *„Laut amtlichen Angaben des Landwirtschaftsministeriums der Vereinigten Staaten werden in Amerika über 90% des angebauten Getreides an Schlachttiere (Rinder, Schweine, Schafe, Hühner usw.) verfüttert."* [27, S. 35]

- *„Alle Schlachttiere auf der ganzen Welt zusammengenommen verbrauchen eine Futtermenge, die dem Kalorienbedarf von 8,7 Milliarden Menschen entspricht – das ist mehr als die gesamte Weltbevölkerung!"* [27, S. 35]

- *„Um ein Rind ein Jahr zu mästen, benötigt man 0,5 ha Land. Nach einem Jahr erhält man von diesem Tier rund 300 kg essbares Fleisch. Hätte man während dieses Jahres auf derselben Fläche Getreide oder Kartoffeln angepflanzt, hätte man (mit Bio-Anbau) mindestens 2000 kg Getreide bzw. 15 000 kg Kartoffeln ernten können!"* [27, S. 36]

- *„Ein einziges Steak von 225 Gramm enthält so viel Pflanzenenergie, wie benötigt wird, um einen Tag lang rund 40 hungernde Menschen zu ernähren!"* [27, S. 36]

Doch nicht nur die Kalorienverschwendung bei der Tierhaltung ist gigantisch, auch unser Planet leidet gewaltig am brachialen Flächenverbrauch für den Anbau von Futtermittel. *„Als Beispiel sei der in Thailand angebaute* *und hauptsächlich für die europäische Schweinemast bestimmte Maniok genannt – eine Kulturpflanze, aus deren Wurzelknollen das Tapiok-Stärkemehl gewonnen wird. Seit 1979 wurde in Thailand der Anbau von Maniok verdreißigfacht, während gleichzeitig der Wald von 72 auf 10 % der Landfläche schrumpfte! Knapp die Hälfte der Kleinkinder im Hauptanbaugebiet des Maniok sind unterernährt, über ein Zehntel haben Mangelerscheinungen, und jährlich sterben 60 000 thailändische Kinder an Hunger."* [27, S. 39]

Nicht nur in Thailand sind die Regenwälder Opfer der westlichen Tierhaltung. Im Amazonasgebiet wird der Regenwald gerodet, damit Soja angebaut werden kann, das dann als Futtermittel für die europäische Landwirtschaft dient. *„Für einen einzigen Hamburger müssen vier bis fünf Quadratmeter Regenwald in Weide- oder Ackerland umgewandelt werden, das binnen zwei bis drei Jahren zur Wüste wird."* [27, S. 42] Dieses Problem gibt es auf deutschen Bio-Bauernhöfen übrigens nicht.

Udo Brückmann schreibt:
„Eine Sünde ist es auch, nicht nur die Menschen, sondern auch die Tiere in bewertende Klassen einzuteilen: Tiere zum Essen und Tiere zum Liebhaben. Ich selbst pflege bei einer unsachlichen, provokanten Frage, warum ich denn nicht zu einem ‚ordentlichen Stück Fleisch' greifen würde, zu sagen: ‚Ich esse nur Hunde und Katzen!' Einige Zeitgenossen sind nach dieser Antwort etwas schockiert und entgegnen darauf: ‚Das ist doch ganz was anderes!' Ist es das? Gibt es Tiere erster und zweiter Klasse? ...

Sehr scharfe Gegner des fleischlosen Lebens behaupten, man würde als Vegetarier auch das lebende Gemüse töten, um es zu essen. Pflanzen aber haben kein ‚Bewusstsein' in unserem Sinne: Da sie nicht über ein zentrales Nervensystem verfügen, können sie auch keinen wirklichen Schmerz empfinden...

Wenn man einer Pflanze einen Zweig abschneidet, wächst dieser nach. Wenn man einem Fisch den Kopf abschneidet, wachsen dann Köpfe nach? Sehen Sie! Es gilt die allgemeine Regel: Man sollte nicht das essen, was Augen hat! Wenn ein Lebewesen Augen hat, hat es genügend Bewusstsein, um wirklichen Schmerz zu empfinden. Augen sind der ‚Spiegel der Seele'." [28, S. 164 und 165]

Es würde mich interessieren, wie viele Fleischesser es noch geben würde, wenn alle das jeweilige Tier mit eigener Hand töten, enthäuten und zerlegen müssten. Ich glaube, dass ein großer Teil der Menschen nicht zu einem solch grausamen Morden in der Lage wäre. Aber nein, vornehm wie man heute ist, greift man zu den verpackten Leichenteilen in der Ladentheke, und wenn jemand im Supermarkt über die Zustände bei der Haltung der Tiere in den Internierungslagern oder über den Tötungsvorgang spricht, dann wird diese Person oft zum Schweigen verdonnert. Die Tatsachen will man dann nicht wissen.

Wie es all den Wesen geht, die wir ohne jeden Respekt behandeln, brauche ich Ihnen nicht zu erzählen. Ich denke, das wissen Sie. (Falls nicht, so können Sie unter http://veg-tv.info/Earthlings, unter www.grausame-wahrheit.de.vu oder unter www.stimmen-der-tiere.de sehen, wie real die Realität wirklich ist.) Sollte ein Teil der Menschheit die gegenwärtige Phase der ausufernden Verschlechterung überstehen, und davon bin ich überzeugt, dann wird man im neuen Zeitalter mit äußerster Schande unseren derzeitigen Umgang mit dem Leben betrachten.

„Alle Wesen zittern vor der Bestrafung.
Allen ist das Leben teuer.
Vergleicht man andere mit sich selbst,
sollte man weder töten
noch Grund zum Töten geben."
Buddha

Kapitel 16
Schmerz lass nach!

Wenn man dauerhaft ein unnatürlich-falsches Verhalten an den Tag legt, dann klingelt irgendwann der Schmerz an der Haustür. Gerade durch den Schmerz werden wir vom Leben darauf hingewiesen, dass wir unser Verhalten irgendwo ändern müssen, weil es so wie bisher anscheinend nicht mehr weitergeht. Ohne den Schmerz würden wir uns nicht ändern und immer schlimmer werden. Dies hätte am Ende zur Folge, dass das gesamte Universum entarten und zusammenbrechen würde, weil sich ein falsches Verhalten ohne den Schmerz nicht ändern würde. Der Schmerz bei sogenannten „negativen Situationen" ist also ein *wichtiger*, nützlicher und durch nichts zu ersetzender Teil im Fundament dieser Realität.

> **„Ein Charakter entwickelt sich nicht in Behaglichkeit und Ruhe. Nur durch die Erfahrung von Problemen und Leid kann die Seele gestärkt, der Blick geklärt, der Ehrgeiz geweckt und der Erfolg erreicht werden."**
> *Hellen Keller*

Gerade aus den unangenehmen Lektionen im Leben lernen wir am meisten. Der Schmerz, der ausgelöst wird, zeigt uns, wie dringlich eine Änderung vonnöten ist und gleichzeitig auch, wie wir es besser machen sollten. Dies sind Lektionen, die wirklich sitzen. Natürlich haben wir auch die Wahl zur Änderung, bevor der Schmerz auftritt, doch das liegt immer an uns. Es besteht immer die Möglichkeit, schmerzvolle Schicksalsschläge abzuwenden, *bevor* sie eintreten. Damit kann man sich einen Haufen Leid ersparen.

> „Wenn Ihr Eure Augen nicht braucht, um zu sehen, werdet Ihr Sie brauchen, um zu weinen."
> *Jean Paul Sartre*

Nach dem Eintritt eines Schicksalsschlags wünscht man sich allerdings, dass dieser nicht eingetreten wäre und dass man sich selbst geändert hätte, bevor es „zwölf" wurde:
- Erst wenn das Leben am seidenen Faden hängt, wollen viele doch plötzlich etwas über das Jenseits wissen.
- Verlässt die Aufmerksamkeit die Pflege des eigenen Körpers, so wird irgendwann irgendetwas wehtun, und dann setzt der Prozess des Bereuens ein.
- Erst wenn einem die geliebte Frau weggerannt ist, kommen Gedanken, ob es gut war sich ausschließlich auf die Karriere zu fixieren.
- Erst wenn es gewaltige Ernteverluste oder kolossale Verluste von Menschenleben durch Naturgewalten gibt, fangen viele an, sich Gedanken über Naturschutz zu machen. Ob dann aus Gedanken auch Taten werden, ist aber eine ganz andere Frage!
- Erst im Krieg wird vielen bewusst, was Friede überhaupt bedeutet.
- Und ganz aktuell: Wohl erst durch den Wegfall grundlegender Rechte und Freiheiten sowie durch die Implantierung von Chips in den menschlichen Körper, ausgelöst durch ein sehr großes inszeniertes „Problem" im Problem-Reaktions-Lösung Schema, wird vielen erst klar werden, wie wichtig es ist, die eigene Verantwortung nicht aus den Händen zu geben und das eigene Denken wie auch das persönliche Leben gezielt selbst zu lenken.

Im Grunde ist die Änderung, bevor es zu spät wird, einfacher und erträglicher als das Hindurchgehen durch den Schmerz, jedoch setzt dieser Wechsel voraus, dass man selbst die große Änderung vollzieht und damit der drohenden Katastrophe vorbeugt. Da dies für viele unmöglich erscheint, werden diese auf dem schmerzvollen Umweg dazu gezwungen, sich zu verändern, damit das, was aus dem Lot geraten ist, wieder in vernünftige Bahnen kommt. Spätestens wenn das Leben droht zusammenzubrechen, wird man darauf aufmerksam gemacht, dass es so wie bisher einfach nicht mehr weitergeht.

„Wer sich nicht verändert, der wird verändert."
Jo Conrad

Durch den Schock eines Schicksalsschlages beginnen viele Leute, über den bisherigen Lebensstil nachzusinnen, und einige ändern sich sogar. Falls eine sinnvolle Änderung eintritt, dann hat der Schicksalsschlag seinen Zweck erfüllt, und der Mensch fängt wieder an, in einem richtigen Lebensstil zu leben.

Kluge Menschen handeln, *bevor* es brenzlig wird.
Unvernünftige Menschen werden durch den Schmerz
zum Handeln *gezwungen*.

Persönliche Schicksalsschläge, die einen zur Änderung zwingen, können von gesundheitlichen „Hinweisen" über Unfälle bis hin zu familiären Problemstellungen reichen. Schmerzvolle Wege tauchen bei falschen Lebensweisen aber nicht nur im persönlichen Bereich, sondern auch im Bereich einer großen Gruppe oder gar Spezies auf, was dann beim Unwillen zur Änderung auch planetare Schicksalsschläge nach sich ziehen kann. Dies kann beispielsweise bei Missachtung der natürlichen Gegebenheiten aufbrausende Naturgewalten oder bei völlig entarteten Zivilisationsformen auch eine aufgezwungene Beendigung dieser Zivilisationsformen bedeuten.

Die bedeutendste Krankheit, welche derzeit an der Menschheit lastet, ist die höchste Form der Kriegsführung, welche von diversen „Interessensgruppen" ausgeführt wird. Die „Interessensgruppen", die diese Krankheit der Menschheit ausbrechen lassen, sind aber nur der Symptomkeim, welcher die symptomalen Auswucherungen (die Neue Weltordnung) auslöst. Die Ursache für diese Krankheit liegt aber nicht bei den verborgenen Interessensgruppen. Die Ursache sind **wir**, und wie bei allen Krankheiten gilt auch bei der höchsten Form der Kriegsführung: Erst wenn die Ursache der Krankheit geheilt ist, verschwindet die Krankheit endgültig. Ist die Ursache der globalen Krankheit, also dass die Menschheit aufgrund der niedrigen Eigenentwicklung die Mechanismen der höchsten Form der Kriegsführung freiwillig mitmacht, erst mal geheilt, dann brauchen wir uns auch nicht mehr mit wildwüchsig-auswuchernden Symptomen zu beschäftigen. Damit es auch zur endgültigen Heilung kommt, braucht die Masse wohl noch eine kräftige Heilkrise.

Das Interessante beim derzeitigen Durchschreiten der symptomalen Auswucherungen dieser Krankheit ist, dass der Druck, den diese Auswucherungen, wie zum Beispiel der 11.9. und der entartete Überwachungs- und Machtwahn, auslösen, effektiv zur Heilung der Ursache beitragen, nämlich dass das Bewusstsein von immer mehr Menschen aufwacht. Oder wie Jan van Helsing es ausdrückte: *„Die Kraft, die stets das Böse will und am Ende doch das Gute schafft"* – die nämlich *ungewollt* zur Heilung der Ursache beiträgt.

„Auch aus Steinen, die dir in den Weg gelegt werden,
kannst du etwas Schönes bauen."
Erich Kästner

Die Symptome (die Neue Weltordnung) oder den Symptomkeim (die Interessensgruppen) zu bekämpfen, ist meiner Meinung nach ohne Sinn, da es nichts daran ändert, dass die Krankheitsursache weiter existiert. Solange die Ursache dieser Krankheit, also das überaus unterentwickelte und labile Gesamtbewusstsein der Menschheit, weiter existiert, wird es immer und immer wieder Interessensgruppen geben, die diesen Zustand für sich ausnutzen möchten und auch werden. Das Einzige, was wir also wirklich tun sollten, ist, an uns selbst zu arbeiten und die tatsächliche Ursache für das Dilemma der Menschheit durch tatkräftige Eigenentwicklung aufzulösen.

„Die Welt wird nicht bedroht von den Menschen, die böse sind,
sondern von denen, die das Böse zulassen."
Albert Einstein

Jeder Einzelne ist mit verantwortlich für die Krankheit der höchsten Form der Kriegsführung hier auf der Erde, und damit die Krankheitsursache Schritt für Schritt umgewandelt und neutralisiert werden kann, sollte man dort ansetzen, wo man auch wirklich etwas erreichen kann: bei sich selbst und dem eigenen Leben. Der erste Schritt besteht darin, sich gewahr zu werden, dass man die völlige Verantwortung für *alles*, was im eigenen Leben geschieht, selbst übernimmt. Die Opferrolle muss man selbst (!) also erst mal für vollständig beendet erklären.

Der zweite Schritt besteht dann darin, diese Verantwortung bewusst zu nutzen, also anzufangen, ein positives und lebensförderndes (konstruktives) Leben zu führen und das eigene Leben und sein eigenes Verhalten Schritt für Schritt zu optimieren. Dies geht aber nur, wenn wir uns selbst ändern, und davor hat die überwiegende Zahl der Menschen eine grauenhafte Angst.

Die kursierenden Ängste betreffen aber nicht nur das Gebiet notwendiger Veränderungen. Vor allem Möglichen hat man heute Angst, unter anderem auch Angst davor, Risiken einzugehen. Nun: *Das ganze Leben ist lebensgefährlich!* Insofern hätte man sich eigentlich gar nicht entscheiden dürfen zu inkarnieren, da wir hier ständig unter Lebensgefahr schweben.

**„Es gibt keine wirkliche Sicherheit im Leben,
aber unheimlich viel Angst, sie zu verlieren."**

Tja, da wir jetzt nun doch inkarniert sind, haben wir nun den Obstsalat in der Lebensschüssel! Die Frage, die sich mir beim Obstsalat nun stellt, ist, ob wir bereit sind, uns die tollen Früchte darin zu holen und es uns schmecken zu lassen oder ob wir weiter nur in die Schüssel starren und so nur das Ferne sehen, anstatt aktiv am Leben teilzunehmen.

Jetzt noch schnell den Ausgang des Universums zu suchen oder sich vor aufregenden Erfahrungen zu verkriechen, hat keinen Wert. Wir alle haben uns im Jenseits dazu entschieden, genau hier und genau jetzt zu inkarnieren, und dies mit Sicherheit aus guten Gründen. Und dieser gute Grund liegt nicht darin, uns vor lauter Sorgen in die Hosen zu machen, sondern der Lebenszweck schlechthin sagt uns, dass wir leben, wachsen und die eigene Berufung verwirklichen sollen. Stellen Sie sich einmal vor, wie trostlos, langweilig und sinnlos das Leben ohne Veränderungen wäre. Leider ist es aber so, dass bei einer großen Anzahl von Menschen die Dynamik des Lebens fast vollständig zum Erliegen gekommen ist. So leid es mir tut, aber diesen Menschen wird der Ruck der weltweiten großen Umwälzungen gut tun.

Diese Umwälzungen vergleiche ich immer mit einem Erbrechen. Zuerst baut sich eine quälende Übelkeit auf, die dann auf dem Höhepunkt, dem Erbrechen, entladen wird. Einige nennen dieses Erbrechen auch „die große Reinigung". Wer ein bestimmtes Grundmaß an Eigenentwicklung, Vernunft und Charakter im Umgang mit dem Leben und dem Planeten mitbringt, wird hier bleiben. Wer dies nicht aufbringen kann, muss gehen.

Damit die drückende Krankheit, die auf der Menschheit lastet, geheilt wird, muss diese Krankheit wohl erst richtig ausbrechen und die Menschheit durch diese Krankheit hindurchschreiten. Das große Erbrechen beziehungsweise die große Reinigung ist im Gesamten nicht schlimm, sondern *dringend* notwendig. Würde dies nicht geschehen, so würde dies bedeuten, dass die Masse an Opfern, die sich voller Genuss steuern lassen, so weiter machen könnte wie bisher. Dies würde heißen, dass wir Menschen uns weiter bis zum letzten Atemzug bekämpfen und das Juwel, auf dem wir wohnen, bis zum Exzess ausbeuten würden. Ich denke, dass wir in diesem Fall in allerspätestens 200 Jahren (und dies ist sehr optimistisch) einen nahezu leblosen Planeten namens Erde haben würden. Der Zweck der großen Reinigung ist es, diesen Planeten von denjenigen (aufgrund deren Taten) zu reinigen, die nicht mehr hierher gehören und diejenigen, die nicht sehen wollen, was immer sichtbarer wird, teilweise bis ins Knochenmark durchzurütteln, damit diese Schlafmützen auch mal zu Bewusstsein kommen. Die große Reinigung ist somit oberflächlich gesehen zwar etwas furchtbar Schlimmes, gesamtheitlich gesehen aber gut und notwendig. Dazu fällt mir noch eine Frage ein: Können Sie sich vorstellen, wie das globale Lernen, das aus der großen Reinigung entwächst, sich auf das morphogenetische Feld der Menschheit auswirkt?

Wie derb nun die große Reinigung ausfällt, liegt aber an uns. Sollte doch noch ein Ruck durch die breite Masse gehen und der hundertste Mensch ohne die großen hereinbrechenden Ereignisse erreicht werden, dann wäre sicher ein großer Teil der Prophezeiungen bezüglich dem großen Erbrechen hinfällig.

Um nun noch möglichst viele innerhalb der gesteuerten Matrix zu einem Ruck zu bewegen, müssen möglichst viele, die schon aus der gelenkten Matrix ausgestiegen sind, möglichst stark an der eigenen Kartoffel waschen (wenn Sie sich noch an die Analogie im Experiment mit dem hundertsten Affen erinnern können), damit immer mehr andere Menschen auch anfangen, an der eigenen Kartoffel zu waschen. Dies bedeutet in erster Linie sich selbst und sein Leben auf Vordermann zu bringen, also sich entsprechend den eigenen Interessen ausgiebig zu informieren, zu tun und einen Gang höher zu schalten, anstatt vor sich hin zu kriechen oder gar stehen zu bleiben. In zweiter Linie heißt dies auch, bei persönlichen Gesprächen mit anderen selbst stets die Wahrheit (falls in den eigenen grauen Zellen vorhanden) auszusprechen und die anderen dann selbst entscheiden zu lassen, ob sie in Lüge oder Wahrheit leben wollen. Für aufgeweckte Geister ist es jedoch alles andere als einfach, die weitflächig eingepflanzten Lügen zu beobachten.

Die größte Herausforderung für diejenigen, die sehen wollen, ist es, diejenigen zu beobachten, die nicht sehen wollen.

Die eigene Meinung sollte nicht versteckt bleiben, denn wenn immer mehr Menschen Verantwortung übernehmen und zu ihrer eigenen Meinung stehen, dann wird es immer schwieriger, Handlungen umzusetzen, die einem Machtmissbrauch entspringen. Das beruht darauf, dass „denen" nichts anderes übrig bleibt, als immerzu verborgen zu bleiben und verdeckt zu agieren. Werden bestimmte destruktive Machenschaften mehr und mehr publik, so wird man diese Machenschaften entweder schlecht oder gar nicht mehr durchführen können. Manipulatoren, die von der Dunkelheit aus agieren, können von der Dunkelheit aus zwar tun und lassen was sie wollen (inklusive der Konsequenzen durch die geistigen Gesetzmäßigkeiten), doch bringt man Licht in die Dunkelheit und stellt die Manipulatoren und deren Taten somit bloß, so können diese nicht mehr umsetzen, was sie sich sooo sehr wünschen. Daher ist die Weiterverbreitung von Hintergrundinformationen vom Ansatz her nicht zu verachten.

Doch wenn man Wissen vermitteln will, ist es angebracht, dies mit Bedacht zu machen. „Mit Bedacht" Wissen raus zu lassen, ist deshalb so wichtig, da gewisse Dinge für einige nicht ganz so aufgeweckte Gemüter wie eine tickende Bombe sind und in den falschen Händen explodieren können. Leuten Dinge anzuvertrauen, mit denen sie nicht umgehen können, richtet großen Schaden an, obwohl man es ursprünglich nur gut meinte. Daher ist es wichtig, sich im Klaren darüber zu sein, wem man was anvertrauen kann, ohne späteren Schaden anzurichten. Außerdem sollte man sich nicht dafür verantwortlich fühlen, andere aus der künstlichen Matrix herauszufischen, denn auch und gerade hier gilt, dass jeder für sich selbst verantwortlich ist. Wohl aber kann und sollte man der Situation angemessene kritische Impulse äußern.

**„Jedes Wort hat ein Echo.
Jedes Schweigen auch."**
Jean-Paul Sartre

Generell sollte man aber nur das Wissen an die Menschen weitergeben, die das jeweilige Wissen gerne annehmen. Wenn Sie den jeweiligen Menschen durch das jeweilige Wissen glücklich machen können, dann geben Sie diesem Menschen das Wissen. Sollten Sie hingegen versuchen, durch Kampf und Aufdrängen Ihr gesammeltes Wissen unters Volk zu bringen, dann sind Sie definitiv auf dem falschen Dampfer, denn wenn Sie beginnen, einen Kampf für Ihre Sache aufzunehmen, dann werden Sie weniger erreichen, als wenn Sie nichts tun. Wir haben in einem vorangegangenen Kapitel gelernt, dass die Aufmerksamkeit die Energie lenkt, und wenn Sie nun die Aufmerksamkeit auf den Kampf zur Wissensverbreitung lenken, anstatt auf die Sache selber (das Wissen), dann wird Ihr Kampf beständig an Größe und Macht gewinnen bis der Kampf Sie völlig eingenommen hat. Bei aufdringlicher Wissensvermittlung neigen die Menschen nämlich dazu, Ihnen aus dem Weg zu gehen, anstatt Ihnen zuzuhören.

Sollte man mit dem Typus in Berührung geraten, der um jeden Preis fremdgesteuert bleiben will, seinen Zustand mit aller Gewalt verteidigt und alles, was neu oder anders ist, von Grund auf ablehnt, dann kann ich nur empfehlen: Finger weg, denn man sollte die Perlen nicht vor die Säue werfen und seine Zeit und Energie nicht sinnlos vergeuden!

„Let the people believe, what they need to believe."
Ps

Das Einzige, was einem da noch übrig bleibt, ist, diesen Leuten noch viel Spaß und alles Gute zu wünschen. Alles Gute wünsche ich Ihnen in einem anderen Zusammenhang auch bald, doch zuvor wird noch alles...

Kapitel 17
Auf den Punkt gebracht

Am Anfang dieses Buches habe ich Ihnen mit dem Zitat *„Der Mensch hält die Grenzen seiner Denkfähigkeit für die Grenzen des Universums"* von Artur Schopenhauer gezeigt, dass wir meist nur das annehmen können, was unser bisheriges Weltbild stützt und bestätigt. Nun stellt sich natürlich die Frage, was es denn ist, was die Grenzen unserer eigenen Denk- und Wahrnehmungsfähigkeit festlegt. Einerseits ist dies unser persönlicher Entwicklungsstand innerhalb unserer Gesamtexistenz (geistige Reife), andererseits spielt es aber auch eine Rolle, in welchem äußeren Umfeld wir unsere ersten Lebensjahre verbracht haben. Ich denke da an die soziale Umgebung, in der wir aufgewachsen sind und bisher gelebt haben. Also an das, was unsere Eltern, Freunde und Verwandte uns gelehrt oder auch eingetrichtert haben. Aber auch in der Schule, von den Religionen und insbesondere aus den Medien werden wir auf das programmiert *was ist und was nicht ist* und *was sein darf und was nicht sein darf*. Die Standards für unsere Auffassung von der Welt werden dort festgelegt – doch bedeutet dies gleichzeitig, dass diese Standards auch wahr sind??? Nur weil zu unserer Geburt dies oder jenes der Status quo war, heißt dies nicht, dass alle Teile dieses Status quo der Wahrheit entsprechen und dass wir alles davon akzeptieren müssen.

Viele Menschen können zudem nur das für ihr Weltbild anerkennen, was sie er-fassen (greifen) können. Man glaubt nur das, was man sieht. Bei einer entsprechend großen prozentualen Menge an solchen Menschen in der Bevölkerung ist es ein Leichtes, die Bevölkerung subtil zu dirigieren, wenn man es nur entsprechend verdeckt und unsichtbar macht. Das Gedankenbild des genormten Bürgers grenzt zudem Dinge, die gesellschaftlich nicht existieren *dürfen*, aus und bejubelt andererseits das, was dem genormten Gedankenbild entspricht. Hauptsache man geht mit der offiziellen Meinung mit – alles andere ist unwichtig! Diese Besessenheit dem Offiziellen gegenüber ist auch der Grund, warum sich sehr viele Menschen wortwörtlich lieber für den Tod entscheiden, als sich der Wahrheit zu öffnen. Doch wer das Offizielle aus ganzem Herzen liebt, der braucht sich nicht zu wundern, wenn Menschen aus dem Hintergrund heraus anfangen, das Offizielle zu ihren Gunsten zu gestalten.

Ich habe Ihnen in den vorherigen Kapiteln die Ursache-Wirkungskette erklärt (Denken → Worte → Handlungen → Gewohnheiten → Charakter → Schicksal) und gezeigt, wie über diese Kette Realitäten ganzer Bevölkerungen (diejenigen die unter dem A-Volk stehen) gesteuert werden können – wenn man will. Was man dazu tun muss, wenn der Wille vorhanden ist, mündet in der höchstmöglichen Art und Weise, einen Krieg gegen einen Gegner oder eine Gruppe zu führen. Doch vorhanden sein muss nicht nur der Wille zur Manipulation im kosmischen Maßstab, sondern auch manipulierbare Gegner. Ist beides vorhanden, kann's auch schon los gehen!

Dem Gegner wird das Wissen um die geistigen Gesetzmäßigkeiten genommen, und er wird dazu gebracht, von sich aus diese so oder so vorhandenen geistigen Gesetzmäßigkeiten gegen sich selbst anzuwenden. Es ist der Krieg, in dem der Gegner nicht hauptsächlich von anderen eliminiert wird, sondern sich und sein ganzes Leben selbst zugrunde richtet.

Das zu erreichende Ziel liegt darin, den Gegner zu steuern, ohne dass der Gegner dies wahrnimmt und ohne dass dieser sich der Existenz des Manipulators bewusst ist. Grund: Jemanden, der sich im Dunkeln befindet, kann man nicht sehen, und wehren wird sich ein Gegner nur gegen jemanden, den er erkennen kann. Der Krieg wird von Grund auf so gestaltet, dass der Gegner im Krieg gar nicht auf die Idee kommt, sich zu wehren, *da er gar nicht weiß, dass überhaupt Krieg herrscht*. Daraus folgt, dass die angewendeten Waffen lautlos sein müssen, damit die Sinne des Gegners sie nicht wahrnehmen. So können die Kriegshandlungen ihre volle Effektivität erreichen. Während des Krieges muss der Gegner davon überzeugt sein, dass er selbst in ewiger Freiheit lebt, während er in Wirklichkeit in einer eingekesselten Welt lebt, in der er bekämpft und gesteuert wird.

Um nun das Leben des Gegners effektiv zu steuern, muss das gesteuert werden, worin die Ursache für alles, was im Leben des Gegners geschieht, liegt: das Denken des Gegners. Da das Denken am Anfang der Ursache-Wirkungskette im Leben steht, ist es immens wichtig, die Kontrolle darüber zu gewinnen, was und wie gedacht wird und dies entsprechend zu lenken.

Wer das Denken der Menschen lenkt, lenkt somit deren Leben, und wer in der Lage ist, lautlos und unsichtbar das Leben der Menschen zu lenken, kann diese Schritt für Schritt in jede gewünschte Richtung lenken. Das Leben aller wird sich so formen, wie der Manipulator es sich wünscht, und geschieht dies verdeckt, so ist die ewige, totale Kontrolle perfekt, da sich ein Unwissender unmöglich gegen etwas wehren kann, von dem er nicht weiß, dass es existiert. Damit befinden wir uns auch in der vollendeten Art und Weise, einen Krieg zu führen, und dieser Krieg hat Aussichten auf einen *ewigen Erfolg*, solange der gesamte Mechanismus für die Bekämpften nicht wahrzunehmen ist.

Damit nun das Denken des Gegners unbemerkt in die Hände des Manipulators gelangen kann, bedarf es gewisser Vorarbeit. Der Gegner muss in einer Realität eingebettet sein, die ihn nicht aufbaut und fördert, sondern schwächt und zerfrisst. Einen schwachen Gegner kann man eben leichter manipulieren als einen starken und selbstbewussten Gegner. Insgesamt lässt sich sagen, dass das Ideal eines vollständig lenkbaren Gegners in einem durch vielfältigste Schwächungen auf die Grundfunktionen runterreduzierten Menschen besteht, der als funktionelle Einheit daran beteiligt ist, die künstliche Matrix zu erhalten und somit von sich aus den Teufelskreis erzeugt und erhält, der ihn geistig völlig gefangen hält. Um nun einen geschwächten Gegner zu erhalten, muss dieser mental, emotional und körperlich kaputt gemacht werden – subtil versteht sich. Solche Schwächungen des Gegners könnten beispielsweise sein:

- Essen, welches lethargisch, träge und unrebellisch macht, also die Opfer dämpft, für gut verheißen, gezielt fördern und dafür werben.

- Nicht Lethargie erzeugendes und gesundes Essen dahingehend manipulieren, dass es nach der Manipulation lethargisch wirkt.

- Essen und Trinken mit Zusatzstoffen versehen, welche den Körper schädigen, das Denkvermögen hemmen sowie fügsam und unterwürfig machen und diese Produkte öffentlich für gut verkaufen.

- Heilmethoden und Naturstoffe, die den Menschen stärken und aufbauen sowie effektiv, kostengünstig und nebenwirkungsfrei sind, das Leben möglichst schwer machen oder bei ernsthafter Gefahr für vorherrschende destruktive Methoden einfach verbieten.

- Möglichst tägliche Benutzung einer technischen Sende- und Empfangseinrichtung vom Gegner selbst, dessen Strahlung die Organe beschädigt, welche am wichtigsten für eine „weitreichende" Entwicklung des Bewusstseins sind. Diese technische Sende- und Empfangseinrichtung muss natürlich möglichst nah an diesen Organen benutzt werden, damit eine größtmögliche Schädigung eintritt und hochentwickelte Fähigkeiten im Keim erstickt werden. Die Frequenz, mit der diese Einrichtung sendet, ist dabei so zu wählen, dass sie einem ganzzahligen Vielfachen der Frequenz entspricht, die den Mensch am stärksten schädigt.

- Frühestmögliche Eininjizierung von giftigen Cocktails, die im Zuge der Verdrehung als gesundheitlich förderlich verkauft werden, um eine geistig ausgedehnte und körperlich kräftigende Entwicklung zu unterbinden.

- Dogmatische Irrlehren über jenseitige Dinge unters Volk bringen, damit die Opfer leichter beherrschbar sind und die eigene persönliche Kraft und Macht nicht finden können.

- Eintrichterung von immer mehr Wünschen nach Gütern und Konsum, wodurch immer mehr auf Kredit gemacht wird. Durch diesen ausufernden Wahn wird man nie genug Geld haben, und somit hat man sich freiwillig eine entscheidende Fessel umlegen lassen. Wer immer mehr dem Durst nach einer Dauerbeschäftigung mit Gütern verfällt, wird immer weniger Zeit und immer weniger Kraft haben, um zu realisieren, was wirklich los ist. Die Sirene der Dauerberieselung führt zum Erliegen der eigenen Kreativität.

Grundsätzlich wird dem Gegner also Schlechtes als gut und Gutes als schlecht verkauft, was nichts anderes heißt, als dass der Gegner der eigenen

Vernichtung mit offenen Armen entgegenrennt. Lüge wird Wahrheit, und Wahrheit wird Lüge – es dreht sich also alles um. Dies könnte zum Beispiel so ablaufen:

- Nur durch Krieg ist immerwährender Frieden zu gewährleisten.
  (George Orwell: „Krieg ist Frieden")
- Der andauernde monotone Trott des Alltagslebens wird zu höchster Glückseeligkeit führen.
  (George Orwell: „Freiheit ist Sklaverei")
- Cool sein ist „in".
  (George Orwell: „Unwissenheit ist Stärke")

Neben der allgegenwärtigen Schwächung des Gegners, die diesem als Stärkung verkauft wird, spielen noch *die Verblendung, die Ablenkung und vor allem die Selbstschwächung des Gegners* als Hauptstrategien dieses Krieges eine bedeutende Rolle:

- Dem Gegner weismachen, dass er in völliger Freiheit lebt, während er in Wirklichkeit in einer manipulierten Scheinwelt gelenkt wird.
  Effekt: Ein Auffliegen der Operation ist nahezu unmöglich.

- Völlige Fixierung des Systems, in dem der Gegner lebt, auf das Äußere, damit die inneren Kräfte verkommen. Dies wird bis zu einer Nutzung des Gehirns von nur etwa 10 Prozent vollzogen, damit der Gegner nur mehr „funktioniert".
  Effekt: Durch die ständige Aufmerksamkeit auf das Äußere fließt die Energie nur mehr zum Äußeren hin, und folglich bleibt kaum mehr Energie für die Nutzung der inneren Kräfte und Fähigkeiten übrig. Ein in dieser Art und Weise geschwächter Gegner ist leicht kontrollier- und steuerbar.

- Dem Gegner seine eigene Machtlosigkeit in allen wichtigen Bereichen des Lebens vorgaukeln.
  Effekt: Denkt man, dass man machtlos ist, dann wird man es auch sein und keine vom Manipulator ungewollte Eigendynamik entwickeln.

- Erzeugung des Teufelskreises der selbstzerstörenden künstlichen Matrix beim Gegner, durch ständige subtile Einwirkung auf das Denken und das Unterbewusstsein des Gegners.
  Effekt: Durch das destruktive Denken und Handeln des Gegners geht dessen Leben beständig bergab.

- Einzwängen des Gegners in ein unentrinnbares Hamsterrad und Zerstörung der Stille.
  Effekt: Da ein Entfernen des Gegners aus den Manipulationen unmöglich gemacht wird, wird der Gegner die Manipulationen aus einer objektiven Sichtweise heraus nicht erkennen können.

- Weitestmögliche Trennung des Gegners in verschiedene Gruppen, die sich so gut es geht selbst bekämpfen.
  Effekt: Ein Höchstmaß an Schwächung des Gegners durch sich selbst.

- Dauerhafte Erzeugung von Ängsten beim Gegner.
  Effekt: Die Kraft und Macht des Gegners endet dort, wo die Angst beginnt.

- Bei offensichtlichen Problemen innerhalb der künstlichen Matrix müssen diese Probleme mit allen Mitteln „bekämpft" werden.
  Effekt: Da das, worauf man seine Aufmerksamkeit legt, auch die Energiezufuhr bekommt, vergrößert die ständige Konzentration auf das Problem das Problem selbst, und das Leben des Gegners wird für den Gegner schleichend immer unerträglicher.

- Lahmlegen von rebellierenden Gegnern; dies aber nicht durch den Manipulator, sondern durch die effektivste Gedankenpolizei, die man sich vorstellen kann: die nicht rebellierenden Gegner des Manipulators, die fest an die künstliche Matrix des Manipulators glauben und für diese bis an ihr Lebensende eintreten.
  Effekt: Ein Mindestmaß an Widerstand und Rebellion des Gegners, da die Gedankenpolizei hinter jeder Ecke lauert.

Während und nach der erfolgreichen Schwächung, Ablenkung und völligen Verblendung des Gegners kann man nun unbemerkt den Gegner in die Richtung lenken, in die man ihn haben will, und man braucht sich keine Sorgen um einen möglichen Widerstand des Gegners machen, da dieser bereits so betäubt und geschwächt ist, dass er die eigene Vernichtung strahlend empfangen wird:

- Entmachtung und Zerstörung des Gegners über den Umweg der Taktik „Problem-Reaktion-Lösung".
  Effekt: Auch Dinge, die den Gegner schädigen, werden von diesem als gut empfunden.

- Ein großer Schritt bei der Entmachtung des Gegners wird in viele voneinander isolierte Einzelschritte aufgeteilt, die scheinbar nichts miteinander zu tun haben.
  Effekt: Man kann den Gegner sachte zerstören, ohne dass dieser Kenntnis darüber gewinnt, dass er zerstört wird, und zusammen mit der Problem-Reaktion-Lösungs Taktik wird der Gegner seine eigene Zerstörung bejubeln und mit offenen Armen empfangen.

Da das Denken der Faktor ist, den man dauerhaft beherrschen muss, kann es natürlich auch nicht angehen, dass der Gegner auf Gedanken kommen würde, die über die Weide hinaus gehen. Dies würde dazu führen, dass irgendwann die Manipulation des gesteuerten Denkens zerbröckeln würde und dass der Gegner irgendwann darauf kommen würde, sein Leben nach seinen eigenen Werten zu gestalten. Solch eine Versuchung muss im Keim erstickt werden, also frühestmöglich. Der Gegner darf keinen Gedanken an solch einen Versuch verschwenden.

Dies kann man durch eine Erziehung in den Eindoktrinierungsvollzugsanstalten erreichen, die darauf ausgerichtet sind, dass man von klein auf dazu herangezogen wird, dass es nur *eine* Sichtweise gibt. Dies hat zur Folge, dass man automatisch *ein-sichtig* wird zu dem, was man offiziell gesagt bekommt. Da die Betrachtung einer Sache von mehreren Standpunkten aus, also ein kritisches Hinterfragen aller Dinge, nicht mehr möglich wird, weil der Gegner es eben nie gelernt hat, kann der Gegner auch nicht von sich aus aufdecken, was wirklich gespielt wird, weil es für ihn eben nur möglich ist, *eine* Sichtweise – also die Sichtweise, die er vom Manipulator über das Sprachrohr der Großopfer gesagt bekommt – zu erkennen. Diese jahrelange, subtile Erziehung dahingehend, dass man nur noch in der Lage dazu ist, die Dinge auf *eine* einzige Art und Weise zu betrachten, macht es für die Manipulatoren leicht, genau *die* Sichtweise in den Gegner zu implantieren, die für das Voranschreiten der höchsten Form der Kriegsführung vonnöten ist. Der Gegner wird also nach der ein-sichtigen Eindoktrination dahingehend ein-sichtig, dass getarnte Lügen, die den Gegner gezielt dorthin lenken, wo man ihn haben will, die Wahrheit sind.

Unter diesen Rahmenbedingungen wird einem vorgemacht, dass man machtlos im Leben steht und dass man hilflos allen Ereignissen ausgesetzt ist. Dies wird einem *vorgemacht*, also von der manipulierenden Instanz bewusst kreiert. Das Vorgemachte wird medial ausgestrahlt und somit in die Köpfe eingepflanzt. Der Gegner *macht* dies dann *nach* und setzt sich selbst herab.

Der Gegner fügt sich dem Vorgemachten und macht das wiederholt Vorgemachte selbst nach.

Diesen Mechanismus muss der Manipulator nur geschickt genug verschleiern und unauffällig in kleinen Schritten anwenden, und der Gegner wird tun, was der Manipulator will. Um die Vorstellungen des Manipulators, wie die Welt auszusehen hat, in den Kopf des Gegners zu implantieren und dadurch großflächig zu manifestieren, muss zuerst die Aufmerksamkeit gefangen und danach die Vorstellung verschleiert programmiert werden.

Der Gegner glaubt, dass er selbst durch eigenes Nachdenken zu diesen oder jenen Meinungen gekommen ist, welche die eigenen Entscheidungen, und damit auch das eigene Verhalten, festlegen. Der Gegner ist folglich überzeugt von den eigenen Meinungen, da er ja glaubt, ohne Zwang zu diesen oder jenen Gedanken und Meinungen gekommen zu sein. Dabei ist er nur *scheinbar* nicht durch Zwang zu den eigenen Gedanken, Meinungen und Entscheidungen gekommen, doch tatsächlich sehr wohl durch Zwang, nämlich durch Zwang, der mit der Creme de la Creme der Manipulationstechniken getarnt worden ist. Tatsächlich entscheiden sich die Entscheidungen des Gegners im Programm der künstlichen Matrix von selbst. Dies ist die psychologische Kriegsführung in der höchsten Form der Kriegsführung, in welcher der Gegner in die Richtung verführt und gelenkt wird, in die man ihn haben will.

Es ist für den Gegner völlig egal, ob die installierte Sichtweise nun eine Wahrheit, Halbwahrheit oder Lüge ist. Es ist, wie es ist, da man gelernt hat, dass es nur *eine* Sichtweise der Dinge gibt. Die künstliche Matrix erhält sich dadurch selbst und wird von Tag zu Tag fester, da ein Hinterfragen von Grund auf überhaupt nicht möglich ist.

Je älter der Gegner nun wird, desto stärker ist er mit der künstlichen Matrix verwachsen und in die höchste Form der Kriegsführung verwoben. Das bedeutet gleichzeitig aber auch, dass es für den immer älter werdenden Gegner weitaus schwieriger wird, das, was wirklich abläuft, zu erkennen. Soviel zu den theoretischen Grundlagen...

...und zurück zur Realität. Kerstin Simoné schreibt:

„Was würdet ihr empfinden bei dem Gedanken an einen Dritten Weltkrieg? Hättet ihr Angst vor einen atomaren Krieg oder dem Einsatz biochemischer Waffen?

Menschen, ihr seid wahrlich am Schlafen, denn dieser ‚Krieg', vor dem ihr so sehr Angst habt, ist bereits in seiner vollen Intensität im Gange - nur, dass ihr diesen leisen Krieg nicht mitbekommt. Er schleicht sich in einer vollkommen anderen Art und Weise in euer Leben. Er ist still und lautlos und kommt von einer ganz anderen Ebene über euch Menschen daher – über eure Art zu leben, zu kommunizieren, zu essen und euch fortzubewegen. Ihr befindet euch mittendrin, aber ihr seid derart geblendet im Geiste, dass ihr diese Kriegsmaschinerie nicht einmal wahrnehmt.

Ihr beschäftigt euch mit all den anderen Sorgen und Nöten eurer Zeit und vergesst dabei, dass ihr schon mittendrin seid in diesem Krieg der ‚Endzeit'. Sie haben euch wahrlich abgelenkt, und ihr bemerkt es nicht einmal. Es geschieht bereits, ihr habt hier auf eurer Ebene des Seins den ‚Dritten Weltkrieg', und ihr seid in eurem Geiste derart vernebelt, dass ihr diese todbringende Maschinerie nicht einmal erkennt. Dieser Krieg ist listenreich und schmerzvoll, denn er wird eure Zellen bis in die kleinsten Schichten zerstören und eurem Körper den sicheren und leisen Tod bringen. Euer Elektrosmog, eure ‚Handy-

geräte', die Computerstrahlung, eure Mikrowellengeräte, künstlich erschaffene Magnetfelder, sämtliche Geräte, die eurer Bequemlichkeit dienlich sind wie Navigationssysteme in euren Fahrzeugen, die Hochfrequenzantennen, die weltweit stationiert sind, und, nicht zu vergessen, eure Bereitschaft, euch auf dem Wege der Nahrungsaufnahme den Tod ins Haus zu bringen – dies alles ist Krieg, der euch über eure Bequemlichkeit erreicht." [29, S. 324 und 325]

Man muss in diesem Krieg also zwischen äußeren und inneren Waffen unterscheiden, wobei man jedoch übergeordnet sagen kann, dass der heutige allgemein gelebte Lebensstil eine einzige alles durchdringende Waffe ist. Die Waffen, die auf unseren Geist ausgerichtet sind, halte ich aber für die effektivsten überhaupt, da diese an der Basis von allem angreifen und so schwer zu erkennen sind. Um diesen Krieg überhaupt zu erkennen, muss man seine *Wahrnehmungsfähigkeit* massivst schärfen und einen *Blickwinkel* einnehmen, den man nirgendwo in der Welt des offiziellen Alltags gelehrt bekommt, sondern der nur durch Eigenentwicklung und Überwindung einimprägnierter Weltbilder erreicht werden kann.

„‚1984' ist heute. Und Sie haben es nicht gemerkt. Möglicherweise sollten Sie das auch nicht." [2, S. 152]
David Simon

Ich hoffe, Sie sehen allmählich, wie gefährlich und wie alles durchdringend der vollendete Krieg ist? Ist Ihnen bewusst, wie wichtig es ist, sich erst mal selbst zu informieren, um im Anschluss daran eigene Gegenmaßnahmen zu ergreifen – sprich den Marionettenfaden, an dem man hängt, zu durchtrennen, das eigene Leben vollständig in die eigenen Hände zu nehmen und dieses bewusst und erfolgsorientiert zu lenken? Dies bewirkt auch, dass damit dann das morphogenetische Feld der Menschheit einen weiteren kleinen Schritt in Richtung Durchbruch (hundertster Mensch) bei der Aufklärung und Aufhebung der weltweiten Verhältnisse gebracht wird.

Es stellt sich im Großen und Ganzen aber die Frage, wer hier eigentlich Macht über wen hat, denn wir sind es doch, die entscheiden, ob wir uns mit dem inszenierten, negativen Müll volltränken oder nicht! Dies darf man nicht vergessen. Wir entscheiden, ob wir als Opfer leben wollen und ob wir dieses selbstzerstörerische Spiel überhaupt mitmachen. Wir entscheiden und nicht die Manipulatoren! Die Manipulatoren lenken das Spiel, doch wir bestimmen, ob wir das Gelenkte ausführen und ob wir im Club der Gelenkten sein wollen oder nicht.

Ich habe Sie am Anfang dieses Buches mit ein paar Fragen gelöchert. Die wichtigste Frage habe ich Ihnen dabei aber noch gar nicht gestellt: *Warum schimpfen Sie eigentlich über das, was Sie selbst gewählt haben?*

Warum unterstützen Sie Menschen, die Ihnen über Umwege Schritt für Schritt alles nehmen?

Denken Sie dabei an all die Aspekte, die Bestandteil Ihres Lebens sind – ob nun im persönlichen Bereich oder bei Dingen im großen Stil. Egal ob das nun der Laden mit den Sinnlosprodukten ist, den Sie vielleicht immer wieder aufsuchen, obwohl Sie vor dem Kauf dessen Produkte glücklicher waren als danach, oder ob es das Magazin ist, nach dessen Lesen Sie sich energielos und niedergeschlagen fühlen. Sie entscheiden mehr in Ihrem Leben als Sie derzeit vielleicht denken, oder besser gesagt: *Sie entscheiden (unbewusst)* **mehr als Sie bereit sind zu denken.** Wie würden denn Ihre Konsequenzen sich selbst gegenüber und dem Beschimpften gegenüber sein, damit Sie nicht mehr schimpfen müssten?

Um hier mal ein paar alltägliche Beispiele zu nennen: Verweigern Sie doch zukünftig den Kauf der Dinge, zu deren Kauf Sie die Werbung überredet hat und die Sie eigentlich nie haben wollten. Mit dem eingesparten Geld können Sie zum Beispiel Ihre Nahrung durch hochwertiges Essen aufwerten und damit diversen Großkonzernen, die sich zum Teil weder um eine gute Behandlung der Mitarbeiter noch um ökologische Dinge und energetisch hochwertige Qualität des Essens scheren, ein Schnippchen schlagen.

Und: *Verweigern Sie vor allem, gedacht beziehungsweise vorgedacht zu werden!*

Um dieses Spiel des Gedachtwerdens nicht mitzumachen, bedarf es aber einer gewissen persönlichen Stärke, denn nur allzu leicht kann man sich einfach fallen lassen und von den verführerischen subtilen Mechanismen dieses Spiels gefangen werden.

**„Die Manipulation der Wahrheit ist nur möglich,
wenn du Angst vor deiner eigenen Kraft hast."**

Wie dieses Spiel ausgeht, entscheiden wir als Kollektiv durch das Handeln jedes Einzelnen und dessen Auswirkungen. Und denken Sie daran, dass es viel zu früh zu spät ist. Ein unter den Teppich kehren von aufkommenden Verantwortungsgefühlen und zu meinen *„ach, das hat ja alles noch Zeit"*, ist albern, denn sich zu ändern braucht Zeit. Und Sie merken ja selbst, wie schnell heute alles abläuft und wie wichtig es ist, die zur Verfügung stehende Zeit so gut es irgend geht zu nutzen. Wenn Sie nun meinen, dass nicht jeder diese Stärke hat, so kann ich Ihnen nur sagen, dass jeder selbst entscheidet, ob er stark sein möchte oder nicht. Jeder entscheidet selbst, ob er sich auf seine Schwächen konzentriert und den Schwächen damit kontinuierlich Energie zufügt, damit diese wachsen, oder ob er sich darauf konzentriert, stark zu werden, damit die Schwächen aushungern und sterben.

**Du bist stärker als du denkst,
wenn du daran glaubst, dass du es bist.**

Mit einer entsprechenden Einstellung können Sie *weit* mehr aus sich herausholen, als Sie zunächst annehmen. Ein Mensch mit einem schwachen Selbstbewusstsein wird nur dadurch stark, indem er *tut* und die Grenzen, die ihn am Starksein hindern, *sprengt*. Dieses Aufbrechen in unbekanntes Neuland mag vielleicht für ein paar unbequeme Momente sorgen, doch lieber erst ein paar unbequeme Momente für ein darauffolgendes glückliches Leben als in einer persönlichen beziehungsweise weltweiten Sklaverei zu landen! Oder wie denken Sie darüber?

Der beste Schutz vor der höchsten Form der Kriegsführung stellt unter anderem die Beherrschung der eigenen Gedanken dar. Dies bedeutet, klar und zielgerichtet auf die eigene gewünschte Lebensweise ausgerichtet zu denken und chaotisches Gedankenwirrwarr sowie von außen implantierte destruktive Muster zu eliminieren. Sie müssen lernen, für sich selbst zu denken und nicht unbewusst automatisch das Gedankengut anderer zu übernehmen, ohne darüber nachzudenken. Viel zu oft wird einfach nur nachgeplappert, und nur weil alle so oder so sagen, heißt dies nicht, dass auch Sie so oder so sagen müssen.

Gerade in der heutigen Zeit sollte man nichts ungekaut herunterschlucken und die Dinge *hinterfragen.* Sowohl in den öffentlich anerkannten Bereichen als auch bei den derzeitig verborgenen Dingen gibt es Juwelen, aber auch qualmenden Mist. Lernen Sie zu unterscheiden, um bei dem Abenteuer, in dem wir stecken, nicht auf den falschen Dampfer zu geraten.

Früher wurde übrigens auch nicht hinterfragt. Heutzutage wird zurecht gefragt: „Wie konnten die Leute früher nur die große Diktatur zulassen? Warum haben die Leute nichts dagegen gemacht? Warum waren die Menschen damals derart geblendet?" *Liegt es in Ihrer Vorstellungskraft, dass man dies in Zukunft, in Bezug auf die höchste Form der Kriegsführung, vielleicht auch über uns sagen könnte? Über die Unfähigkeit, die vollendete Art der Kriegsführung zu erkennen und diese nicht mehr zuzulassen?*

Oder anders betrachtet: Vor dem Ersten Weltkrieg hatten die Leute überhaupt keine Vorstellung und keine Ahnung davon, *wie* schlimm ein Weltkrieg wirklich ist. Im Gegenzug dazu scheint den heutigen Menschen nicht klar zu sein, *wie* schlimm die endgültige Versklavung auf dem Höhepunkt der vollendeten Kriegsführung wirklich ist. Doch die Möglichkeit zur Umkehr bestand immer: vor dem Ersten Weltkrieg genau so wie vor der großen Diktatur. Auch heute besteht (noch) die theoretische Möglichkeit zur Umkehr. Umkehren können aber nur aktive Menschen, nicht passive. Und da es von blinden Passivisten nur so wimmelt, steht es auch heute wieder mal nicht zum Allerbesten in Bezug auf eine Umkehr. Verantwortlich dafür bleiben aber die Passivisten.

Die Stärke des kleinen Mannes liegt in seiner Zahl.
Seine gegenwärtige Schwäche liegt jedoch darin,
dass er von diesem Recht keinen Gebrauch macht!

Wenn Sie meinen, dass eine Erhöhung der „Bildung" und die Förderung von „Intelligenz" mithelfen kann, diesen Planeten wieder auf Vordermann zu bringen, dann macht mir die Vorstellung von mehr mutmaßlicher (!) Intelligenz und einer Erhöhung des Eindoktrinationsvolumens fast schon Angst. Wissen Sie, wo es der überwiegende Teil der öffentlich hochgelobten, tollen Intelligenzelite hingebracht hat? Sicher überallhin, doch in den meisten Fällen nicht zur Wahrheit. Es ist meiner Meinung nach nämlich unglaublich, welch eine Menge von Menschen, die von sich selbst behauptet, eine hohe analytische Intelligenz zu besitzen, den in jeder Hinsicht völlig unlogischen Schwachsinn der offiziellen Version des 11.9. widerspruchslos und ohne zu hinterfragen angenommen und als unumstößliche Wahrheit akzeptiert hat. Das beweist für mich wieder einmal, dass die analytische Intelligenz und das Maß der eigenen Entwicklung zwei *komplett* verschiedene Dinge sind, die absolut nichts miteinander zu tun haben.

**„Je klüger die Leute sind,
desto mehr schwärmen sie für das Herkömmliche."**
Carl Benz

Ich merke selbst, dass es wenige aus der Gesamtbevölkerung sind, die bereit sind, sich den Tatsachen aus dem Hintergrund zu stellen beziehungsweise die bereit sind, hinter den Vorhang der Verblendung zu schauen. Und von den wenigen, die bereit sind, sich den hintergründigen Tatsachen zu stellen, sind es wiederum wenige, die auch bereit sind, Konsequenzen aus diesen Tatsachen zu ziehen. Doch nur diejenigen, die Konsequenzen ziehen, können auch etwas bewirken!

Zusammenfassend möchte ich hierzu sagen, dass es an Ihnen liegt, ob Sie mit zu denen gehören wollen, über die man nach der Überwindung und dem Fall der Neuen Weltordnung reden wird, weil sie nicht in der Lage waren, sich aus der künstlichen Matrix auszuklinken und das Beste zur Neutralisierung der höchsten Form der Kriegsführung (innerhalb des eigenen Wirkungsradiuses) getan zu haben oder nicht.

Wir befinden uns mitmenschlich, kulturell, wirtschaftlich und planetar durch unsere entartete Egomanie auf einem direkten Selbstzerstörungskurs. Der Profit hat die Lenkung völlig übernommen, und die Frage, ob dabei bestimmte Entwicklungen sinnvoll oder sinnlos sind, stellt sich nicht

mehr. Denken Sie mal eine Weile mit Ihrem gesunden Menschenverstand nach:
Wie lange KANN es überhaupt noch so weitergehen?
Wo liegt die natürliche Grenze?

Die Erde ist mittlerweile zum Irrenhaus des Universums geworden, und die Menschen hoffen, dass sich die politischen, wirtschaftlichen und ökologischen Probleme lösen. Andere wiederum finden es schlimm, wie zunehmend der Zustand des gläsernen Bürgers entsteht. Dann lasst uns weiter hoffen oder jammern! Der große Bruder „tut" jedenfalls, anstatt nur auf irgendwas zu hoffen.

> **„Die reinste Form des Wahnsinns ist es,**
> **alles beim Alten zu lassen**
> **und gleichzeitig zu hoffen, dass sich etwas ändert."**
> *Albert Einstein*

Den meisten heutigen Menschen ist leider erfolgreich eingetrichtert worden, dass sie in einer machtlosen Opferschaft dem Leben ausgesetzt sind und dass sie tatenlos zusehen müssen, wie die Ereignisse nur so über sie hereinbrechen. Das soll dann als Fundament für die inszenierte „Alles-ist-schlecht" Welt dienen. Warum wird denn eigentlich alles um uns herrum schlechter? Ich kann es Ihnen verraten: unter anderem deswegen, weil die Menschen dazu gebracht werden, sich selbst schlecht zu machen – freiwillig!

Diese Taktik ist natürlich sehr nützlich, wenn man große Massen unten und im Zaum halten will. Doch wahr ist diese Lüge nicht, denn Sie bestimmen die Richtung, in die Sie Ihre Energie lenken – Sie und niemand anders! Alle Arten der Realität sind gleichzeitig als erschaffbares Potential vorhanden: ob nun Angst, Chaos und Zerstörung oder Freude, Spaß und Erfolg – *die Wahl für Ihre Realität liegt bei Ihnen!* Sie bestimmen, wo Ihre eigene Realität hingehen soll, und diese Realität kann grundverschieden von der Realität Ihres Nachbars sein – wenn Sie wollen...

Doch was wollen Sie eigentlich???

Wollen Sie nur einer der vielen Meckerer sein, bei denen alle anderen die Verantwortung für die eigenen Probleme tragen, oder wollen Sie glücklich und zufrieden auf all die eigenen erfüllten Träume zurückblicken? Sinnen Sie darüber eine Weile nach, denn es ist Ihr Leben, und es liegt in Ihren Händen (sofern Sie Ihr Leben nicht aus den eigenen Händen gegeben haben).

Vergessen Sie nicht, dass wenn nicht Sie Ihr Leben bewusst lenken, *es andere für Sie tun werden*. Und nichts wird sich in Ihrem Leben verändern, wenn Sie es nicht verändern.

„Sie müssen Resultate erwarten, sonst wird es keine geben!"
Ps

Viele haben diese oder jene Wünsche und wollen in anderen Lebensumständen leben, doch denken diese Menschen oft überhaupt nicht daran, dies durch eigenes Umlenken im Leben zu erreichen. Da sollen dann „der" oder „die" die unbequemen Schritte durchziehen. Da diese Wunder von außen ausbleiben, zeigt der Finger dann auf „den" oder „die", welche dann als die Sündenböcke herhalten müssen. Tja, damit läuft man wieder selbst im Kreis, ohne einen Schritt nach vorne gekommen zu sein. Damit unser Leben in Bewegung gerät und sich wirklich etwas tut, müssen wir oft die ausgetretenen Pfade verlassen und uns auf Neuland einlassen. Oft genug liegt es dabei an uns, Altes zurückzulassen und uns dem unbekannten Neuen zu öffnen. Lustig ist dies nicht immer, denn man hat das Gefühl, mit hohem Einsatz zu spielen, doch:

„Wer nie etwas riskiert, dem erscheint alles unmöglich."
Arved Fuchs

Dabei muss man natürlich zwischen kalkulierbaren Risiken und unkalkulierbaren Risiken unterscheiden. Bei einem kalkulierbaren Risiko sind schon im Vorfeld die unterschiedlichen Teilrisiken so gut es geht minimiert und das Restrisiko möglichst abgesichert. Das heißt, dass man sich im Notfall aus der Unternehmung zurückziehen kann, ohne einen argen oder irreparablen Schaden zu nehmen.

Man sollte aber auch nicht aufgrund von Angst und selbst herbeigeführter Panik, die bei vielen „in" zu sein scheint, allen Spannungsspitzen im Leben aus dem Weg gehen, denn das Leben an sich ist schon seit unserer Geburt lebensgefährlich. Damit muss man lernen klar zu kommen. Rüdiger Nehberg meinte mal zum Verhältnis von der Lebensquantität zur Lebensqualität: „Lieber kurz und knackig als lang und langweilig!" Ich würde eher sagen: *Lieber lang und knackig als kurz und langweilig!!!*

Die Schritte, die zum langen und knackigen Leben führen, müssen wir aber selbst machen, denn andere Menschen können (und sollen) uns unser eigenes Vorwärtsschreiten nicht abnehmen.

„Es geht darum, selbst zu entdecken und nicht darauf zu warten, mit all seinen Träumen und Talenten eines Tages entdeckt zu ‚werden'."
Hubert Schwarz

Das Entscheidende ist, nicht mehr Opfer, Sklave und Roboter der unsichtbar gelenkten Umstände, in denen wir heute leben, zu sein. Es gibt inzwischen genügend Menschen, die im Chor die unterschiedlichsten Klagelieder anstimmen. Ich kenne Menschen, die über die eigene „Unfähigkeit" und ihr schwaches Selbstbewusstsein klagen, aber gleichzeitig auch jegliches „Grenzensprengen" verdammen. Nun, wenn diese Menschen weiterhin nur in ihrem eigenen kleinen Käfig jammern wollen, dann bitte! Es steht jedem frei, im Unheil zu bleiben. Heil, gesund, stark und standfest wird dieser Menschentypus aber nur durch Selbstüberwindung in den Bereichen, denen diese Menschen immer aus dem Weg gegangen sind und die sie immer vermieden haben. Gerade diese Bereiche fehlen dem Schwachen, um das volle Potential des Starken zu bekommen.

Gefragt sind nun Menschen, die *aus eigener Kraft im eigenen Aktionsradius* Dinge bewegen und verändern – Menschen, welche die eigenen Chancen, Fähigkeiten und Kräfte nicht ungenutzt verpuffen lassen. Nur diesen Typus kann man, bezogen auf das heutige weltweite Spektakel, als den Keim für die Zeit nach der scheinguten Zeit bezeichnen.

Aus eigener Kraft kann man aber nur etwas bewegen, wenn man dort ansetzt, wo alles beginnt: beim Denken, welches der rote Faden des persönlichen und globalen Lebens wie auch dieses Buches ist. Unser Denken lenken wir durch die Lenkung unserer Aufmerksamkeit, was am Ende zu einem gelenkten Schicksal führt. Damit wir nun die Tatsache, dass die Aufmerksamkeit die Energie lenkt, sinnvoll nutzen können, ist es nötig, *bewusst und wach in der Gegenwart zu sein*. Nur wenn wir richtig in der Gegenwart leben, können wir nämlich auch bewusst lenken. Auf die Frage, wohin Sie dann lenken sollen, kann Ihnen Ihr Gefühl wohl die beste Antwort geben.

Hören und schauen Sie sich nicht nur dieses oder jenes in irgendwelchen tollen Büchern, Filmen oder CDs an, sondern leben Sie selbst, was Sie selbst erleben und sein wollen. Vieles, was ich Ihnen in diesem Buch präsentiert habe, kann und soll nur als Brücke für Ihre persönlichen Erfahrungen dienen. Kein Buch der Welt kann Ihnen Ihre eigenen Erfahrungen ersetzen, denn diese sind es, aus denen Sie wirklich lernen und durch die Sie wirklich wachsen, und deretwegen sind Sie auch hier auf der Erde – dem temporären Irrenhaus des Universums.

Abschließend möchte ich nochmals deutlich machen, dass es viel wichtiger ist, auf sein Gefühl zu hören und danach zu handeln, als auf gutgemeinte Ratschläge zu hören, was bei all der Ablenkung heutzutage nicht das Einfachste ist. Viele große Knaller sind nämlich nicht durch Abrackern, sondern „aus dem Bauch heraus" entstanden. Wenn Sie fühlen, dass Sie etwas Bestimmtes dringend machen sollten, dann lassen Sie sich nicht aufhalten.

Tun Sie es!

Schlusswort

Obwohl es gut und wichtig ist, dass zurückgehaltene Dinge, die wir sonst kaum erfahren, veröffentlicht werden, bitte ich die Leser, nicht in eine Ohnmacht zu verfallen und sich negative Dinge und destruktive Situationen wortwörtlich herbeizudenken. Die Zeit, in der wir hier auf der Erde sind, ist einfach zu kurz und zu schade, als dass es sich lohnen würde, durch Sorgen machen, negatives Denken und das „Absitzen" der Zeit hier, auf Freude und ein schönes Leben zu verzichten. Spätestens wenn man wieder im Jenseits ist, wird man seinen Lebensstil bereuen, falls man die Tage nur so an sich vorüber hat ziehen lassen.

„Es gibt schon genug lauwarme Menschen auf der Welt,
die ausbrennen, ohne jemals Feuer gefangen zu haben."
Andrew Matthews

Wir alle haben mehr Macht und mehr zu sagen, als es sich die meisten Menschen vorstellen können. Wie wäre es denn, die geistigen Gesetzmäßigkeiten für sich und das persönliche Leben zu nutzen? Die Regierung der Regierungen tut dies auch, jedoch mit dem Unterschied, dass sie es für sich und gegen uns nutzen, diese gewaltige Macht der Selbstermächtigung vor uns verbergen und uns *selbst* sogar dazu bringen, unbewusst diese geistigen Gesetzmäßigkeiten *gegen uns selbst* einzusetzen. Daher sind diese auch so erfolgreich. Frage: Wer lässt zu, dass es so ist, und wer hat die Möglichkeit dies zu verändern...?

Ich sehe jede Menge Leute, die hinter diesen oder jenen heißen Informationen hechelnd hinterrennen, aber nicht daran denken, sich selbst zu ändern. Erkenntnis ist zwar der erste Weg zur Besserung, doch sollte man bei der Erkenntnis nicht haltmachen. Der zweite Schritt sind Taten und Veränderungen zur Lösung des Problems. Ich frage mich, warum so wenige darauf kommen, sich mit der Lösung beziehungsweise den Lösungsmöglichkeiten des problematischen Machtdilemmas auseinanderzusetzen, was doch viel wichtiger ist als die ständige Informationssammlung. Und wenn über Lösungen nachgedacht wird, dann fällt bei vielen sofort die

Wahl auf das „Bekämpfen". Damit kommen wir hier aber nicht weit, denn wenn man versucht, mit geistiger oder körperlicher Gewalt gegen etwas vorzugehen, dann wird man selbst zu dem, was man versucht zu bekämpfen.

Falls wir versuchen, die Manipulatoren zu bekämpfen, führen wir denen durch unsere Aufmerksamkeit nur noch mehr Energie zu als diese eh schon haben. Dabei geht es doch darum, dass die Manipulatoren immer weniger Energie zur Verfügung gestellt bekommen sollten. Und wenn wir die Manipulatoren durch Verweigerung an den richtigen Stellen und durch Energieumlenkung nicht mehr unbewusst stützen, dann können wir diese Energie zu uns selbst lenken. Das heißt, dass die Manipulatoren dadurch immer schwächer und wir immer stärker werden. Wir *selbst* wählen, ob wir die Manipulatoren und Großopfer weiter unterstützen oder ob wir beginnen, denen den Wind aus den Segeln zu nehmen, damit die mit ihren Plänen nicht mehr weiter kommen. Wie immer haben wir auch hier *die Freiheit der Wahl!*

„The revolution can only be moved by each individual."
Ps

Und noch was: Wir brauchen vor „denen" keine Angst zu haben, weil „die" nun mit steigender Intensität Angst vor uns bekommen. Das beweisen deren panikartige, ausufernde gegenwärtige Handlungen, die darauf abzielen, sämtliche Aspekte unseres Lebens unter deren vollständige Kontrolle zu bringen – noch bevor der hundertste Mensch erreicht ist.

Um dieses Problem, das die Menschheit hat, effektiv zu lösen, sollten sich viele übrigens ein Beispiel an gewissen „illustren Herrschaften" nehmen.

Ein Beispiel *an denen???*

Ja, Sie haben richtig gelesen. Ein Beispiel an den verdeckten Machtmagnaten, denn die haben genau das, was viele nicht haben: den Erfolg (auch wenn deren destruktiver Erfolg in die selbstzerstörerische Richtung gelenkt wird: actio = reactio). Um also das Problem zu lösen, sollten wir es denen gleichtun, aber diesmal bitte in die richtige Richtung! Wenn wir selbst Erfolg haben, sprich unser Leben erst mal reinigen und dann unseren

Lebensplan und unsere Berufung mit vollem Erfolg ausleben, dann haben „die" mit Sicherheit *wesentlich* weniger Erfolg als heute, denn deren Erfolg kann nur darauf beruhen, dass „wir" keinen Erfolg haben, sprich uns auf jede erdenkliche Art und Weise unterdrücken lassen, uns gegenseitig Fesseln anlegen und als Menschheit selbst so unterentwickelt sind. „Deren" irrsinnige Macht hat nur damit zu tun, dass „die" jene Macht gesammelt haben, die „wir" freiwillig von uns gegeben haben. Wenn wir alle im großen Stil unsere persönliche Macht über uns und unser Leben zurücknehmen, dann *kann* es folglich auch keine verborgene Macht der Übermächtigen mehr geben. Dies bedeutet aber auch, die Verantwortung für alles, was uns in unserem Leben zustößt, restlos zu übernehmen. Sowohl für die feinen Stunden als auch für die weniger tollen.

Verstehen Sie mich nach den letzten paar Zeilen nicht falsch. Es ist schon wichtig, Informationen zu haben über das, was hinter dem blendenden Vorhang geschieht, doch noch wichtiger ist es in meinen Augen, aus diesen Dingen Konsequenzen zu ziehen und den Konsequenzen Taten folgen zu lassen. Ganz nebenbei bemerkt: Diejenigen, die weit entwickelt sind und/oder viel wissen, haben auch eine Verpflichtung. Es wird erwartet, dass diese Menschen entsprechend dem eigenen Wissens- beziehungsweise Entwicklungsstand tätig werden, denn...

**Jemand, der viel weiß und nichts tut,
ist SCHLIMMER
als jemand, der nichts weiß und nichts tut!**

TUN Sie etwas, anstatt nur nonstopp zu lesen, mit dem Kopf zu nicken und zu lächeln, und fangen Sie an, Ihr Leben zielgerichtet zu lenken, anstatt die Verantwortung für die eigenen Lebensumstände auf andere abzuwälzen. Neben einem reineren und strahlenderen Leben, sorgen Sie damit auch dafür, dass die globale Krankheit der Menschheit einen Schritt weiter aufgelöst wird und dass ein weiterer Beitrag zum Erreichen des hundertsten Menschen bei dieser Angelegenheit gemacht wird. Damit hochentwickelte und ausgeklügelte Kriegsarten beendet werden, sollten wir nämlich *das Negative positiv bearbeiten!* Und nicht nur das! Wir brauchen uns im 21. Jahrhundert nicht mehr hinter allgemeinen Massenmeinungen zu verstecken und mitzugehen, wenn die Masse Ausgang hat. Anderen nach dem Mund zu reden und aus Angst die eigene Meinung und verborgene Wahrheiten vor anderen zu verstecken, ist falsch, denn sonst gehört man mit zu denen, die Wahrheiten unterdrücken. Jeder hat das Recht seine Meinung auszusprechen, auch Sie!

> **„Wir müssen das, was wir denken, auch sagen.**
> **Wir müssen das, was wir sagen, auch tun.**
> **Und wir müssen das, was wir tun, dann auch sein."**
> *Alfred Herrhausen*

Was glauben Sie, was geschieht, wenn immer mehr Menschen bewusst und selbständig ihr eigenes Schicksal nach den Grundlagen der geistigen Gesetzmäßigkeiten gestalten und sich diese persönlichen Fortschritte auf das morphogenetische Feld der Menschheit positiv auswirken?

Da die Medien viele erfreuliche Dinge und Entwicklungen bewusst ausblenden, sollten wir nicht meinen, dass das, was wir öffentlich erfahren, der tatsächliche Ist-Zustand ist. Und selbst wenn dem so wäre, sind es gerade wir, die (hoffentlich) einen weiteren Horizont haben, welche die großen Veränderungen auslösen: durch TUN!

> **„‚Schuldig!', sagt das Leben zum Erfolglosen.**
> **‚Aber ich habe doch gar nichts getan.'**
> **‚Eben!', sagt das Leben."**

ANHANG
Gesamtüberblick über Lösungen zur Ursachenheilung der Krankheit der Menschheit

Wenn man Menschen mit Weisheit und Reife fragt, wie man mit aggressiven und schimpfwütigen Leuten erfolgreich umgehen soll, so wird man fast immer zu hören bekommen, dass ein solches Verhalten am besten dadurch lahmgelegt werden kann, dass man mit gutgemeinter Freundlichkeit antwortet. Auf diese Art und Weise neutralisiert man beispielsweise in der Physik auch einen Elektronenmangel: durch eine Zufuhr eines Elektronenüberschusses.

„Die beste Art, das Böse zu bekämpfen,
ist energisches Fortschreiten im Guten."
Erich Rauch

(ohne sich dabei Scheuklappen vor dem Negativen anzulegen)

Wenn also Mangel, Zerstörung, Angst und Leid die Ausgangsbasis bilden, so lässt sich ein solcher Zustand nur durch eine gegenteilige Antwort neutralisieren und umwandeln. So verhält es sich auch bei dem alles durchdringenden Krieg. Diesen Krieg kann man *nur* dadurch lahmlegen, dass man genau das Gegenteil von dem tut, was der Manipulator möchte, das man tun soll. In diesem Krieg möchte der Manipulator vieles, doch im Grunde nur eines: die Schwächung und Selbstentmächtigung des Gegners, damit der Manipulator diesen dauerhaft übernehmen kann. Was kann nun die einzig erfolgreiche Antwort des Gegners hierauf sein?

Na?

Genau, die völlige Selbstermächtigung! Es geht grundsätzlich darum, dass die Ursachen der vollendeten Kriegsführung (wir) geheilt werden müssen, damit die Symptome (die Manipulatoren und deren „ideenreiche" künstliche Matrix) sich auflösen. Da das Wort „Selbstermächtigung" nun etwas sehr allgemein ausgedrückt ist, biete ich Ihnen im Folgenden kurz, knapp und prägnant etwas genauere Möglichkeiten an, wie man als „Gegner" stilgerecht auf die Ausgangsbasis des Manipulators antworten kann. Ich möchte Sie hierbei aber noch an das Vorwort erinnern, in dem ich schrieb, dass *Sie* erkennen müssen, wo *Sie* in Ihrem Leben etwas umsetzen. Die Hilfe zur Selbsthilfe gibt's aber hier:

- Selbst durchgeführte Schulung der Wahrnehmungsfähigkeit in Bezug auf die Mechanismen, die aus der Welt hinter der Welt kommen und die im Gesamten zur lähmenden heilen Welt der inszenierten Scheinfreiheit führen.
  Effekt: Man geht dem Krieg der Kriege nicht mehr so leicht in die Fänge wie früher.

- Sich auf das Spiel der Trennung nicht mehr einlassen.
  Effekt: Die Trennungslosigkeit hat Standfestigkeit und Stärke und lässt sich nicht mehr so leicht beherrschen.

- Andere Menschen nicht ausnutzen.
  Effekt: Je weniger gilt „des einen Freud, des anderen Leid", desto weniger selbstgemachte Trennung, und damit kollektive Entmachtung, gibt es.

- Sich auf die Ablenkung der Unterhaltung nicht mehr einlassen und entschlossen nur das tun, was einen voranbringt und einem echte Freude bereitet.
  Effekt: Da „Brot und Spiele" nicht mehr wirken, steigt die persönliche Macht an, und die Macht des großen Bruders sinkt.

- Damit aufhören, sich von außen Angst machen zu lassen.
  Effekt: Man lässt sich die Grenzen der eigenen Kraft und Macht nicht mehr von außen vorgeben.

- Verdrehungen durchschauen und nicht mehr mitmachen.
  Effekt: Es kann einem nicht mehr so leicht ein X für ein U vorgemacht werden.

- Nicht die eigene Meinung von außen bilden „lassen".
  Effekt: Man hört auf, gedacht zu werden.

- Aufhören, immer nur eine Sichtweise der Dinge zu haben, und anfangen, die Dinge von vielen Seiten zu betrachten und alles zu hinterfragen.
  Effekt: Man kann Ihnen nicht mehr so leicht was „vormachen", und Sie hören auf, Vorgemachtes nachzumachen.

- Möglichst offen für neue Weltbilder sein, womit gemeint ist, dass man sich alles möglichst vorurteilsfrei anhören sollte, nichts aber sofort schlucken und alles hinterfragen sollte.
  Effekt: Man hört auf, Angst vor der Wahrheit zu haben und sieht den Tatsachen ins Auge.

- Aufhören zu „glauben" und anfangen zu „wissen".
  Effekt: Man ist nicht mehr leicht kontrollierbar und weiß, was Sache ist.

- Aufhören, sich durch Hardcorematerialismus einlullen und verführen zu lassen und nur noch das kaufen, was man wirklich will und braucht, beziehungsweise sich von allen nutzlosen Dingen trennen.
  Effekt: Das Leben verläuft freier, lockerer und schöner.

- Schrittweises Ausleben der eigenen Träume.
  Effekt: Die Lebensqualität steigt kontinuierlich an, und das bedeutungslose Dahinvegetieren hört auf.

- Beschäftigung mit verborgenen Dingen, die einen interessieren, weiterbringen und Freude bereiten (entspricht dem Waschen an der eigenen Kartoffel).
  Effekt: Die Erhöhung des eigenen Wissens und der eigenen Weisheit wird auf das morphogenetische Feld der Menschheit übertragen, was so für zukünftige Durchbrüche mit beiträgt.

- Wissen „mit Bedacht" an diejenigen weitergeben, die das jeweilige Wissen gerne annehmen und sich darüber freuen.
  Effekt: Den Gefangenen der künstlichen Matrix, die bereits an eine Flucht denken, wird zur Flucht verholfen.

- Andere Menschen ihren eigenen Weg gehen lassen und aufhören, andere wegen ihrem Lebensstil und ihren Interessen zu verurteilen. Oder andersrum ausgedrückt: Sich selbst nicht auf andere projizieren und nicht erwarten, dass andere so zu sein haben, wie man es sich selbst vorstellt.
  Effekt: Je mehr Individualität auf der Erde vorherrscht, desto weniger existiert eine gleichschaltbare und kontrollierbare Masse. (Etwas australischer ausgedrückt: „Es ist nicht gut, es ist nicht schlecht, es ist einfach anders.") Zudem gibt man seine Rolle als Gedankenpolizist auf.

- Aufhören, anderen nach dem Mund zu reden und beginnen, die eigene Meinung sowie die Tatsachen auszusprechen.
  Effekt: Wer nicht selbst stets die Wahrheit spricht, hat auch kein Recht, mit dem Finger auf die Lügner ganz oben zu zeigen.

- Nicht mehr den Neidhammel spielen und sich stattdessen das erfüllen, was im eigenen Leben fehlt.
  Effekt: Das eigene Leben verbessert sich.

- Verantwortung für die Taten und Geschehnisse im eigenen Leben übernehmen, anstatt immer nur mit dem Finger auf „die anderen" zu zeigen.
  Effekt: Das einstige Opfer der Umstände wandelt sich zum Meister des eigenen Schicksals.

- Sich selbst verändern, bevor es im eigenen Leben brenzlig wird und entsprechende Signale hierzu ernstnehmen.
  Effekt: Da man selbst handelt, wird man nicht durch Schmerz zum Handeln gezwungen.

- Halb durchlässige und wild wechselnde Einwegbeziehungen, bei denen der Rückwärtsgang stärker ausgeprägt ist als der Vorwärtsgang oder bei denen man gemeinsam im Leerlauf fährt, aufs Abstellgleis schicken und stattdessen durch bewusste und gekonnte Lenkung der eigenen Realität auf die ideale individuelle Beziehung mit integriertem Turbolader zusteuern.
  Effekt: Von der Sparflamme zum Feuerball.

- Elimination persönlicher Schwächen und Stärkung des eigenen Charakters.
  Effekt: Es verschwindet immer mehr das, was man ausnutzen könnte, bis es am Ende nichts mehr gibt, was man ausnutzen kann.

- Möglichst viele *bewusste* und persönliche Entscheidungen treffen, anstatt sich gewohnheitsmäßig vom kollektiven Wind treiben zu lassen.
  Effekt: Man übernimmt Eigenverantwortung für das Leben.

- Stärkung der Willenskraft durch Überwindung und Sprengung eigener persönlicher Grenzen.
  Effekt: Ansteigen des Selbstbewusstseins und der Standfestigkeit.

- Überwindung eigener Ängste.
  Effekt: Hinauswachsen über die Sklaverei des Geistes und Erweiterung der eigenen Freiheit.

- Kalkulierbare Risiken eingehen, wenn man ein gutes Gefühl bei der Sache hat.
  Effekt: Das Leben verläuft spannend, aufregend und intensiv.

- Möglichst viel in den Naturgegenden aufhalten, die einem persönlich gefallen.
  Effekt: Die Schwächungen, die aus den Modulen der künstlichen Matrix hervorgehen, werden kompensiert und ausgeglichen, und die Grenzen der eigenen Wahrnehmungsfähigkeit dehnen sich aus.

- Auf Bewegung, Ernährung und innere Reinigung achten (ohne es dabei entarten zu lassen).
  Effekt: Die manipulierbare Trägheit nimmt ab.

- Aufhören, Dinge zu wählen, die dem Leben und/oder dem Planeten schaden. Da wir immer die Freiheit der Wahl haben, können wir zu nichts wirklich gezwungen werden – sowohl bei den kleinen Handlungen als auch bei den großen.
  Effekt: Schlechtes und Nutzloses wird verweigert und kann sich damit immer schwieriger behaupten.

- Fremdsuggestionen, die für einen schädlich sind, bewusst den Rücken zeigen und keinen Glauben schenken.
  Effekt: Man hört auf, eine durch äußere Kräfte verformbare Knetmasse zu sein und wird zu einem echten Individuum.

- Auf störende, unpersönliche Dinge in der Außenwelt nicht mehr eingehen (aber ohne diese zu negieren!)
  Effekt: Der inszenierte Wahnsinn kann einem nicht mehr so leicht übergestülpt werden, und es gibt eine Person mehr, die nicht mehr dazu beiträgt, sich die Welt schlecht-zu-machen.

- Sich im Leben auf das konzentrieren, was wichtig ist, und Unwichtiges sein lassen.
  Effekt: Der Wirkungsgrad des Lebens erhöht sich.

- Die Aufmerksamkeit auf das lenken, was man wirklich will, und nur das tun, woran man Freude hat.
  Effekt: Das, was man nicht will, löst sich auf.

- Nicht nur bei den eigenen Gedanken, sondern auch beim Umgang mit anderen Menschen die Aufmerksamkeit auf das lenken, was man wirklich will. Mit anderen Worten: „Loben", anstatt ständig zu kritisieren, und „fördern", anstatt ständige Bestrafungs- und Bekämpfungsaktionen durchzuführen.

Effekt: Das, was man beim Umgang mit anderen Menschen nicht will, wird entweder abgeschwächt oder es entsteht erst gar nicht. Das, was man will, kann an Größe zunehmen. So fühlen sich alle besser, haben mehr Elan und sind in der Lage, mehr zu leisten.

- So viel wie es geht in der Gegenwart leben.
  Effekt: Man kostet sein leben voll aus und wird dadurch zufrieden und glücklich.

- Den Wirkungsgrad des eigenen Lebens hochschrauben:

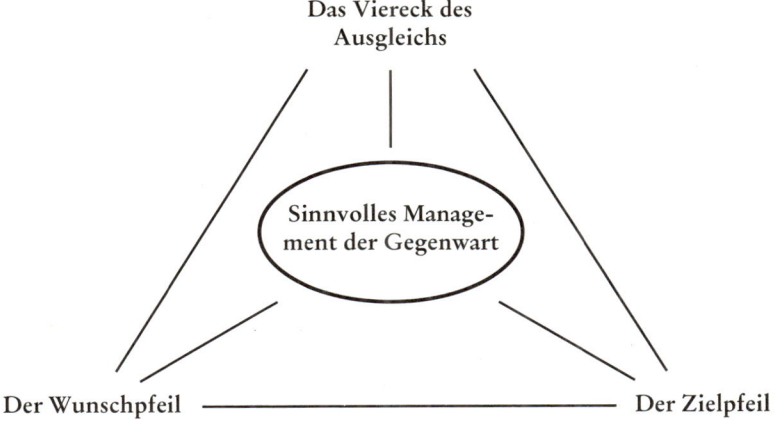

Effekt: Was meinen Sie, was dies bewirkt?

- Lernen Sie, sich selbst zu beobachten.
  Effekt: Sie werden die hier angesprochenen Dinge besser angreifen können.

„Also, was meinst du? Wie viel von dem, was du bekommst, hängt wohl von dir ab? Die Antwort: Alles.

Wie viele deiner Lebensumstände sind das Ergebnis deiner Entscheidungen? Alle.

Wie viele Menschen, die Teil deines Lebens sind, hast du angezogen? Alle.

Wie viel von deinem Leben kontrollierst du? 100 Prozent.

Wie viele andere Menschen erschaffen etwas in deiner Wirklichkeit? Kein einziger.

Wie viele andere Menschen tragen Verantwortung für das, was du erlebst? Kein einziger.

Welche Rolle spielt Glück oder Zufall in deinem Leben? Überhaupt keine.

Wer ist der einzige und alleinige Schöpfer deiner Wirklichkeit? Du." [30, S. 164 und 165] (Hervorhebungen durch den Autor)

Esther und Jerry Hicks

Literaturverzeichnis

[1] http://www.das-gibts-doch-nicht.info/seite1-4.php
[2] Simon, David: Enter your Matrix, Idea Verlag, Puchheim/ Eichenau, ISBN 3-88793-280-3
[3] http://www.das-gibts-doch-nicht.info/seite3536.php
[4] Rétyi, Andreas von: Die Terrorflüge, Kopp Verlag, Rottenburg 2007, ISBN 978-3-938516-58-4
[5] Pestalozzi, Hans A.: Auf die Bäume ihr Affen, Zytglogge Verlag, Bern 1997, ISBN 3-7296-0313-2
[6] Orwell, George: 1984, Ullstein Verlag, Berlin 2005, ISBN 3-548-23410-0
[7] Le Bon, Gustave: Psychologie der Massen, Kröner Verlag, Stuttgart 1982, ISBN 3-520-09915-2
[8] Icke, David: Alice im Wunderland und das World Trade Center Desaster, Mosquito Verlag, Potsdam 2005, ISBN 3-928963-11-2
[9] Icke, David: The David Icke Guide to the Global Conspiracy, Ryde 2007, ISBN 978-0-9538810-8-6
[10] Marciniak, Barbara: A Pristine Probable Future, in: The Pleiadian Times, Issue No. 62, Summer Solstice, June 20 2008; Bezugsquelle: www.pleiadians.com
[11] Morpheus: Matrix Code, Trinity Verlag, Wien 2003, ISBN 3-9501801-5-X
[12] Matthews, Andrew: So geht's dir gut, VAK Verlag, Kirchzarten bei Freiburg 2005, ISBN 3-924077-32-0
[13] Hicks, Esther and Jerry: Ask and it is given, Hay House, Carlsbad 2005, ISBN 1-4019-0459-9
[14] Rauch, Erich: Autosuggestion und Heilung, PAL Verlag, Mannheim 2006, ISBN 3-923614-17-9
[15] Hill, Napoleon: Denke nach und werde reich, Ariston Verlag, Kreuzlingen/München 2000, ISBN 3-7205-2469-8
[16] Kummer, Peter: Jetzt will ich's wirklich wissen, mvg Verlag, Landsberg 2002, ISBN 3-478-08853-4

[17] Frankh, Pierre: Das Gesetz der Resonanz, Koha Verlag, Burgrain 2008, ISBN 978-3-86728-066-2
[18] Helsing, Jan van & Dr. Dinero: Das eine Million Euro Buch, Amadeus Verlag, Fichtenau 2009, ISBN 978-3-938656-99-0
[19] Ousland, Børge: Solo durchs ewige Eis, Frederking & Thaler Verlag, München 2007, ISBN 978-3-89405-829-6
[20] Helsing, Jan van: Hände weg von diesem Buch!, Amadeus Verlag, Fichtenau 2004, ISBN 3-9807106-8-8
[21] Mohr, Bärbel: Bestellungen beim Universum, Omega Verlag, Aachen 1999, ISBN 3-930243-13-X
[22] Frankh, Pierre: Wünsch es dir einfach – aber richtig, Koha Verlag, Burgrain 2007, ISBN 978-3-86728-031-0
[23] Marciniak, Barbara: Boten des Neuen Morgens, Verlag Hermann Bauer, Freiburg 1998, ISBN 3-7626-0487-8
[24] http://www.das-gibts-doch-nicht.info/seite1520.php
[25] Marciniak, Barbara: Path of Empowerment, Inner Ocean Publishing, Makawao 2004, ISBN 1-930722-41-9
Dieses Buch ist inzwischen auch auf deutsch erhältlich: Marciniak, Barbara: Wege zum Licht, Heinrich Hugendubel Verlag, ISBN 978-3-7205-6055-9
[26] Risi, Armin: Machtwechsel auf der Erde, Heyne Verlag, München 2007, ISBN 978-3-453-70057-4
[27] Risi, Armin & Zürrer Ronald: Vegetarisch leben, Govinda Verlag, Zürich / Jestetten 2007, ISBN 978-3-906347-77-6
[28] Brückmann, Udo: Das Ende der Endzeit, Amadeus Verlag, Fichtenau 1998, ISBN 3-9805733-8-9
[29] Simoné, Kerstin: Toth – Projekt Menschheit, Smaragd Verlag, Woldert 2007, ISBN 978-3-938489-21-5
[30] Hicks, Esther und Jerry: Ein neuer Anfang, Ansata Verlag, München 2004, ISBN 978-3-7787-7254-6

Sprachmagie
Die Macht der Worte

Jeder weiß, wie sehr Worte unser Leben beeinflussen, und schon oft hatte nur ein einziges Wort verheerende Folgen...

Jedes Wort, das wir aussprechen – alles, was wir sagen –, beeinflußt unser Leben auf die ein oder andere Art und Weise. Das gilt nicht nur für besondere Situationen, sondern für jeden Aspekt unseres Lebens – insbesondere auch für den Umgang mit Kindern, Kollegen und Kunden.

Durch die Sprache können wir uns selbst und andere beeinflussen – positiv oder negativ. Wir sind diesem Einfluß keinesfalls schutzlos ausgeliefert. Jeder Mensch bestimmt durch die Wahl seiner Worte selbst, was in seinem Leben geschieht. Bedauerlicherweise neigen wir dazu zu sagen, was wir nicht wollen, anstatt klar auszudrücken, was wir wollen. Aus Gewohnheit und meist unbewußt sagen wir Dinge, die unserem Leben oft mehr schaden als nützen.

Willst Du diese Kraft – die Macht der Worte – bewußt anwenden und damit Dein Leben und was Dir widerfährt mehr und mehr selbst bestimmen? Dann ist dieses Buch genau das richtige für Dich! Nach der Lektüre dieses Buches siehst Du die Welt mit anderen Augen und hörst sie mit anderen Ohren.

Autorin: Anya Stössel
Verlag: Hesper Verlag   Seiten: 128, Softcover
ISBN: 978-3-9812259-5-2   Preis: 14,90 EUR

Merlin-Versand
Im Weidenbruch 128a * 51061 Köln
Tel.: 0221-168 696 07 * Fax: 0221-168 696 08
www.merlin-versand.com * info@merlin-versand.com

Bewusst(er)leben!
Und alle machen mit!

Alles, was wir tun, hat eine Wirkung in unserem Leben und ist und hat zugleich eine Ursache. Wenn wir unser Handeln genauer betrachten und überdenken sowie bewusst gestalten, setzen wir neue Ursachen, die uns wieder neue Wirkungen bescheren. So können wir unser Leben Schritt für Schritt einem wundervollen Wandel unterziehen!

Nach dem ersten Werk der Autorin "Sprachmagie - Die Macht der Worte" war es im Grunde logisch und nur eine Frage der Zeit, dass nun mit "Bewusst(er)leben!" auch der dem Worte folgende Schritt - die Tat - genauer unter die Lupe genommen wird.

Es geht darum, darüber nachzudenken: Was hat mein Tun für Folgen? Im Grunde etwas, was man jedem Kind schon früh beibringt - im Kleinen! *Bewusst erleben* tun Kinder sowieso - besonders in den ersten Lebensjahren! *Bewusster leben* können wir ihnen zeigen!

Dieses Buch soll dazu anregen, dass Du beobachtest, was Du tust, und Dir selbst Gedanken darüber machst und überlegst, ob Du es so, wie Du es zur Zeit tust - oft aus Gewohnheit oder Gedankenlosigkeit -, wirklich tun willst - mit allen Konsequenzen. Dieses Buch ist eine Einladung an alle, frischen Wind in ihr Leben zu bringen und gleichzeitig etwas Gutes zu tun.

Autorin: Anya Stössel, Preis: 14,90 Euro (140 Seiten, Softcover)

Merlin-Versand
Im Weidenbruch 128a * 51061 Köln
Tel.: 0221-168 696 07 * Fax: 0221-168 696 08
www.merlin-versand.com * info@merlin-versand.com